12~18岁

叛逆期，

妈妈要懂的心理学

岳贤伦 —— 著

哈尔滨出版社
HARBIN PUBLISHING HOUSE

图书在版编目（CIP）数据

12~18岁叛逆期，妈妈要懂的心理学／岳贤伦著.—
哈尔滨：哈尔滨出版社，2012.4（2021.11重印）
ISBN 978-7-5484-0911-3

Ⅰ．①1… Ⅱ．①岳…Ⅲ．①青春期—家庭教育—教
育心理学 Ⅳ．①G78

中国版本图书馆CIP数据核字（2012）第012588号

书　　名：12~18岁叛逆期，妈妈要懂的心理学
12~18 SUI PANNI QI, MAMA YAO DONG DE XINLIXUE

作　　者：岳贤伦 著
责任编辑：尉晓敏　李维娜
特约编辑：李异鸣　杨　肖
责任审校：李　战
封面设计：沈加坤

出版发行：哈尔滨出版社（Harbin Publishing House）
社　　址：哈尔滨市香坊区泰山路82-9号　　邮编：150090
经　　销：全国新华书店
印　　刷：天津文林印务有限公司
网　　址：www.hrbcbs.com
E－mail：hrbcbs@yeah.net
编辑版权热线：（0451）87900272　87900273
销售热线：（0451）87900202　87900203

开　　本：787mm×1092mm　　1/16　　印张：19.25　　字数：376千字
版　　次：2012年4月第1版
印　　次：2021年11月第2次印刷
书　　号：ISBN 978-7-5484-0911-3
定　　价：46.00元

凡购本社图书发现印装错误，请与本社印制部联系调换。　服务热线：（0451）87900279

孩子的叛逆期，是一个令家长感到头疼、头晕、手足无措的时期，也是孩子成长、成才的关键时期，它就像人生的十字路口，选择对了，成就孩子一生；选择错了，贻误孩子一生。所以，每一位家长都要重视孩子叛逆期的教育。

那么，什么是叛逆期呢？简而言之，叛逆期，就是指孩子在不同的成长阶段心理上的逆反期。在这一时期，孩子大多表现出与大人们想象不一致的逆反现象。比如，你要求他这样，他非要那样；你希望他往东，他非要向西；你劝说他两句，他比你还有理……总之，他就是处处要与你对着干，处处要让你着急上火。

现代教育理论认为，孩子的叛逆期发端于婴儿期，萌芽于儿童期，高涨于少年期。孩子的一生共有三个叛逆期，分别为：第一叛逆期（宝宝叛逆期）大约2～3岁，第二叛逆期（儿童叛逆期）大约在7～8岁，第三叛逆期（青春叛逆期）大约在12～18岁。这三个叛逆期分别有不同的特点，反映了三个阶段孩子的个性发展及心理变化，对孩子的成长分别起着不同的作用。

我们这本书主要来讲述孩子的第三叛逆期，也就是青春叛逆期。青春期是一个特殊的时期，也是一个危险的时期，更是一个典型的叛逆期。这个时期孩子的生理和心理都发生着巨大的变化，正由青少年向成年过渡，他们开始初步涉足社会。这个时期的特殊性决定了这一时期教育的艰巨性，孩子身上有更多的问题需要家长注意。比如，这一时期的孩子有了更强的独立性，喜欢以自己的方式穿衣、打扮，经常会尝试一些稀奇古怪的发型和穿着，如果家长不采取正确的处理方式，就很可能引发与孩子之间的激烈冲突；又如，孩子生理上的迅速发育，既让他们对身体的变化充满了困惑，也使得他们对异性有了强烈的渴望，这种情况下如果家长不及时关注并善加引导，那么孩子就有可能陷入早恋的泥潭不能自拔；再如，这一时期的孩子心理上也在迅速成熟，他们有了强烈的成人感，迫切需要实现自身的"价值"，这时候有的孩子就会通过模仿一些成人行为来"证明"自己，抽烟、酗酒、拉帮结伙、迷恋网络等，如果父母不及时纠正孩子的这些不良倾向，很容易让孩子滑向犯罪的深渊。

总之，这是一个非常重要的时期，也是一个危险的时期，家长应在尊重孩子的基础上耐心引导孩子，让孩子朝着正确的方向发展，健康地去成长。

本书主要通过青春期孩子所涉及的生活习惯、性格特点、心理变化、学习生活、亲子关系、早恋、性观念、不良倾向以及网络九大方面来分析阐述，结合心理学知识，帮助家长剖析问题的本质，查找问题的根源，总结解决问题的方式方法，以期为家长提供一本孩子青春叛逆期的家教经典。

目录 ↘
Contents

第六章

191 **疏通为主，为孩子的"初恋"保驾护航**

第七章

217 **传递健康的性观念，让孩子"性"福一生**

第一章

尊重孩子的生活习惯，缔造健康的生活方式

孩子为什么爱打扮、爱照镜子

叛逆期案例

丽丽在读小学时，成绩一直很优秀，毕业考试时她以全校第一名的成绩升入了初中，全家人都感到很骄傲，对这个漂亮的小姑娘寄予厚望。丽丽似乎也很争气，初一上学期依然保持着全班前5名的好成绩。可是到了初一下学期，情况发生了变化，丽丽的成绩迅速下滑——她变得爱打扮了，每天早晨上学前都要在镜子前待上10多分钟照来照去、涂涂抹抹。学校上早自习，早晨时间本来就比较紧，可丽丽却花费了不少时间在打扮上，一丝不苟地梳理头发、涂抹指甲……有时看看时间不早了，就干脆不吃早餐了。放学后也是如此，一进家门就钻进自己的房间里照起镜子来，直到妈妈喊她吃饭。为此，妈妈经常唠叨她，她却以一句"你烦不烦啊"来回应妈妈。

有一次吃饭时，她得意地对妈妈说班里其他女生都不如她漂亮，她也比其他女生接到了更多男生的"纸条"。妈妈听到这话，意识到了问题的严重性，于是批评了她几句，说她不用心读书，就知道把心思花在打扮上，将来怎么可能考上重点高中。没想到一听这话，她就急了：

"我的事儿不用你管，真是老土！"

爸爸在一旁看不下去了，冲她嚷了一句："怎么跟你妈说话呢？真是没大没小了。"没想到丽丽把筷子一放，饭也不吃了，跑到自己房间里关上了门。

妈妈要懂的心理学：青春期的孩子都爱美，妈妈应给予尊重，合理引导

青春期的孩子，无论是男孩还是女孩，他们都比较爱打扮，其实这是一种很正常的行为，大多数孩子在这个阶段都比较爱美，因为他们想引起别人的注意，想让别人多留意自己、多在乎自己——尤其是对异性而言。所以他们就尽可能地把自己打扮得好看一些，这一点在女孩子身上表现得尤为明显。

当然，孩子爱打扮，应该一分为二地看待。适度的打扮，给人漂亮、大方、舒适的感觉，对孩子的心理健康很有好处。穿着整洁、打扮漂亮，就很自信；衣冠不整、穿着邋遢，就容易自卑。但打扮也应有度，如果孩子过分注重打扮，影响到了正常的学习和生活，那么家长就要注意引导。当然，由于这个年龄段的孩子正处于青春叛逆期，所以家长对孩子注重打扮的事情不要全盘否定，而要注意方式方法，否则一味批评、禁止孩子做自己喜欢的事情，结果可能适得其反。

我们来分析一下例子中丽丽的情况。丽丽是个漂亮的姑娘，而且小学时成绩很好，因此成为了家人关注的对象，一直在赞美声中成长。升入初中后，随着年龄的增长，丽丽不知不觉进入了青春期，知识的增长、视野的开阔以及交际范围的扩大，使她在心理上渐渐起了变化。这些因素强烈地刺激了她的爱美之心，她不仅希望自己在成绩上受人关注，而且也希望自己的容貌引人注目。因此，她变得十分爱打扮，甚至不惜为此花费大量的时间和精力，直至影响了成绩，引来了妈妈的批评。但妈妈的批评并没有起到好的效果，反而导致了丽丽的叛逆行为，原因何在呢？

这种情况的出现主要在于妈妈并没有正视孩子青春期的这种变化，只是简单地批评了事，这自然会引起丽丽的反抗行为。如果妈妈能以谈心的方式，客观公正地看待这件事，并耐心、合理地引导丽丽，想必事情将会是另一种结果。

总之，爱美之心，人皆有之。青春期的孩子爱打扮，表现了他们对生活和生命的热爱，妈妈对此应当给予尊重，合理引导。

叛逆期方法指导

方法一：尊重孩子，合理引导，允许其适度打扮

前面讲了，青春期的孩子爱打扮是一种正常现象，父母不必为此大惊小怪，更没有必要妄加批评指责。而应当在尊重孩子的基础上和孩子进行谈心式的沟通，争取得到孩子的理解，然后合理地引导孩子打扮，甚至帮助孩子打扮。让孩子打扮得有素质、有品位，这样的孩子看起来才更有内涵，更容易受到别人的关注与认可。

王女士是一所中学的老师，而他的儿子小军正在该校读初二，细心的王女士发现儿子最近特别爱打扮。每天早上上学前，小军总是要站在镜子前，花上半小时的时间来捣弄他的头发。小军先是用水轻轻地把头发打湿，再把摩丝轻轻地涂在头上，然后再用梳子小心翼翼地把头顶上的头发弄得根根竖起，像疯狂生长的丛林。更令王女士搞不明白的是，小军还总喜欢上课迟到几分钟，等所有同学都坐好后，他才大摇大摆地走进教室，似乎就是为了招摇过市，引起其他同学的注意。

有关这事儿，任课老师向王女士反映了多次。王女士对儿子的这种行为十分生气，但他并没有叫来儿子训斥一通，而是在一个周末和蔼地和儿子进行了谈心。王女士首先夸赞儿子长得越来越帅了，然后自然地谈到了他的发型上。王女士对儿子说："老师和同学们也都注意到了你的发型，他们对你印象深刻，但却并不欣赏这种发型，因为这显得有点儿另类。"小军听到这里有些诧异。妈妈接着说："其实你可以用摩丝定定发型，这样显得精神，但是没必要非得让头发竖起来，像触了电似的。另外，不要再为此迟到了，其实平常同学们都可以看到你的发型的。"

小军听到妈妈的这些话，有些惭愧，虽然他当时没表什么态，但妈妈事后发现他的发型不再那么"傲然挺立"了。

王女士很好地处理了儿子的发型问题，而且并没有激起孩子的反叛行为，原因就在于她在尊重孩子的基础上，与孩子进行了有效的沟通，而并没有盲目地批评孩子。这使孩子自觉地接受了她的意见，也很好地维护了母子之间的关系。

方法二：父母要以身作则，不过分打扮自己

孩子的行为习惯受父母的影响比较大，所以现实生活中有些孩子刻意打扮自己或许与父母的日常习惯有关。所以，要想纠正孩子过分打扮的行为，先要为孩子做出榜样。

小倩的妈妈经营着一家化妆品店，为了自己的生意，她每天出门前都会刻意地打扮一下自己。小倩的妈妈本来就爱美，加上工作需要，她梳妆台上的化妆品常常不下几十种。小倩就是在玩妈妈的化妆品中长大的，她从小也很爱美，妈妈经常把她打扮得花枝招展的。

升入初中后，小倩逐渐学会了自己打扮自己。每天上学前她都要在镜子前精心打扮一番，还经常偷偷地拿来妈妈的化妆品用。有一次，她竟然打了眼影，搞出两个黑黑的大眼睛。妈妈发现了，就批评她："不好好学习，就知道瞎打扮，赶紧给我把眼影擦掉。"没想到她却顶撞妈妈说："就许你天天抹来抹去，就不准我打扮，真不公平！"小倩说完，悻悻地擦掉了眼影。

妈妈听到了小倩的那句话，忽然一下子明白了什么。原来这么多年来，小倩一直受到自己生活习惯的影响，爱打扮已经成为一种根深蒂固的习惯了。爱打扮没有错，可是小倩却越来越离谱了，小小的孩子竟然学会大人的打扮方式了，这哪能行？

于是，妈妈先是耐心地向小倩讲明了打扮要得体的道理，并决心改变自己刻意打扮的习惯，平时只化淡淡的职业妆，尽量以追求自然美为原则。小丽在妈妈的教导和影响下，也慢慢地有了改变。

从例子中可以看出，家长的生活习惯对孩子的影响是不容忽视的。有些孩子喜欢打扮，的确是受到了妈妈潜移默化的影响。因此，改变孩子的不良习惯，首先要从改变自己开始。

方法三：引导孩子把主要精力放在学习上

孩子喜欢打扮，目的多半是为了引起别人的注意，尤其是为了引起异性的注意，获得异性的好感，这种情况就像自然界中的孔雀开屏一样。有时候，孩子变得爱打扮，有可能是早恋的一种信号，家长必须要对此引起足够的重视。当然，无论孩子爱打扮是出于何种目的，父母都应当告诉孩子，打扮要大方、得体，不能浓妆艳抹、穿奇装异服，更不能把时间耗费在打扮上，而应当把主要的精力用在学习上。现阶段，孩子的主要任务是学习，学习优秀才能真正赢得他人的尊重，才能有效提升自己的人格魅力。

穿奇装异服是为了彰显个性

叛逆期案例

小伟自从升入初中后，渐渐喜欢上打扮了。不过，他与一般的孩子爱打扮不同，他常常喜欢穿一些奇装异服，或在校服上搞一些另类的装饰，画一些稀奇古怪的图案。

小伟喜欢穿奇装异服，但是学校规定在学校学习期间要统一穿校服，为此小伟只好在自己的校服上搞一些另类的图案。比如校服上衣后背上有一块是白色的地方，小伟就在上面画上自己喜欢的卡通形象。这种似乎有些另类的行为，竟然受到了同学们的极力追捧和效仿，在校园里流行了起来。老师发现后命令各班同学把衣服上的图案清洗掉，并将此事通知学生家长。小伟的妈妈对小伟的这种行为感到很气愤，禁不住唠叨起小伟来。小伟不耐烦地说了一句"真麻烦"，然后不情愿地去洗衣服上的图案了。

妈妈以为此事终于解决了，心里放松了下来。

可是不到一周，小伟又想到了一种奇怪的装饰方法——在衣服上打上特制的钉子，拼成图案或各种各样的字母形状。小伟穿着这种校服在校园中穿梭而过，衣服上的钉子闪闪发亮，甚是抢眼，而他也为此出尽了风头。这次妈妈没辙了，钉子不像图案那样可以洗掉，但如果把钉子拆下来，校服上就会留下一个个小洞，妈妈索性随着小伟了，背后只能摇头叹气。

妈妈要懂的心理学：孩子穿奇装异服是为了彰显个性，妈妈要从根源上解决问题

孩子喜欢穿奇装异服、在衣服上搞另类装饰的现象，在日常生活中并不少见；甚至有的孩子还会变着法子搞各种各样的发型，染发、烫发等。他们这样做的目的无非就是希望自己能够得到别人的关注，通过标新立异来彰显自己的个性。这类孩子与爱好打扮的孩子有一些不同，那就是他们更强调打扮另类、个性张扬。他们往往思想前卫，喜欢追求潮流，爱好攀比，喜欢模仿明星等。

对于这类孩子，父母更不能单纯地依靠说教和批评来迫使孩子作出改变，而要找到孩子产生这种行为的心理原因，然后从根源上解决问题。当然，对于这类问题父母也不能"一刀切"，个性的张扬从另一个侧面反映了孩子的创造力，彰显了他不拘泥传统束缚的个性，这有利于孩子发挥自己的特长，父母在尊重的基础上适度引导既可。比如例子中的小伟，他之所以喜欢那样打扮无非就是为了彰显自己的个性，吸引同学们的注意。他在衣服上画图案以及在衣服上穿钉子的行为的确有一定的创意，只不过用的地方和环境不太适合。妈妈可以在肯定他的行为的基础上，引导他将这种创意用在别的地方，比如绘画、黑板报、创意比赛等方面。这样，自然就不会导致孩子的叛逆行为了。

当然，也有一部分孩子之所以这样做，可能是他的内心缺少温暖和父母的关怀，需求在家里得不到满足，只好通过穿着个性化来获得他人的认同和对自我的肯

定。比如，有的父母平时一直忙于自己的工作或生意，从某种程度上忽略了孩子，孩子在家里备受冷落，因为成绩不好老师也瞧不上，所以只好通过奇装异服和标新立异来获得别人的认可。对于这类孩子，父母要抽出时间多关心关心他们，和孩子说说心里话，问问他的学习、生活情况等，时间长了，孩子自然就能恢复常态。

叛逆期方法指导

方法一：引导孩子树立正确的审美观和价值观

一个人的衣着打扮在一定程度上也反映了其心理需要和审美取向，所以孩子喜欢穿奇装异服也许是他的审美观、价值观出现了问题。一般而言，学生正处在身体发育的关键时期，其穿着打扮还是应以朴素、自然、大方、舒适为原则。穿着另类，的确能赚足他人的眼球，但未必真正能赢得他人的尊重。所以父母应当向孩子传授正确的审美观和价值观，把孩子的思想拉入到正常的轨道上来。

王健是初中二年级的学生，他自升入初中以来就喜欢穿一些奇装异服，以此吸引其他同学的注意。爸爸妈妈为此批评他很多次，他总是以父母的眼光"老土"为借口，拒绝改变。爸爸妈妈也只好对他睁一只眼，闭一只眼。

后来一次家长会上，老师告诉王健的妈妈，王健可能和社会上的小混混有来往，妈妈这才意识到了问题的严重性。原来，王健平常打扮另类，出入校门时很显眼，自然也受到了社会上几个小混混的关注。最近一段时间，小混混们以教王健跳街舞为名，不断向他索取钱财。后来，这事被老师发现了，于是通知了王健的妈妈。

妈妈过后找王健谈心，告诉他："人有个性是好事，但个性过了头就不好了，你看你现在不只受到同学的关注，连社会上的小混混也开始关注你了，他们都是些什么人啊，你难道不知道吗？"王健听到这话有些惭愧地低下了头。妈妈接着说道："要想赢得别人的关注和认可，那得学习好才行，得有智慧才行。你如果真考了全班第一名，难道不受关注吗？"王健信服地点了点头，从那以后他与小混混断绝了往来，打扮也不再那么另类了。

每个青春期的孩子都希望得到别人的关注，只不过有些孩子喜欢通过另类的方式表现出来罢了。无论孩子喜欢表现还是不喜欢表现，父母都应当及时和孩子谈心，引导孩子树立正确的审美观和价值观。

方法二：不要轻易答应孩子的要求，为他买奇装异服

有些孩子喜欢穿着另类，而家长认为孩子的时代毕竟与自己当年的时代大不一样了，所以便默许了孩子的行为。甚至在孩子要求买一些新潮的衣服时，父母在潜意识中也表示支持，这更加助长了孩子追求新奇服装的心理。有的孩子甚至要求买一些不符合学生身份的服装，这对孩子的心理健康成长是非常有害的。

　　曾经有一个12岁的小女孩，在一家大商场里竟然要求妈妈给她买下一件漂亮的"红裙子"。正当妈妈准备让女儿试一试价格不菲的"红裙子"时，营业员却告诉女孩的妈妈说，那是一件成人旗袍，不适合孩子穿。妈妈仔细一看，的确是一件旗袍，只好拉着孩子走开了。

有些孩子就是因为想要什么衣服，家长就给买什么衣服，才养成了不合时宜的穿着习惯。这极大地影响了孩子心理的健康成长，甚至会导致孩子的早熟现象，前面这个例子就充分说明了这一点。对此，各位妈妈要引起足够的重视。

方法三：合理引导，让孩子充分发挥创造性

孩子爱穿奇装异服，有时候还自己搞些颇有创意的装饰来，这从另一个角度来看的确反映了孩子的创造力，但是这种创造力可能用错了地方。如果家长能将这一创造力加以引导，让孩子通过有意义的事情表现出来，那么将会有效促进孩子综合素质的提高。

晓辉是一个爱漂亮、爱时尚的女孩子，平常她穿衣戴帽都能搞出花样来，有时候还会在衣服上搞一些奇形怪状的装饰品。为这事儿，妈妈劝说她多次了，她根本不听，还说那样才能显示自己的个性。妈妈说她那样做未免太张扬了，哪像个中学生的样子？晓辉根本不理这一套，妈妈为此很犯愁。

妈妈认为晓辉平时那么喜欢在服饰上下工夫，应该在这方面很有创造力。正好有一次妈妈看到杂志上有个栏目要举办中学生服装设计大赛，就偷偷地为晓辉报了名。晓辉听到妈妈告诉她这个消息时，不但没有生气，反而很高兴。经过两周的准备，晓辉高高兴兴地去参加比赛了。评选结果出来后，她竟然获得了二等奖，这令她异常兴奋和自信。

此后，晓辉依然爱在衣服上搞些花样装饰，但不像以前那样穿在身上张扬了，而是给自己的爸爸妈妈看。她还表示，以后要努力学习，将来准备做服装设计师。

显然，晓辉妈妈的做法是值得我们学习的。孩子喜欢穿奇装异服，有时候未必能有效压制得下去，因为这是来自孩子内心的一种创造力的爆发，只有为它找到合适的突破口，才能有效解决问题。

允许孩子适度赶时髦、追随潮流

叛逆期案例

安志是初中三年级的学生，他是一个十分喜欢赶时髦、追随潮流的孩子。最近半年时间，受另外几个好朋友的影响，他也加入了哈韩大军。也难怪，最近两年随着各种韩剧的热播和韩国服饰、电器的大举"入侵"，在青少年中刮起一阵阵"韩流"。安志和他的朋友们正是受"韩流"侵袭的年轻人。他们看韩国电视剧，穿韩国服装，用韩国电器，听韩国歌曲……整个的生活似乎都被"韩流"包围了。

有一次，妈妈去附近商场购物，看到安志正和几个小伙伴在逛街。安志身上穿着一件黑色的大T恤衫，上面印着几个大大的韩文，特别显眼。另外两个男孩的打扮就更加"引人注目"了——他们两个头发都染成了金黄色，不过一个把头发剪成了整齐的锯齿状，另外一个则是长发披肩，裤兜上还挂着丁丁当当的银色挂件。

安志的妈妈一见到几个孩子这身装扮，就气不打一处来，但是她并没有发作，而是礼貌地应声孩子们的问候。晚上回到家后，妈妈把安志叫到一边问他到底是怎么回事。安志告诉妈妈，他在几个小伙伴的怂恿下买了这件韩式T恤衫。妈妈希望安志不要穿这样的衣服，安志却嫌妈妈管得太多了，于是二人起了争执。最后争执的结果是：安志可以穿这类 T 恤衫，但不能像另外两个孩子那样染黄头发，搞怪异装饰。退而求其次，安志勉强答应了。

妈妈要懂的心理学：孩子有自己的思想，应当允许孩子适度追随潮流

随着改革开放的深入发展和日韩电视剧的热播，在青少年中的确出现了一批哈韩、哈日族，他们乐此不彼，引以为荣。青春期的孩子追求独立的欲望比较强，他们有相对独立的思想，有比较强的表现欲，但对很多事情有着盲从的心理，因此模仿日韩剧中青春偶像的打扮和行为就不足为奇了。

心理学上有一个从众效应，大意是指一个人在认知上或行动上以多数人或权威人物的行为为准则，并且努力与他们保持步调一致的现象。这是一种普遍的社会心理现象，但这种行为本身并没有好坏之分，其性质取决于在什么时间及什么场合产生这种行为，从这个意义上讲它可以分为积极的和消极的两个方面。

拿上面的例子来分析，其实安志哈韩的行为本质上属于一种从众行为。周围很多同龄人都在"韩流"的侵袭下加入哈韩大军，安志被这种环境包围，当然也不能"幸免"于此。如果他不哈韩，反而有可能被同伴们视为"异类"，这倒不利于他们的伙伴关系。再说了，孩子本身有自己的想法，或许他本人对"韩流"并不抗拒。这种情况下，如果妈妈严格强制安志"脱离群众"，势必会让他遭到同伴们的嘲笑或"抛弃"。幸运的是，妈妈采取了一种开明的方式。她允许孩子和他的同伴们一样哈韩，但并不主张完全地被他们同化，这种处理方式得到了孩子的认可。

现实生活中，妈妈要多了解一下青春期孩子的心理，同时自己思想上也要跟上时代前进的步伐，这样就容易形成和孩子思想一致的同理心，当孩子追逐潮流时不至于强烈反对。当然，对于孩子追逐潮流的行为要善加引导，不要让孩子迷失自己。

叛逆期方法指导

方法一：允许孩子追随潮流，但要合理、适度

前面讲到了青春期的孩子喜欢追随潮流，这说明他们有思想、有朝气、有活力，是符合青春期心理发展的，家长不必完全限制。每个时代都有每个时代的追求，每个年龄段也都有每个年龄段的追求。孩子在青春期喜欢追随潮流，喜欢哈韩、哈日，等过了这个阶段，他们就未必如此了，这一时期的经历或许只能成为被封存的记忆罢了。反过来讲，如果完全限制、强制孩子追随潮流，等于剥夺了他这一时期的快乐和自由，势必会引起他的反抗。

上初二的心怡是一个特别爱美的小女孩，不仅喜欢打扮，而且特别喜欢追随潮流。由于受日本电视剧的影响，最近一段时间又成了一个名副其实的"哈日族"。平时她最喜欢捣弄自己的发型，涂抹自己的眼睛了。

可是学校规定，学生不准化妆，女生留长发的一定要扎上辫子，刘海不能过眉，鬓角不能留发。但是心怡总是想方设法在鬓角垂下几缕头发，说是这样看起来显得比较清纯。前些日子，心怡还嚷着要去把头发拉直，说是这样绑起来才显得柔顺，但妈妈一直没有答应她。后来她再三哭闹，妈妈只好同意了。把头发拉直后，心怡竟然还要求理发师特意为她剪了个发型，把刘海剪得整齐划一刚过眉，看起来活像个清纯的日本小女生。

回到家，妈妈看到了她的发型，虽然颇有微词，但并没有严厉批评她，而是耐心地教育她以后一定不要这样做了。另外，妈妈还嘱咐心怡，一定要把成绩搞好，不要把心思花在打扮和追随潮流上。成绩好、

心灵美是一个人内在素质的体现，这些才是真正的美。

从例子中可以看出，心怡是一个不折不扣的"哈日族"，但是妈妈面对这种情况，并没有完全反对她这么做。因为妈妈理解青春期女儿的心理特点和需求，但是妈妈也没有一味地迁就心怡，对她放任不管，而是及时地教育和开导了她。

方法二：帮助孩子树立正确的价值观，用传统文化教育孩子

孩子毕竟是孩子，不像大人们那样成熟、稳重。青春期的孩子亦是如此，人生观、价值观还没有完全形成，思想上可以说是处于一种随波逐流的状态。很多孩子追逐潮流，哈日、哈韩，主要是因为他们受感官的刺激，对新奇的潮流有一种盲目的向往和崇拜。他们的思维并不理性，容易受一些表象的迷惑。比如日韩流行文化，可能主题比较轻松，比较贴近生活，形式上比较自然、比较活泼，这正好迎合了这一时期少男少女的心理需求，因此备受青睐。然而在本质上，日韩文化并不符合我们传统的审美观、价值观，而日韩文化也并不像孩子们眼中看到的那么美好。相反，我们中国有悠久灿烂的历史，有五千年的文化积淀，这些文化都是中华民族智慧的结晶，已经延续了近百代人，经历过了无数次的检验。这些文化和智慧才真正能够彰显一个人的气质和内涵，学到了这些文化和智慧，将来走向社会后才能大放异彩，而那些国内流行的日韩文化充其量只能作为青春的一抹记忆而已。这里有一个小例子，家长们不妨作为一个参考。

有一个上初二的孩子对韩国、日本的一些影视明星简直到了崇拜的程度，但却连中国的四大发明是什么都不知道。父亲长期以来对儿子的这种状况十分担忧，但又无可奈何。

2008年北京奥运会开幕式后，父亲眼前一亮：开幕式里展现出来的博大精深的中国文化，不正好是教育孩子的绝好教材吗？此时全家人

正好都坐在电视机前看开幕式，开幕式里美轮美奂的灿烂画卷、四大发明、中华武术等表演让儿子看得目瞪口呆。父亲趁势教育孩子："我们中国有五千年的悠久历史和灿烂文化，你应该好好学习学习，这才能真正地体现一个人的品位。"

当然，孩子的思想和理解能力未必能达到家长的高度，但是家长不能因此放弃对孩子进行传统文化的教育，进行传统价值观的熏陶，这事关孩子的未来，这是一个民族的灵魂。

方法三，可以适当做孩子的同盟军

前面讲到了，孩子追随潮流并非一无是处，对孩子而言它有它的积极作用。比如，可以让孩子放松身心，可以让孩子接受新思想、新观点，可以让孩子与同伴们融入在一起等。所以说，家长严格禁止孩子追随潮流并非是一件好事，甚至会影响孩子的健康成长。但是，为了避免孩子在追随潮流的过程中迷失自己，家长需要及时监督和引导，而为了有效地对孩子进行监督和引导，父母不妨加入孩子的阵营，成为孩子的同盟军。很多事实证明，这种方式的确能够起到有效的监督引导作用。

不必阻止孩子追星、看偶像剧

叛逆期案例

一位14岁的初二女孩疯狂地迷恋上了某男歌星。她刚开始是反复听他的一首歌，而且喜欢不分场合地哼唱。后来她还向妈妈要钱，买他的CD专辑，买和他有关的杂志、招贴画。她的书桌上、手机上，甚至课本背面，都粘满了这个男歌星的图片。课下与同学们坐在一起，更离不开这个话题。有一段时间，电视里正好播放这个男歌星主演的电视剧，她更是废寝忘食地观看……妈妈见此情形，甚至嘲笑她："你一个漂亮的小女生，竟然喜欢一个唱歌的老男人，真没出息。"对此，她心里非常难受，忍不住顶撞了妈妈。

男孩小军非常喜欢周杰伦，他不仅喜欢听周杰伦的歌，还喜欢周杰伦演的电影，为此常常如痴如醉。不仅如此，生活中小军也被周杰伦"包围"了：做和周杰伦一样的发型，穿带有周杰伦头像的衣服，甚至模仿周杰伦的动作和说话的方式，整个人似乎都被周杰伦同化了。有一回小军还接连几天省下吃早饭的钱去买周杰伦的海报，妈妈知道后非常生气，于是挖苦他："你就是天天不吃饭，也变不成周杰伦。"小军却理直气壮地说："省饭钱买海报，我乐意，又没朝你多要钱，你管得着吗？"妈妈听到这话，真恨不得抽他两巴掌，孩子怎么变成这样了呢？

妈妈要懂的心理学：孩子需要偶像，妈妈应适当允许追星

青春期的孩子追星是一种正常的现象，这个阶段的孩子在思想上有了更强的独立性，他们非常希望获得一种社会认同感和归属感，而这种认同感和归属感常常需要通过模仿偶像来实现。

明星具有光鲜亮丽的外表，具有非凡的才艺，受到众人的追捧，而自然就成了孩子追逐和模仿的对象。他们往往会通过模仿明星的服饰、语言、动作、习惯等来向自己喜欢的偶像靠拢，借此获得满足感和归属感。另外，这个时期的孩子，思想比较活跃，但学习压力比较大，他们也希望通过追星等行为来缓解心中的郁闷和压力，从枯燥的学习生活中解脱出来。

但无论如何，对大多数孩子来讲，这一时期的追星现象只是一个短暂的过程，一般到了16岁以后就会逐渐消退，直至成年以后消失。心理学上有一个光环效应，是指人们对他人的认知容易先根据个人的好恶作出判断，然后再根据这种判断来推知这个人的品质。明星作为公众人物，周身被一种光环所笼罩着，孩子们因思想不成熟很容易受这种表象的迷惑。但是，随着孩子思想的成熟，判断力的增强，他们逐渐就会意识到明星也不过和普通人一样，并非完美无瑕。

因此，对于孩子这一阶段的追星现象，父母不必强行阻止。因为每一代人都会有每一代人的偶像，就像家长们小时候曾经迷恋英雄人物一样。所以家长应当适当地允许孩子追星，合理地对孩子进行引导，防止孩子误入歧途，而不是粗暴干涉、讽刺挖苦。就像上面例子中两个孩子的妈妈那样做，即便孩子做得再不妥，也会激起他们的反抗。

叛逆期方法指导

方法一：引导孩子理性追星

前面提到了，处于青春期的孩子热衷于追星、崇拜自己的偶像是一种正常现象，家长不能一味禁止或粗暴干涉。追星这种行为本身并非一无是处，它可以激发孩子的拼搏精神，甚至可以转化为孩子学习的动力。当然，这种行为本质上属于一种娱乐，自然也可以让孩子放松身心。但由于青少年的心理发育不成熟，性格也具有很强的可塑性和不稳定性，所以家长对孩子追星要进行合理的引导，让孩子健康、快乐地追星。

一个初二的女孩，特别迷周笔畅，在妈妈看来似乎有些疯狂，但妈妈并没有盲目地阻止女儿，而是想办法合理地引导她。

一天晚上，电视上播放超女比赛，周笔畅正深情地演唱，女孩看得目不转睛。妈妈悄悄地坐到她的身边对她说："这么优秀的歌手一定有过人之处。"女孩听到妈妈对偶像的肯定，马上兴奋起来，滔滔不绝地向妈妈讲起了偶像的事情。妈妈了解到周笔畅在女儿心中的位置，也变得关注起周笔畅来，并且帮助她搜集周笔畅的信息和各种海报。女儿对此感到很开心，并且逢人便夸她有一个通情达理的好妈妈。

后来，妈妈了解到周笔畅不仅歌唱得好，而且还精通多种乐器，字写得也非常漂亮，在校成绩也非常优秀，于是妈妈便引导女儿多向偶像学习这些才艺。渐渐地，女孩从最初迷恋周笔畅的歌声，逐渐转移到钦佩并关注周笔畅的多才多艺上面了，而且女孩从此学习更认真、更努力了。

例子中的这位妈妈的确是一位开明且非常有智慧的妈妈。发现女儿痴迷偶像时，她没有粗暴地干涉和制止，而是全力地帮助女儿"追星"，由此获得了女儿的认可和尊重。接下来，妈妈又通过了解偶像的其他才艺，来诱导女儿向偶像学习，使女儿由单纯关注偶像的外表和歌声，到深入学习偶像的才艺和素质。这个例子实乃成功的典范，值得每位家长学习。

方法二：孩子狂热追星不能放任

大多数孩子追星只是出于对偶像的崇拜和模仿，一般情况下他们还是能够比较理性地控制自己的行为的。尽管有时候为此会影响到学习，但只要孩子的行为没有超出正常范围，家长就不必过多干涉。有的情况下，孩子追星达到废寝忘食、近乎痴迷的地步，家长就不得不引起高度重视了，以免孩子"走火入魔"。众多因追星而导致悲剧的事件，给家长们敲响了警钟，我们不妨再回过头来看看这些曾经发生过的悲剧。

2002年，浙江温州一名17岁的初中生因没钱亲眼见到梦中偶像而服毒自尽。

2003年，大连一位16岁花季少女因母亲没有给她买偶像歌星的CD而自杀。

四川一位13岁的女孩在连看8遍《流星花园》后，独自离家出走，下落不明。

……

还有另一个令人心痛的例子。内地有一个女孩从十几岁开始就痴迷港台某歌星，直到几年后其父在香港自杀才算告一段落。

女孩对偶像的痴迷缘于她十几岁时的一个梦，她觉得这个梦暗示了她与该歌星的缘分，本来成绩优秀的她却为此开始辍学在家，"专职"追星，家里贴满了明星的照片、海报，也收藏了大量的偶像录音带。她的父母多次阻止、劝说无效，出于对女儿的疼爱，只好转而支持她，并卖房筹资供女儿两次赴港、多次赴京"追星"。其父为了让她到香港见偶像一面，甚至不惜采取让人心痛的方式来筹措费用。在家人的多番努力下，终于再次赴港，她也为自己赢得了与偶像合影的机会，但当她进一步提出另外的要求时，没有得到偶像的同意。她非常难过，其父也为此自杀。这一事件在社会上引起了强烈的反响，成为人们热衷谈论的话题。

少男少女追星本来没有错，但如果不能有效地把控自己，追星陷入狂热和痴迷的泥沼，则会得不偿失，甚至引发悲剧。上面的几个例子就有力地说明了这一点。因此，当孩子有追星行为时，父母要及时关注和引导，防止孩子误入歧途。

方法三，转移注意力，培养孩子多方面兴趣

前面提到了，孩子追星是一种精神上的需要，或许出于生活或学习方面的压力，他们也需要一种精神的寄托或情绪的宣泄口，而追星不失为一种现实的方式。但是追星并不像其他方式那样积极而稳妥，有时候需要付出代价，甚至会诱使孩子误入歧途。因此，家长平常要在关心孩子的基础上，多培养孩子的一些业余爱好，帮助孩子发展多方面的兴趣，比如阅读、书法爱好、体育活动或琴类、棋类爱好等。这些爱好，无论再痴迷，也不会把孩子引入歧途，可以称之为绿色爱好。当孩子把精力投入到学习和这些爱好上面时，他们的精神世界就不再空虚和孤独。

2

第二章

把握孩子的性格特点，塑造孩子完美的品格

孩子为何变得如此冷漠

叛逆期案例

14岁的文彬正在读初二，妈妈发现自从儿子升入初中后不久，很少与自己说话了。小时候的文彬天天围着妈妈转，与妈妈无话不说，可是现在这是怎么了呢？妈妈对此感到很纳闷。

平时，妈妈问一句，儿子才答一句，除非有非说不可的事情，儿子一天和妈妈也说不上几句话。然而，如果是他的同学打电话来，文彬却能够有说有笑地聊上一阵子。更让妈妈伤心的是，儿子还变得比以前"自私"了，平时只知道关心自己却不关心父母。

有一次她生病了，请假在家躺在床上休养，儿子饿了就自己去外面吃饭，还在外面玩了很久，可是回家之后既不问她的身体怎么样，也没给她带什么吃的，而是直接走进自己的房间关上门，就去做自己的事情了，就当她不存在一样；而他的同学生病了，他还知道送束花去安慰一下，可是对生养他的父母怎么就这么冷若冰霜呢？妈妈越想越想不通，越想越难过，竟独自躺在床上掉下泪来。

不仅如此，文彬对爸爸表现也比较冷漠。有时爸爸过问他的学习情况，他也是象征性地应付一下爸爸，便不再言语，这有时候也让爸爸感觉很尴尬。对此，爸爸也很无奈，只能背后叹一声气，孩子怎么越长大和自己的距离越远了呢？

妈妈要懂的心理学：青春期"冷漠"属正常现象，妈妈不必多虑

14岁的孩子已经进入了青春期，这一阶段随着认知水平的提高，孩子对事物有了自己的看法，同时也喜欢独自主张，不服规劝，这就是我们常说的青春期逆反。而这种逆反的对象无非是管教他的老师和家长，尤其是在和家长相处的过程中，这种逆反表现得最为明显。当然，有的孩子会"明目张胆"地和父母对抗，比如顶嘴、争辩等；有的孩子则以沉默寡言对抗，而且态度显得比较冰冷。

例子中的文彬不关心妈妈冷暖，甚至不想和妈妈说话，就属于这种情况。可能事实上孩子并不是有意地冷漠妈妈，但青春"断乳期"让他不由自主地与父母拉开了距离。或许在孩子的内心，他也想张口问一声："妈妈你好些没有？"但他却总觉得难以启齿。

对爸爸也是如此，相对而言，处于青春期的孩子更愿意与妈妈交流，而不愿意和爸爸多说话。文彬和妈妈都不想多说话，何况是与爸爸交流呢？再说了，父子之间交流感情更多地喜欢采用行动，而不是语言。

那为什么文彬对自己的同学那么关心呢？因为他与自己的同学属于同龄人，有共同的语言和爱好，几乎没有什么沟通的障碍，所以这种情况下很多合得来的同学几乎会成为他的知己。当然，这样的朋友生了病，他也会表现得比较殷勤。这只是青春期的一种自然现象，父母不必多虑，孩子在内心深处还是与自己的父母亲近的。

对于孩子的这种状况，父母应当怎样改变呢？我们来看以下几种方法。

叛逆期方法指导

方法一：多关注孩子的情感需要

大多数父母在平常都比较关注孩子的衣食住行和学习成绩，却很少关注孩子的情感需要。尤其是当孩子进入青春期后，父母突然发现和孩子之间的共同语言变少了。这不仅仅是因为孩子长大了，两代人之间的代沟变得明显了，更是因为父母忽略了孩子的成长，忽略了孩子的情感需要。孩子长大了，自然有了自己的情感和想法，或许也平添了一些烦恼和心事，有时候这些烦恼和心事，无处可诉，他们就会把它憋在心里。时间长了，孩子就会变得越来越冷漠，如果这个时候父母主动关心孩子的情感需要，走进孩子的内心世界，帮助他们排忧解难，那么他们或许就能变得开朗、快乐起来。

小辉初三上学期喜欢上了同班的一位女孩。他满脑子都是那个女孩漂亮的身影，上课时眼睛总不自由自主地瞄向那个女孩，根本就听不进去老师在讲什么。下课后，他也总想找机会与那个女孩说说话，但女孩似乎并不知道他的爱慕之心，他也不敢向女孩表白，为此非常苦恼。

由于一直受这种情感的困扰，他的成绩也有了下滑的趋势。在家里，他变得不爱说话，常常一个人闷在房间里，甚至有时候茶饭不思。妈妈发现了他的异常，及时找他沟通。他向妈妈敞开了心扉。妈妈对小辉说："儿子，这件事让妈妈看到你长大了，开始注意女孩子了，几乎每个男孩到了青春期都会对女孩有好感的。不过，你喜欢这个女孩，而她并不知道。但是如果你把这件事告诉了她，她也未必会喜欢你。所以，儿子，还是把这种感情埋在心里，好好地去学习吧，等你将来考上大学，走入社会后会有更多的好女孩在等着你。"

得到了妈妈的安慰与理解，小辉心里轻松了许多，她对那个女孩的"感情"渐渐淡下来，转而把精力投入到学习上去了。

试想，如果小辉的妈妈不及时与他沟通，或许他还会继续沉溺下去，而这将会让他越陷越深，甚至让他失去升学的机会。由此，父母再怎么关心孩子的衣食住行、学习成绩，而不关心他的情感需求，那么到头来仍然会是一场空。

方法二：尊重孩子，多重视与孩子的心灵沟通

青春期的孩子从某种意义上讲已经长大了，可是有的家长仍然一如既往地沿袭原来的说话方式，当孩子是小孩子，对孩子的事情进行简单地命令或粗暴地干涉，这势必会引起孩子的反抗。有的孩子以言语反抗，有的孩子以冷漠相对。

薇薇的妈妈一直非常苦恼，原因是她16岁的女儿薇薇半年来都没怎么和自己说话，每天放学回到家对自己的态度都是冷冰冰的，要不就是把自己一个人关在房间里。但是女儿和爸爸或者她的同学都是有说有笑的，似乎还很开心。为什么会这样呢？

原来初三上半年，薇薇收到了同班男生写的一封信，于是把它交给妈妈来处理。没想到妈妈以为她早恋，不分青红皂白把这封"情书"交给了她的班主任。班主任在课堂上批评了那位男生，虽然老师没直接说出薇薇的名字，但当时她也感觉脸上火辣辣的。从此以后，她决心再也不相信妈妈了，尽管妈妈想尽了各种办法，她也不理妈妈。

从这个例子中家长处理孩子事情的方式来看，这不得不说是家庭教育的一种失败。青春期的孩子本来就很敏感、很自尊，而家长竟然置孩子的脸面于不顾，将孩子的秘密公之于众。虽然家长的出发点可能是好的，就是希望孩子能够专心学

习，但是采取这种盲目的方式，其实就是对孩子人格的不尊重，这对孩子的心灵是一种致命的打击，难怪孩子对妈妈失去信任，变得冷漠。

尊重孩子是教育好孩子的一个基础性原则，如果违背了这个原则，即便你说得再有道理，也会引起孩了的反感，希望各位家长能深刻警醒。

方法三：适当接受孩子青春期的"冷漠"

进入青春期的孩子都有这样的一种体验：感觉自己已经是大人了，不再是家长眼中的那个淘气小孩了。这个阶段的孩子对事物有了自己的理解和看法，希望能够通过自己的努力来处理事情，而厌烦父母在一旁指手画脚。

所以，有些事情孩子宁愿闷在心里，也不愿意同父母讲。甚至当有的家长问孩子"到底怎么了"或"到底发生了什么事情"时，孩子会以一句"你烦不烦"来回应家长。这种情况下，父母就应当给孩子一个独处的空间，给他一段思考的时间，让他自己静下心来去思考和处理自己的问题，适度容许孩子的沉默。但是，给孩子独立的空间和时间，并不等于不理孩子、冷落孩子，父母依然要关心孩子的衣食住行和生活，这样等于从侧面给予了孩子一种关心和帮助，有利于孩子走出心理困境。

孩子孤独、自闭怎么办

叛逆期案例

婷婷现在读高一，她性格显得很自闭，几乎没有一个要好的朋友。平时都是独来独往，也很少参加集体活动，即便是在老师的要求下参加了，也是独自一个人待在角落里。周末回到家里，她也喜欢把自己关在房间里做自己的事情，很少与父母交流。由于生活中没有太多的琐事儿，按道理她应该有更多的时间和精力学习，然而她的学习成绩一直平平，最近一段时间似乎还有些下滑，这令她更加内向和自卑了。

老师发现她有些异常，建议她的父母带她去看心理医生。父母带她看过心理医生，通过专业测试，医生说她心理是正常的，可能目前这种状况属于一种青春期自闭现象，建议父母要多关心她，多开导她，多引导她与人交往。

其实，婷婷从小就是一个胆小、自卑的女孩。小时候，她常常因为犯一点点错误，而被父母关禁闭，这造成了她自幼畏缩、自闭，除了跟家里人接触，很少和同龄的伙伴们一起玩。进入青春期后，这种倾向更加明显了，爸爸妈妈为此很着急。

妈妈要懂的心理学：孩子自闭，妈妈要及时开导，以防形成自闭症

青春期孩子产生心理自闭一般有两种情况：一种是儿时的一些特殊经历造成了孤僻、自卑的性格；另一种是进入青春期后各方面压力比较大，不得不把自己封闭起来。比如，上述婷婷的例子就属于第一种情况。儿时，父母对她不当的惩罚给她的心理留下了阴影，也造成了她自卑、自闭的性格，这种倾向一直延续到青春期，并有所加重。针对这种情况，父母一定要及时开导孩子，鼓励孩子，多与孩子进行深层次的心灵沟通。另一种情况是青春期造成的自闭，比如，有的孩子处于升学阶段，学习压力大，或者其他一些不如意的事情造成了心理上的挫折等，都容易导致孩子从心灵上封闭自己。

心理学上有一个布朗定律，说的是一旦找到了打开某人心锁的钥匙，往往可以反复用这把钥匙打开他的其他心锁。也就是说，对于孩子的自闭现象，只要找到了问题的根源，一切问题都将迎刃而解。比如，孩子因为成绩不好，担心考不上重点中学让父母失望，从而产生心理焦虑，导致自闭。这种情况下，父母就要想方设法打开孩子的心扉，找到这个根源，然后开导劝慰孩子，帮助孩子排除心理压力。

所以，针对孩子青春期的自闭现象，父母首先要做的就是与孩子谈心，找到孩子自闭的根源，与孩子共同面对现实，解决问题。当然，孩子自闭倾向特别严重的情况，父母要及时带孩子去看心理医生，以免发展成自闭症。

叛逆期方法指导

方法一：用同理心打开孩子的心扉

前面讲了，青春期的孩子自闭都是有一定原因的，那么怎么去找这种原因呢？毫无疑问，首先要进入孩子的内心世界，打开孩子的心扉。然而，孩子是自闭

的，是冷漠的，怎样才能打开孩子的心扉，让孩子道出隐藏在内心的秘密呢？这就需要家长用同理心站在孩子的立场上考虑问题，要体会孩子的情绪和想法，理解孩子的感受，与孩子一起面对问题等。这种情况下，孩子就愿意敞开自己的心扉。

或许我们都曾听说这样一个故事，通过这个故事我们可以看出同理心在打开封闭的心扉方面是多么的重要。

阿尔巴尼亚一位虔诚的修女只身来到了印度拯救苦难中的人们。她看到当地的人们因为贫困而衣衫褴褛，有很多人甚至没钱买鞋子穿。见此情景，她决定自己也不穿鞋子，因为只有这样才能够更加贴近他们的生活，从而更好地帮助他们。这件事传到了英国，戴安娜王妃听说了她的丰功伟绩之后来到印度拜访她。当时王妃自己穿了一双洁白的高跟鞋，但看到修女赤裸的双脚时，她感到无比羞愧……

后来中东战争爆发，这位修女为了救援弱小的妇女和儿童，孤身一人来到了战场上。当作战的双方都发现来到战场上的是那位虔诚的修女时，奇迹出现了——正在激烈交火中的双方竟然不约而同地停止了攻击，专门等她把战区里的妇女和儿童都解救出来……

1997年这位德高望重的修女去世了，此时她遗体的双脚仍然是裸露的，印度举国同悲，人们为她举行了隆重的葬礼。在她的灵柩经过的地方，人们都挤着看她最后一眼，但没有人站在楼上观看，因为人们不想自己站得比她还高……她，就是特蕾莎修女。

这个故事真实而生动地向我们展示了同理心的伟大力量，我们平常总是埋怨孩子冷漠，不与自己沟通，我们何曾与他们站在一起，感同身受地想过他们的事情？当你明白了这个道理的时候，离孩子敞开心扉就不远了。

方法二：帮助孩子排解心理压力

心理压力大是造成孩子自闭的主要原因之一，因此父母平时除了关注孩子的学习成绩之外，更要关注孩子的心理健康，帮助孩子排解心理压力。对处于青春期的孩子而言，他们由于身心的迅速发展和学习任务的加重，将会面临更多的压力，比如升学、人际交往、情感困惑等。这些压力如果不能得到及时缓解，就很有可能造成孩子的自闭，因此家长要注意及时帮助孩子排解心理压力。

王瑞正读初中三年级，他以前一直很爱说笑，可是自从进入初三下学期，他似乎变得不太爱说话了。妈妈问他到底是怎么回事，他一直没有正面回答，有时候还搪塞一句："妈，没什么，你不用管。"妈妈知道儿子长大了，该给他一些独立思考的空间，于是便没再多问。

可是又过了两周，妈妈发现儿子变得越来越憔悴了。不到半年就要中考了，如果孩子继续这样下去怎么能行？妈妈想到这里，决定和儿子谈谈心。经过妈妈的一番询问得知，原来最近儿子的成绩不升反降，这令他非常着急。但是王瑞越是着急，越是休息不好，越是休息不好，上课越无法集中精力听讲，就这样成绩反而出现了下滑现象。爸爸妈妈对王瑞寄予的希望很高，希望他能考上重点高中，然后再考个名牌大学。爸爸妈妈都是下岗工人，爸爸在一家私营企业找到了一份维修的工作，妈妈至今仍在家待业，家里经济条件十分拮据。王瑞理解父母的难处，也明白父母对他的期望，他也希望自己的努力能够改变家庭的命运。可是，由于压力过大，事与愿违，成绩不升反降了。

妈妈了解到儿子是由于压力过大才导致了自闭，于是真诚地安慰他："能不能升入重点高中或者以后能否考上名牌大学并不重要，重要的是妈妈需要一个健康快乐的儿子。"王瑞听到这话，含着泪点了点头，他心里如释重负。

不仅仅大人们有压力，孩子在生活中也会面临各种各样的压力，尤其是青春期的孩子。所以，家长经常帮助孩子排解心理压力，不仅有利于孩子的身心健康，还能从侧面帮助孩子提高成绩。

方法三：多带孩子进行户外活动

城市化使很多人住进了高楼，这种居住模式的变化很容易给孩子造成封闭的环境，这也是很多孩子变得自闭的一个重要原因。有不少孩子因为这种封闭环境的原因，宁愿周末在家看电视、上网打游戏，也不愿意去外面活动活动。所以，针对这种情况，最好的办法就是鼓励孩子多出去活动活动，或者多带孩子出去活动活动。比如，可以鼓励孩子多与同学聚聚会、打打球、逛逛商场等，当然也可以抽出时间亲自带孩子爬爬山、旅旅游等。这些户外活动和运动能够有效地陶冶孩子的身心，让孩子变得开朗、乐观起来，对防止孩子心理上的自闭有非常积极的作用。

总之，户外活动、运动，不仅可以提高孩子的身体素质，还有益于孩子的身心健康，家长一定不能忽视这些。

固执、偏激是一种心理障碍

叛逆期案例

小琦正在读初中一年级，他是一个做事很偏激的孩子，父母、老师、同学都不敢招惹他。

小琦在小学时成绩非常好，可是升入初中后，成绩却不断下滑。为此，他放学回家后，妈妈每天都问他的学习情况，并督促他复习、预习功课，但妈妈刚说两句，他就特别烦。因此，这样的交流每次都以争吵结束。

有一次他与班上的一位同学发生了矛盾，两人打了起来，小琦受了委屈。老师得知此事，让对方向小琦道了歉，但小琦并不接受，事后还扬言："我一定得打回来。"他之所以有这样的想法并非偶然，因为在读小学时他常受人欺负，回家后向爸爸诉苦，爸爸就告诉他："别人打你，你就打他，不能老挨别人打。"从此，他把这句话牢记在心，只要受到别人欺负，他就想办法报复对方。

还有一次，一位同学打扫教室时让他挪一下位置，他就是不动，那位同学就继续扫地。有一些垃圾飞到了他的鞋上，他急了，拿起一条凳子就朝那个同学头上砸了过去。事后，他被带到了教导处，教导主任问他为什么这样做，他说，他以为那位同学就是故意在和他作对，所以他想也没想，就抢起凳子砸了过去……他还说，只要他认为是对的，别人很难改变他。

对此，老师和同学们都感到很疑惑，同学们甚至不愿意和他接触，而老师也认为他心理上有问题。这令他更加孤独、自闭、偏执。

妈妈要懂的心理学：偏执是青春期孩子典型的心理障碍，妈妈要注意引导

偏执是青春期孩子比较常见的一种现象，这种行为主要表现为认自己的死理，无论什么事，无论在什么地方，都认为自己是绝对正确的，或者认为别人是绝对错误的。因此具有这种性格特征的孩子，容易走极端、做事绝对化，且不听劝告。

例子中的小琦就属于这种情况，可能是由于他小时候受到了爸爸的不良教育，从而导致了他性格中有一定的偏激成分，这种性格倾向在青春期躁动不安的心理因素刺激下得到了放大，使之成为易爆的火药库。所以，有时候很小、很平常的一件事，在小琦身上就能引发一场波澜。

青春期是孩子由少年向青年过渡的阶段，在这一阶段孩子的身体和心理都在发生很大的变化，孩子的情绪变化和心理波动都比较频繁。如果父母不及时关注孩子、引导孩子，孩子就容易产生各种各样的心理障碍。偏执是青春期孩子典型的心理障碍之一，因为在这一阶段孩子思想上有了一定的独立性，对很多事情喜欢坚持自己的想法和做法，但由于思想的相对不成熟，他们的想法和做法难免有失偏颇。

因此，在这个阶段父母对孩子的各方面情况多加关注、及时引导是十分有必要的。然而，事实上很多家长一般只关心孩子的衣食冷暖，却很少关心孩子的心理健康。在此，奉劝各位家长，在关注孩子衣食住行、考试成绩的同时，多关心一下孩子的心理健康。

叛逆期方法指导

方法一：在情感上要认同孩子，给孩子同情和理解

性格偏执的孩子，心里总有许多莫名的烦恼，这些烦恼是导致孩子行为偏执的原因之一，他们需要找人倾诉这些烦恼，排解心理压力，而父母是他们最好的倾诉对象之一。比如，当孩子产生某些幻觉性的猜疑时，最好的方法就是要认同孩子，与孩子站在同一条战线上，多倾听孩子的意见和想法，然后再针对具体情况寻求改变的办法。

小程在班里成绩一直很好，可是有一次他的数学没考好，结果总成绩下来了，名次也跟着下来了。这几天，他总感觉老师对他不像从前那么热情了，上课也不怎么提问他了，连同学都对他另眼相看了。为此，他心里非常难过。

妈妈看他最近几天一直闷闷不乐，就问他怎么了，他把情况告诉了妈妈。妈妈对他说："是啊，如果换做妈妈，考试没考好，也会难过上好几天。"听到这话，小程备感欣慰。妈妈接着说："不过，'胜败乃兵家常事'，这次考不好，下次争取考好就是了。老师不会因为你一次没考好而冷落你的。"小程有些将信将疑地望着妈妈。妈妈反问他："如果你是一位老师，你的学生一次没考好，你会冷落他吗？"小程摇

了摇头。妈妈又说道："这不就得了，老师根本就没有冷落你，是你心里多想了。"

经过妈妈的开导，小程的心态又恢复正常了，而老师也对他"恢复"了往日的热情。

由例子可以看出，小程由于名次的下降陷入了一种心理误区，产生了偏执的想法，而妈妈的同理心帮助他排解了心理压力，释放了不快。

性格偏执的孩子最需要的就是心理上的开导和引导，只要你给予孩子足够的认同和理解，他就会与你站在一起思考，你用正常的思路引导他，而他也一定能走上正常的轨道。

方法二：多给孩子一些积极的暗示和指导

积极的暗示能够让人的行为朝着积极的方向发展，而它在某些情况下甚至比直言相劝效果更好。有时候孩子陷入固执、偏激的泥潭，仅仅给予理解和认同或许是没有用的，这种情况下还要给孩子一些积极的暗示和指导，让孩子自己走出困境。

曾经有这样一个故事，说的是一位女孩在郊外游玩时，饥渴难忍，于是喝了溪流里的水。回到家后，她就感觉肚子发胀，于是她固执地认为可能是喝水时把青蛙喝进了肚子里。

尽管父母跟她说这种事情不太可能，而且说即便是真把青蛙喝进肚子里，也不会对身体造成危害。可是无论父母怎么解释，她都不相信，而且寝食难安。这种情况下，父母只好带她去找心理医生。医生听说了这种情况，自然明白怎么回事。于是他就让女孩闭上眼睛，张大嘴使劲儿吐，而且心理医生不断地说着："好，好，马上要吐出来了，再加把劲儿！"女孩更加用力地吐，父母也在一旁为她"加油"。过了一会儿，心理医生"啊呀"一声，女孩睁眼一看，果然发现面前的托盘里"吐"出了一只小青蛙，这时女孩也感觉肚子里轻松了许多。当然，我们可以想象得到，那只小青蛙是医生事先放好的。至此，女孩的肚子再也没有不舒服。

例子中的这个女孩就有一种偏执的倾向，尽管父母告诉她把青蛙喝进肚子里是不太可能的事情，但是她仍然固执己见。这种情况下，父母的劝说和开导是无济于事的，幸亏心理医生对其采用积极暗示的方法才解决了难题。这个故事告诉我们，面对孩子的固执行为，劝说无效的情况下，试试积极暗示的方法，也许就能峰回路转。

方法三：引导孩子学会理性思维

青春期的孩子侧重于感性思维，喜欢凭感性行事，因此做事也容易固执、偏激，有时候还会做出一些冲动的事情。然而，任何事情的发生都有自身的逻辑，不符合逻辑的事情一般不可能发生。所以，日常生活中，孩子如果能够多用理性思维的方式考虑事情，那么很多时候他就不会再那么偏执。

比如，一个孩子考试没考好，他总担心老师和同学会用异样的眼光看他。他越这样想，越觉得周围人真的都在这样做。因此，当他在众目睽睽之下的时候，就会觉得脸上火辣辣的。越是这样，他的言行举止越放不开，越感觉周围人看他的眼光怪异。其实，这只是他偏执的心理在作怪，只要他理性地想一想，就知道事情未必会这样。每个人每天都有那么多事情要做，为什么大家非要把注意力放在他的成绩上呢？再说了，他换一个角度想想，也很容易明白这个道理：当别人一次考试成绩不好时，自己是不是也十分关注别人的成绩呢？事实上，没有那么多人有这个闲散精力。如果真的去这样想想，他的心结就能解开了。

因此，当孩子更多地学会用理性去思考问题时，他的行为就不再那么偏执了。

青春期暴躁是正常的发育现象

叛逆期案例

钟涛今年16岁，读高一。他一直以来都是个快乐的小男孩，可是自从升入高中以来，他的脾气变得越来越暴躁。

他在读初中时，曾是班里的尖子生，还是学习委员，同学们对他一直如众星捧月，老师也对他青睐有加。可是升入高中后，他的竞争优势没有了，成绩不如原来那么优秀了，最近的班干部竞选他也落选了。这些事情令他心情十分郁闷，他也总觉得老师、同学都不重视他，因此他与新同学之间的关系搞得也很差。而他的脾气也变得越来越暴躁，遇到一点小事就心烦，也不能承受一点挫折。

在家里，与父母一句话不合，就吵闹、摔东西。事后他又感到很后悔，他说当时自己的头像裂成了两半，难受死了！所以当时他自己也控制不住自己，好像脑子里有个小魔鬼在指挥他发火。

父母对此也感到很疑惑，一直活泼开朗的孩子怎么会变成这样呢？他们不知道该怎么教育和开导他。

妈妈要懂的心理学：青春期孩子脾气暴躁是一种正常的发育现象，但要及时疏导

青春期的孩子脾气暴躁，其实这是一种正常的发育现象。青春期是青少年身心发育的关键时期，在这一时期孩子经常会表现出缺乏耐性、脾气暴躁的特点，甚至会对父母、亲友或老师、同学等有侵犯性的言行举止。

我们可以从两个方面来分析一下这个问题。

从生理学的角度来讲，科学家认为大脑前额叶皮层对感情、道德等情绪有一定影响，并负责产生行动的神经冲动。青少年时期的孩子正处于大脑前额叶皮层发育的阶段，发育过程伴随整个青春期。在发育的这一过程中大脑内会发生一系列的化学变化，这种变化导致了发育期的青少年有感情判断失常、举止暴躁等表现，顺利度过这一阶段，他们就会一切恢复正常了。

从心理学的角度来讲，儿童心理学家认为，这一时期是孩子自我意识发展的第二飞跃期，自我意识的突然高涨是导致孩子产生反抗心理的第一个原因。随着孩子自我意识的高涨，他们更倾向于维护良好的自我形象，希望获得他人的认可和尊重，但由于种种原因，往往事与愿违、屡遭挫折，于是他们内心就产生了一种怨气，从而导致了他们暴躁行为的产生。

抛开生理学的原因，上面例子中钟涛的行为就属于在自我意识高涨下催生的暴躁行为。他初中时成绩优秀，有一种优越感，但是升入高中后，竞争加剧，他失去了原有的优势。这种情况下他心理上就产生了一种强烈的失落感和不平衡感，而他一时又无法改变这种状况，于是内心的怨气越积越多，导致他就像一个火药筒，一触即发。

针对这种情况，父母应当及时帮助孩子排解不良情绪。物理学上有一个避雷针原理，是指在高大建筑物的顶端安装一个金属棒，在雷雨天气下把云中雷电引入地

下中和，从而有效保护建筑物等免遭雷击。这一原理引用到心理学领域就是：对待不良的情绪，要及时疏导以避免堵塞，否则容易引起情绪的暴躁。因此，当孩子产生不良的情绪时，父母要及时想办法帮助其宣泄出去，这样孩子的心理才会恢复平静。

叛逆期方法指导

方法一：帮助孩子排解不良情绪

除了青春期孩子本身情绪比较容易暴躁外，不良情绪是导致孩子脾气暴躁的主要原因之一，因此父母要及时帮助孩子排解不良情绪，防止不良情绪在孩子内心积压过多，导致总的爆发。

陈伟有一次在学校食堂吃饭时，不小心把另一个高年级同学的裤子弄脏了。那个高年级同学特别无理，想捉弄一下陈伟，非要陈伟当众给他舔干净，陈伟很气愤，不答应。那个同学嘴里骂骂咧咧地就准备动手，其他同学看不下去了，就把他们劝开了。但最后，陈伟不得不用手纸把那个高年级同学衣服上的饭渍擦去了。

事情到此也算有了个了结，可是那个高年级同学并没有就此罢休，每当在校餐厅吃饭时，那个同学就故意找陈伟的碴儿，搞得陈伟很郁闷，每次也都不敢和对方理论。后来，再去餐厅吃饭，陈伟就尽量躲开那个同学，但这毕竟不是长久的办法。为此陈伟既害怕，又窝了一肚子火。

在学校里没处发火，他回到家里就把一肚子怨气都发泄出来。有时候父母轻声问他一句，他的回答也带着火药味，父母不知道到底发生了什么，感觉他最近怪怪的。后来在父母的追问下，他终于说出了事情的原委。父母先是开导他，又去学校找校教导主任反映了情况，校教导主任及时处理了这件事情。至此，那位高年级同学再没敢欺负陈伟，而陈伟也不再那么暴躁了。

青春期的孩子产生不良情绪可能是有多种原因，但无论是哪种原因都有可能让孩子的脾气变得暴躁。所以父母要及时关注孩子的情绪问题，帮助他找到原因，及时排解不良情绪。

方法二：学会做孩子的朋友

孩子脾气暴躁也有可能是性格的原因，有些孩子天生性格就比较暴躁。针对这种情况，父母除了慢慢纠正孩子的不良性格外，还要学会和孩子做朋友。尽管孩子已经进入了青春期，但他们仍然希望父母能像朋友一样对待自己，因为朋友显得平等、懂得尊重。如果父母能以这样的一种姿态对孩子，那么就很容易走进孩子的内心世界，了解他的喜怒哀乐，从而缓解他的不良情绪和心理压力。

小敏是一个性格比较内向的孩子，自幼脾气就比较暴躁，一点小事不如她意，就大哭大闹。升入初中后，她依然比较内向，虽然遇到事情不再像小时候那样大哭大闹了，但是会生闷气，有时候也大发脾气。

妈妈认为不能让孩子继续这样下去了，否则她以后进入社会也很难与人相处。本来妈妈工作一直很忙，下了班还有一摊子家务事要做，但是为了小敏的心理健康，妈妈每天无论多忙都要和小敏谈谈心，聊聊她的生活情况、学习情况等。妈妈像一个大朋友似的给小敏讲青春期的一些事情，还跟她讲一些男女感情的事；一开始小敏不适应，后来慢慢也就习惯了，还真的把妈妈当大朋友一样对待，与妈妈无话不谈。由于小敏在妈妈这里受到了健康的心理教育，所以她在学校慢慢地变得开朗和自信了，当然也愿意与其他同学交往了。

在这种健康的心理环境下，小敏的学习也很轻松，生活过得很充实。

与孩子做朋友，说起来容易，做起来难，甚至有的父母不知道如何与孩子做朋友。生活中，很多家长的确也非常关心自己的孩子，但即便是关心的话语从家长嘴里说出来也带有一种居高临下的口气或命令的意味。这种情况下，即便你再拿孩子当朋友，孩子又怎能接受你这个朋友呢？

方法三：教给孩子倾诉的方法

无论因为何种原因导致孩子产生不良情绪，都要教会孩子学会倾诉，不要让孩子把不良情绪压在心里，否则不仅容易产生心理问题，还会使孩子形成暴躁的性格。

让孩子学会倾诉、发泄不良情绪的方式有多种。比如，女孩子遇到了伤心的事，又实在不愿意给父母说的情况下，可以让她自己独自待在屋里让眼泪痛快地流出，事后再对其进行安慰等。或者让孩子找知心朋友倾诉，也可以让孩子把伤心的事写进日记里等等；男孩遇到了伤心的事，可以让他参加体育活动，比如打打篮球等。

小瑛是一位初中二年级的漂亮女孩，她学习成绩非常优秀，加上她有一副嘹亮的歌喉，因此受到老师和同学们的青睐。也正是这个原因，使她吸引了一些男生的目光。刚开始她对这些目光和示好，只是表示了礼貌的回应。但是时间长了，她经受不住一位帅气的男生的追求，于是早恋了。随着二人"感情"的发展，她如痴如醉地陷入了早恋的泥潭而不能自拔，她的成绩也因此明显下滑。

可是事情并没有像小瑛想得那样顺利发展下去，不久那个帅气的男生又"爱"上了别人，这令小瑛伤心欲绝，几度挽回"感情"的努力失败之后，她陷入了绝望，情绪也坏到了极点。她无法向父母说明这一切，只能用暴躁的行为举止来发泄内心的苦痛。妈妈从中察觉到了异常，也隐隐约约地料想到女儿出现了什么事情，但却无法从小瑛口中问出结果。妈妈担心小瑛把这种悲伤情绪一直压抑在心底会让她承受不了，于是把她搂入怀中，告诉她："孩子，妈妈知道你遇到了伤心的事情，这种伤心每个人可能都会遇到，不要把它压抑在心底，想哭就哭出来吧……"妈妈的话还没说话，小瑛就"哇"的一声扑在妈妈的怀里哭了。哭过之后，小瑛的情绪好了很多。过后，她又陆续向妈妈讲述了事情的经过，妈妈耐心地安慰并开导了她。

青春期的孩子最容易遭遇情感的困惑和创伤，当孩子遭遇情感困惑或创伤时往往不好意思向父母诉说，而习惯于将困惑和伤痛埋在心底，自己慢慢去消化。有时候孩子能够进行自我疗伤，有时候这种痛苦的情绪会把孩子压垮。这种情况下，父母教孩子学会倾诉就非常有必要了。

合理引导孩子以自我为中心的倾向

叛逆期案例

16岁的严峥读高中二年级，他在班里成绩名列前茅，从没下过前5名。严峥从小就很聪明，成绩一直都不错，为此深受老师和父母的宠爱。也正是由于这些原因，使得他从小就喜欢以自我为中心，这令父母有些担忧。

严峥读初中时，成绩同样很好，但他自以为是的性格并没有改变，升入重点高中后，这种性格倾向更加明显。可能是他认为自己成绩一直比较好，平时在家里从不主动学习，整个暑假既不看课本，也不做作业，天天坐在电脑前玩游戏。父母一劝说他，他总是会说："我的事不用你们管，我给你们考个'名牌'还不行吗？"父母听到这话，心里很不是滋味，似乎儿子考大学就是为了他们，而且儿子哪儿来的那么大的自信啊？

生活中也是这样，在学校里同学们也要以他为中心，听从他的安排，尽管他是学习委员，但有很多事情不属于他的管辖范围。为此，他还和班长有冲突。在宿舍里，大家谈起一个话题，他发表的议论最多，而且对别人的意见不屑一顾。在家里，有些事情他也喜欢替父母做主，让父母依着他。都这么大的孩子了，还这样喜欢以自我为中心，常常自以为是，父母真拿他没办法。

妈妈要懂的心理学：大多数孩子都有以自我为中心的倾向，需要合理引导

大多数人都有一种自我意识，也就是有一种以自我为中心的倾向。这种以自我为中心的倾向在多种因素的综合影响下，容易发展成自以为是的心理习惯。尤其是对于青春期的孩子而言，这种倾向和习惯最为明显。

青春期，孩子的自我意识处于第二次觉醒的阶段。这一时期孩子的自我意识不同于儿童期，与儿童期相比，这一时期的孩子对事物有了自己独立的看法，有了接近于成人的世界观和价值观。他们认为自己完全有能力处理自己的事情，不需要父母插手，甚至会认为父母的想法和做法落后，于是形成了强烈的以自我为中心的心理，而且常常自以为是。

这种以自我为中心和自以为是的心理，常常延伸到家庭之外。比如在学校，比如在同伴之间。因为在家中形成了这种以自我为中心的习惯，在家庭之外他们也很难改变。再加上有些孩子在某些方面确实有过人之处，这使得他们更加自以为是。比如例子中的严峥，他本人的确比较聪明，成绩也不错，所以他有引以为豪的资本。为此，他不仅喜欢以自我为中心，还很自以为是，以为自己说的、做的都是对的，别人都应该听从他。如果有人反对他（包括父母），他就会发脾气，或带有抵触情绪。其实，这样的孩子未必什么都正确，只不过在我们看来，他们有些自以为是——他们站在自己的角度上只看到自身的优点，而看不到自己的缺点罢了。

苏东坡有两句很有名的诗："不识庐山真面目，只缘身在此山中。"引申开来意思是说，人们站在自己的角度，对"自我"这个东西往往难以正确认识；从某种意义上讲，认识"自我"比认识客观现实往往要困难得多。心理学家把这种心理现象称之为"苏东坡效应"。青春期的孩子自以为是正是这种心理效应使然。对此，父母一定要正确引导孩子客观认识自己。

叛逆期方法指导

方法一：让孩子客观地看待自己

孩子不能客观地看待自己，尤其是高估自己，是他自以为是的重要原因之一。生活中，有一些孩子平常只看到自己的长处，很少看到自己的短处，有时候还高估自己，这样的孩子往往会自以为是。所以，只有让孩子学会客观地看待自己，才能有效地改变他自以为是的习惯。

　　刘飞是初三年级的学生，虽然他学习成绩很好，但朋友不多，同学们也都不愿意和他在一块儿，连妈妈都觉得他整天就知道自吹自擂，自以为是。

　　刘飞经常吹嘘他一定能考上重点高中，而他的竞争对手——班里的×××肯定考不上；他还说自己将来一定能考上名牌大学，然后做个科学家或者工程师。不仅如此，他还不喜欢和班里成绩中等的同学交往，学习成绩差的同学更入不了他的"法眼"。

　　有一次，他又在家里数落同学的不是，妈妈越听越不顺耳——这孩子怎么这么狂妄自大呢？似乎天底下的人都不如他似的。妈妈决定趁机教导教导他："儿子，你们班谁的体育最棒？"

　　"小睿。"

"谁的歌唱得最好听？"

"小雪。"

"谁的管理能力最强？"

"当然是我们班长呗——怎么了老妈，你怎么想起问起这些事情了？莫名其妙。"

"既然这些最好的都不是你，你又有什么可值得骄傲的呢？就因为你成绩好吗？"

刘飞怔了怔，没再说话。

"儿子，每个人都有自己的长处和不足，你不能总看到自己的长处，看不到别人的长处。你也有自己的不足，为什么你就看不到呢？"妈妈接着说道。

刘飞想想妈妈说的有道理，不由自主地低下了头。

"你只有客观地看待自己，公平地对待自己的长处和不足，才能不断地进步，永不落后，否则你这样下去，重点中学可能都会与你无缘。"

听到这些话，刘飞无言以对，此后他不再像以前那样自以为是了。

当孩子的某方面特长受到众人的赞扬时，他难免会有一些自满情绪，而这种自满情绪如果得不到有效遏制，就会被无限地放大，从而造成孩子不能客观地看待自己，以至于在很多事情上都表现得非常自以为是。尤其是对于正处在青春期的孩子来说更是如此，因为这一阶段的孩子更希望得到别人的认可，更喜欢那种鹤立鸡群的感觉。针对这种情况父母一定要及时加以引导，以免孩子形成自以为是的习惯或性格。

方法二：教孩子学会尊重他人

懂得尊重他人的孩子才会赢得他人的喜爱，因为几乎没有人喜欢不尊重自己的人。自以为是的孩子，在与他人交往过程中最突出的表现就是不懂得尊重他人的意见和建议，总认为自己是正确的，别人是错误的，甚至有时候不顾他人的自尊而贬低别人的看法。

如果孩子懂得尊重他人，即便客观上别人的意见或建议是错误的，自己的是正确的，那么这种情况下孩子也不会轻易地否定别人，而会给别人留有面子，或委婉地表达自己的看法。

小程是一个品学兼优的孩子，从小就受到老师和家人的喜爱。现在他已经升入重点高中了，依然深受老师和同学们的好评，同学们也都乐意与他做朋友。这其中一个非常重要的原因就是他比较容易相处，懂得尊重别人。

小程无论是在家里还是在学校里，遇到不同于自己的意见，总会委婉地表达自己的看法，而不会固执己见，或指责别人抬高自己。比如，在学校，有一次老师在黑板上讲了一道几何题，但解法有些复杂，而小程自己却有一个更简便的解法，但小程当时并没有向老师提出来，而是在课下委婉地问老师自己的那种解法对不对。老师看了小程的解题过程，十分惊讶，连声说好，同时也非常赞赏小程有礼貌地向自己提供了更简便的解题方法。

在家里也是如此，每当自己有优于父母的想法时，他总是会礼貌地向父母表达，当然他的建议也常常被采纳。

其实当孩子真正懂得尊重别人的时候，他就不会再那么自以为是了，即便他的观点是正确的，他也会委婉地提出来，例子中的小程就是这样的典范。

方法三：不要过于迁就孩子

有很多孩子喜欢以自我为中心、自以为是，往往是由于父母的过于迁就造成的。尤其是在孩子小时候，父母事事顺着他，他想怎么样就怎么样，即便孩子所提的是一些无理的要求。这种教育方式就非常容易让孩子形成以自我为中心和自以为是的习惯，即便长大后也非常难以更改。当然，对于青春期的孩子，有的父母也习惯于迁就他，无论他的做法是对的还是错的。父母认为，孩子再大在自己眼里也是孩子，何况孩子长大了，已经有自己的想法了，他爱怎么着就怎么着吧。其实，这种纵容的态度非常容易让孩子变得自以为是，处处以自我为中心，父母对此要深刻警醒。

3

第三章

捕捉孩子的心理变化，做孩子的心灵
导师

青春期的孩子大多渴望独立

叛逆期案例

小鹏今年13岁，已经读初二了，他学习成绩不错，各方面还算让父母省心。但不同的是，妈妈发现，他似乎不像以前自己眼中的那个儿子了。

小鹏做什么事不再和妈妈商量，也不希望妈妈过问。有一次周末，吃过早饭，小鹏换了一身衣服，然后自己收拾了一下小背包，就准备出门。妈妈见此情景，便问："儿子，你打扮这么好，是准备去哪儿啊？""妈，你真烦，我就不能有自己的事儿？"儿子一句反问，妈妈没能答上话，只能目送儿子出了门。

还有一次，妈妈带着小鹏去附近商场买衣服，回来的路上，妈妈像往常一样牵着儿子的手，可是儿子却悄悄地挣脱了。而且更让妈妈不解的是，儿子还有意跟他拉开了一段距离，不再像以前靠得那样近了。妈妈跟他说话，他也左一声"嗯"，右一声"啊"，似乎总是心不在焉。

不仅如此，儿子放学后也不再像以前那样和爸爸、妈妈唠叨学校里的事情，经常只是象征性地和父母打声招呼。相反，儿子倒是非常愿意和同伴们一起聊天、来往，有时候电话一聊就是半个小时。

还有，平时小鹏向妈妈要零花钱时，不再说明要买什么了，而且张口就是："妈，给我××元钱，我手里没钱了。"妈妈问时，他也是一句："你别管了，又不会浪费掉。"

每当这时，妈妈都感觉很无奈：孩子这是怎么了？怎么不像以前了呢？难道真的是长大了？

妈妈要懂的心理学：青春期孩子大多渴望独立，家长应当给他一些机会

上述例子中的种种迹象表明，孩子的确是长大了，需要独立了。孩子进入了青春期以后，随着自我意识的进一步形成，他们的独立性也变得越来越强，他们不希望再被动地听从父母、老师的教诲和安排，而是渴望用自己的眼光看待周围的事物，独立地处理自己生活中遇到的问题，并且希望摆脱父母的监督和约束。孩子这种从被动到主动，从依赖到独立的转变，是青春期的必然现象，也是孩子成长的一个过程。

在这一阶段，孩子感觉自己长大了，认为自己有能力处理自己的事情了，不再需要父母插手了，其实他们很多事情还不懂，事实上还不能完全处理自己遇到的问题，但父母也不能过多干涉，否则会引起他们的逆反心理。针对这种情况，父母要多站在孩子的角度考虑问题，多给孩子一些耐心，多发现孩子的优点，以朋友的姿态和孩子交流沟通，循序渐进地引导孩子。

另外，青春期的孩子不希望别人把他当成小孩看待，不希望家长对自己的事干预太多，也不愿意和家长靠得太近，甚至不愿意同家长多说话，但是却喜欢和自己的同学、同伴交往。比如例子中的小鹏，他不希望父母过问自己的事情，甚至对父母的过问、唠叨感觉到很烦；他也不希望和父母靠得太近，甚至会把手偷偷地从

妈妈手中抽走；他不想和妈妈说话，甚至不想打一声招呼，但却和自己的同伴一聊就是半天。

这说明孩子长大了，想要独立了，父母也应该适当放手了。可是现实生活中，我们做父母的总喜欢把孩子看成孩子，没有把他们当做一个独立的、长大的个人，因此常常像对孩子小时候一样，用命令的口气说话，管教、约束他们，这势必会引起他们的反抗。所以，我们应当正视孩子的成长和独立，给他一个锻炼的机会，帮孩子顺利地度过青春叛逆期。

叛逆期方法指导

方法一：给孩子独立的空间

青春期是孩子生理和心理逐渐走向成熟的关键时期，因为已经脱离了儿时的心理，又不完全具备成人的心理，所以这一阶段也是孩子心理上的断乳期。他们既不想像儿时一样事事都与父母商量，也不想像成年以后那样与父母平等交流，因此他们与父母在心理上处于一种真空状态。这一阶段的孩子并不希望父母过多地介入他们的生活，也不希望父母了解他们的内心世界。所以，难怪很多家长发现："孩子像变了个人儿""孩子不怎么与我说话了""孩子有自己的小秘密了"等等。表现在孩子身上则是：放学后喜欢一个人待在自己的房间里，即便心事重重也不愿与父母交谈，不喜欢父母进入自己的领地，不喜欢父母过问自己的事情等等。

针对这种情况，父母就不要过多地干涉或打扰孩子的生活，要给他独处的空间和思考的时间，让他自己去处理自己的事情，只在必要时给予关怀和指导。如果父母真正能够做到这一点，想必一定能够处理好与孩子之间的关系。

方法二：给孩子独立的机会

自然界的生存法则是：优胜劣汰，适者生存。在自然界中，动物们长大后就不能再与父母待在一起，也不能靠父母养活，而是要自己独立去生活。如果不能够独立生存，那么最终将会被大自然无情地淘汰。这看起来似乎有些残酷，但这是动物们为了保持种族顺利延续下去的一种天然法则。

其实这个规则同样适用于人类社会，对孩子而言，他们长大后也需要相对地独立于父母之外，需要靠自己的能力去适应这个社会。表现在现实生活中，就是孩子更多地需要有自己的想法，需要独立地处理自己的问题，需要有自己相对独立的生活空间等。这种情况下，父母不要过多干涉，只在必要时给予指导即可。

心理学上有一个狐狸法则，我们具体来看一下相关的故事。

在一个寒冷的冬天，两只狐狸相爱了，不久它们生下了五只小狐狸。于是它们在海边找了一个沙丘，在那里建立起了一个愉快、幸福的家庭。为了让可爱的孩子们尽快地成长，狐狸爸爸和狐狸妈妈日夜奔忙着到处寻找食物。

可是，不幸的是，在一次觅食时狐狸妈妈被夹子夹中，不久便在痛苦中死去。

狐狸妈妈不幸去世后，抚养孩子的重任落在了狐狸爸爸身上。虽然没有了狐狸妈妈，但狐狸爸爸并没有像母鸡孵小鸡那样把孩子们保护在身下，而是让孩子们出去独立觅食、生活。狐狸爸爸教给孩子们捕食的方法以及逃避危险的智慧，并带着它们去做一些亲身体验。可是，当小狐狸们已经能够独自捕食的时候，却还想赖在狐狸爸爸身边撒娇，狐狸爸爸决定把孩子们赶走。

在一个风雪交加的寒冷夜晚，狐狸爸爸把刚学会走路和觅食的小狐狸全部赶到了洞外。小狐狸们忍受不了刺骨的寒风，一个个站在风雪中凄厉地哀叫着，并试图爬回洞里，可是每一次都被狐狸爸爸咬了出去。那些被赶出来的小狐狸眼中充满着委屈和哀伤，然而狐狸爸爸却视而不见。因为它知道，没有谁能养孩子们一辈子。

就这样，被赶走的小狐狸们一天天长大了，当狐狸爸爸再次看到它们的时候，它们已经变得强大而健硕。

狐狸爸爸把小狐狸们赶出洞去，是一种生存的需要，是为了小狐狸以后能够茁壮地成长。其实动物们也与人类一样，都爱自己的孩子，但它们也知道，自己不可能陪伴孩子一生，为此它们会尽早让孩子学会独立，这样孩子们在未来才能生活得更好。对于我们人类而言，也是同样的道理，父母要学会放手让孩子独立面对生活，不妨给孩子一个独立的机会。

方法三：尊重孩子的想法

处于青春期的孩子已经有了自己独立的想法，对各种事物也有了自己独立的见解，这是他们在思想上渐趋成熟的标志，父母一定不能忽略了这个事实。另外，这一阶段的孩子，对自己也有了客观和清醒的认识，他们明白自己适合做什么，擅长做什么，或者需要做什么。针对这种情况，父母一定要懂得尊重孩子的想法或选择，不能强行干涉。

朱棣文是著名的美籍华裔物理学家，2008年曾被总统奥巴马提名为美国能源部长。1997年，他因"发明了用激光冷却和捕获原子的方法"获得了诺贝尔物理学奖。

朱棣文生于科学世家，父母在科学领域均颇有建树，正是在这样的家庭环境下，他从小就对科学表现出浓厚的兴趣。

朱棣文学习成绩一直很优秀，读中学时，他对物理学产生了极大的兴趣。在高中临毕业时，他还动手制作了一个物理摆，并用它"精确地"测量了引力。他为此十分得意，希望自己以后能在物理学领域有所建树。可是，父亲却不同意儿子将来搞物理研究，他认为儿子善于绘画，应该去搞建筑。于是父亲对朱棣文说："儿子，你善于绘画，将来可以做一名建筑师，这种工作稳定、体面，收入也高，我觉得很适合你。"

"可是，爸爸，我并不想搞建筑，我只想做一名物理学家。"朱棣文似乎不同意父亲的看法。

"搞物理研究很辛苦，收入也不高，我不希望你这样做。"父亲极力劝阻。

"爸爸，我喜欢物理，我想搞物理研究，我一定能做好的。"朱棣文也极力为自己争取。

父亲见朱棣文态度这么坚决，便没再说话。经过一段时间的思索，父亲对他说："既然你选择了学习物理，就要用心去做，爸爸尊重你的想法。但是，你一定要坚持下去，并要有所建树，你不要辜负爸爸的期望。"

"你放心爸爸，我一定会努力做好的。"朱棣文坚定地回答。

多年以后，朱棣文果然没有辜负父亲的期望，在物理学领域贡献突出，为家族赢得了荣誉。

其实，步入青春期的孩子对自己很了解，他们的想法并不像我们想象的那么天真，有时候他们的想法甚至比我们的看法更准确、更成熟，我们的确需要给予他们足够的理解和尊重。

几乎每个孩子都有虚荣心

叛逆期案例

小哲的爸爸经营着一家外贸公司，所以他从小家庭条件就比较优越。当然，小哲在小学时，学习成绩也一直不错。可是，自从升入初中后他变得越来越爱慕虚荣了，成绩也有所下降。

他平常衣着都喜欢穿名牌，衣服要穿耐克的，鞋子要穿阿迪达斯的，连皮带都要买鳄鱼的。但学校规定上学期间必须要穿校服，无法穿一身名牌去上学，小哲只好要求爸爸给他买名牌手表和手机。去年爸爸给他买了一款1500元左右的手机，可是今年他就嫌落后了，非要爸爸再给他买一款3000元左右的新手机，不过爸爸没有答应他。

不仅在衣着上非常讲究，他的零花钱需求量也水涨船高。自从升入初中后，小哲每月的零花钱都不低于500元，有时过生日请同学吃饭的话，每月花销更是达到七八百元。即便是在平常，他也常和同学一起去吃肯德基、麦当劳、好伦哥等。对此，父母经常好言相劝，可是每次他都会表现得振振有词："别人都请我，我能不请别人？都什么年代了，还那么抠门儿？再说了，你们又不是没有钱。"每当听到这话，父母都会被噎得说不出话来，只能背后发一声感叹："这孩子怎么变成这样了？"

还有，他喜欢爸爸开着奥迪车去送他上学，他感觉"倍儿有面子"。有一次爸爸有急事，直接开车去了公司，便让司机开了一辆普通商务车送他上学，他竟然大发牢骚："老板干什么去了？怎么用这车来送我？"司机听了，苦笑着摇了摇头。

他还对司机讲大道理说："上学有什么用？还是有钱好，有钱别人才能尊重你。我长大了一定得赚大钱，买辆奔驰或劳斯莱斯开开。"司机笑而不语。

小哲如此爱慕虚荣，真让父母伤透了脑筋。

妈妈要懂的心理学：青春期的孩子爱慕虚荣是正常现象，但要防止过度

虚荣，顾名思义就是追求虚假的、事实上不存在的荣誉。主要表现为借物质条件抬高自己的身价，借口头夸耀、吹嘘等来标榜自己，以获得别人刮目相看，受到别人的尊重等。这其实是一种自欺欺人的心理现象，对个人的身心健康成长并无好处。

教育心理学研究认为，孩子由儿童阶段进入青春期后，自我的概念开始清晰和明朗，获得他人认可和尊重的欲望逐渐强烈，他们甚至不满意自己的现状，进而想方设法来标榜自己、抬升自己，以达到"超越"别人的目的。当然，也有一部分孩子由于家庭经济条件差或自身长相不佳等原因，而生性自卑，他们也期望通过一些外在的因素来抬高自己，增强自信。但无论何种目的，这些行为都是孩子在青春期虚荣心理增强的表现。

此外，青春期性心理的发展，也促成了孩子虚荣心的发展。一些少男少女为了增强对异性的吸引力和在同性中的优越感，也容易变得爱慕虚荣。

在青春期的孩子身上，虚荣心理主要表现为：

1. 衣食住行追求名牌。无论是吃的、穿的、用的都要求是名牌。比如进名牌餐厅、穿名牌服装、用名牌手机等，以此来显示自己的经济实力和所谓的品位。

2. 爱撒谎、吹嘘自己或家长。比如，吹嘘自己的能力，向同学炫耀自己的家庭背景、经济状况等（当然这些大多是虚构的），以此来抬高自己的身价，显示自己的身份、地位。

3. 争强好胜，不服输。总认为自己比别人强，比赛或玩游戏输了就找借口或贬低对方，以保证自己始终以胜利者的姿态出现。

例子中的小哲就是这样，尽管他的家庭条件比较富裕，但是他毕竟还是个学生，没有必要穿一身名牌，也没有必要使用昂贵的手机，更没有必要让爸爸每天开豪车送他去上学。但是这些他全都做了，而且如果不能令他满意，他就会满腹牢骚，怨天尤人。这实际上就是他的虚荣心理在作怪，这除了受他的家庭环境影响外，可能与父母的教育方式有密切关系。如果父母能够在他小时候教授给他一种正确的生活观念，他也许不至于此了。有关这一点，洛克菲勒家族的教育先例，为我们做出了很好的榜样。

当然，或许对我们成人而言，也或多或少地都有点儿虚荣心，这也是正常的，因为大多数人都渴望自己受到别人的尊重和敬仰，都希望自己心理上获得一种优越感，何况是对于青春期爱面子的孩子呢？但是，如果一个人虚荣心太重，就会影响到他的心理健康，进而影响到他的学习和生活，尤其是对孩子而言。因此，父母一定要帮助处于青春叛逆期的孩子克服虚荣心理，使其健康成长。

叛逆期方法指导

方法一：为孩子做好的榜样

父母是孩子最好的老师。因此，只有父母当好孩子的老师，孩子才能成为好孩子。如果父母做不好，那么孩子就很难学好。孩子有虚荣心理，有很大一部分原因是受到了父母的不良影响。

比如，有的父母平时生活中，穿名牌衣服、戴名牌手表、用高档化妆品、佩戴高级首饰等等，耳濡目染，很难说孩子不受影响。试想，如果自己一身名牌，却不让孩子穿戴名牌，那么孩子的心理能够平衡吗？或者你能够说服孩子发扬艰苦朴素作风吗？

其实，家庭条件再好，也不必太高调，不必显摆出来，这不仅仅是因为俗气的原因，更重要的是对孩子影响不好，容易刺激孩子的虚荣心。那么，难道要故意装穷吗？也不是，而是适度正好。正像华人首富李嘉诚一样，拥有亿万资产，却只戴几百港元的手表。不只是李嘉诚，国内外的很多著名企业家也是如此。

所以，避免孩子滋生虚荣心，父母一定要为他做好榜样。

方法二：让孩子克服虚荣心理

虚荣心，男孩女孩都会有，但总的来说，女孩子的虚荣心比男孩子要强一些，因为女孩子相对于男孩子而言更要面子，更关心别人如何看待自己，这一点在青春期表现得尤为明显。因此，女孩的妈妈更要注意帮助女孩克服虚荣心理。

小荣是一个农村女孩，父母都是农民，家庭比较贫困。她读小学和初中时，学习非常用功，目的就是为了给父母争一口气，自然她的成绩也很好，父母对她也很满意。

可是自从升入县城一中后，她的眼界开阔了，面对花花绿绿的世界，她慢慢学会了打扮。为了追求时髦，她还向社会上的一些"朋友"借钱购买了名牌运动鞋，还借钱买了手机，以此来炫耀自己。不了解内情的同学都以为她家很有钱，而她也对同学们说是爸爸妈妈帮她买的。可是，直到有一天，社会上的"朋友"堵在教室门口讨债，同学们才明白过来是怎么回事儿。从此，她在同学们当中名声扫地。受这件事的影响，她无法再集中精力学习，结果成绩也明显下降了。

她的父母知道这件事后，非常气愤，他们为这个不争气的女儿感到羞愧。

不难看出，小荣之所以走到这个地步，是因为她的虚荣心在作怪。另一方面，她的父母也忽视了对她的教育。通过这个事例，希望各位妈妈一定要注意对青春期的儿女加强教育，帮助他们克服虚荣心理，避免他们误入岐途。

方法三：培养孩子的健康人格

一个拥有健康人格的孩子，一定要有一个正确的审美观，要懂得什么是真善美。一个真正追求真善美的孩子，就不会通过虚假的手段来炫耀自己、标榜自己，不会通过不正当手段获得一个虚名。因此，注重孩子的人格培养，是防止孩子滋生虚荣心的根本方法。

小惠是一个既聪明又漂亮的初中女孩，她的成绩从小学到初中一直都很优秀，这使她受到了更多关注的目光。无论是老师、家长还是同学，都对她赞赏有加。

这种众星捧月的生活，加上青春期那颗驿动的心，使她渐渐变得有些飘飘然起来。虽然拥有了众多赞赏的目光，但她总感觉生活中缺少了点儿什么，这种感觉莫可名状。直到有一天，一个帅气的男孩子走进了她的视野，她才有了一种异样的感觉。这个男孩子高大、帅气、阳光，而且家境富足，既有风度又懂浪漫，只不过学习成绩不好，是个学校里的小混混。不过，小惠并不在乎男孩的成绩，她只在乎他光鲜亮丽的外表和殷实富足的家境，这足以满足她的虚荣心。

刚开始的时候，对于这个男孩子的追求，她还有些矜持，只把他当普通朋友看待。可是后来男孩子对她展开了猛烈攻势，并经常骑车送她回家，渐渐地她也就接受了他。男孩子对她"宠爱"有加，这令她的虚荣心得到了极大的满足。

正当她陷入"恋爱"的旋涡里如痴如醉时，老师发现了他们的恋情，并把这件事通知了双方的家长。当妈妈声泪俱下地教导她，并劝她回头是岸时，她才如梦方醒。

这样的例子在现实生活中很普遍，有不少女孩子进入青春期后，虚荣心增强，她们以被男生追求为荣，认为这是自己漂亮、有魅力的表现。殊不知这种虚荣心是非常有害的，它甚至可以毁掉一个人的前途，葬送一个人美好的青春年华。对此，妈妈们要深刻警醒，并及时监督和教育孩子。

青春期的孩子容易敏感多疑

叛逆期案例

女孩小娜读小学时品学兼优，可是升入初中后由于优秀生云集，她在班里的成绩不再占有优势，而她的心理压力也越来越大。

在这种情况下，她的学习成绩也明显出现了下滑趋势。父母为此很着急，父亲本来期望她能考上重点高中，但看到这种情况十分失望："你要是原地踏步也就算了，怎么还往后滑呢！你怎么就这么笨呢！"

父亲的话让她沮丧至极，心情坏到了极点，心理压力更大了。从此以后，她只要在学校里就感觉到老师和同学们都在以异样的眼光看她，每当这时她就会感觉脸上火辣辣的。小娜本来就是一个很要强的女孩，她恨自己不争气，于是昼夜加班。可是重压之下让她身心产生了一系列的不良症状：她首先开始失眠，接着又开始幻听，总觉得别人都在说她是笨蛋，不争气等。对此，学校通知小娜的父母建议她休学。直到这时，父母才意识到了问题的严重性，于是耐心开导她，并极力安慰她，可是无论如何也改变不了她的想法。她坚信自己就是个笨蛋，而且周围的人都在嘲笑她、指责她……无奈，父母只好带她去看心理医生。

妈妈要懂的心理学：青春期孩子敏感多疑，父母要谨言慎行，维护其自尊

青春期的孩子本来就敏感多疑，而小娜父亲的一番话，深深地刺伤了小娜的自尊心。加上她自己的成绩本来就下滑得厉害，于是小娜陷入了深深的自卑，而这种自卑感加重了她的多疑和敏感，致使她的心态急剧恶化。

心理学上有一个瀑布效应，说的是信息发出者的心理比较平静，但所传递出的信息被接收后却引起了不平静的心理反应，从而导致态度行为的变化等，这种心理现象被称为瀑布效应。这正如大自然中的瀑布一样，上游看起来平平静静，而遇到了某一峡谷却会一泻千里。简言之，就是别人的一句无心之言，可能就会令你产生强烈的猜疑和反感。正如上面例子中小娜父亲的那一番话，其实真正刺伤小娜的是那句"你怎么就这么笨呢"。这句话虽然是父亲在盛怒之下说出来的，但确实是无心的，其实小娜的父亲在内心深处或许根本就不认为自己的女儿笨，只不过一时着急，恨铁不成钢，脱口而出罢了。然而，就是这句话对小娜造成的伤害是巨大的，甚至一度让她陷入心理上的恶性循环，直至产生心理问题。

因此，在实际生活中，父母一定要对青春期的孩子谨言慎行，否则出现了不良后果，悔之晚矣。

叛逆期方法指导

方法一：让孩子学会信任

孩子敏感多疑，主要表现就是不信任别人，总怀疑别人在做不利于自己的事情，或者用异样的眼光看待自己，而事实上只是孩子过于敏感罢了，大多数情况下他所怀疑的事情纯属子虚乌有。因此，解决孩子多疑问题的关键在于让孩子学会信任他人。让孩子学会信任，父母首先要与孩子建立信任关系，让孩子信任自己。这就需要父母多倾听孩子的心声，多关注孩子的生活，多站在孩子的角度考虑问题。这样才能走进孩子的内心世界，赢得孩子的信任。

现实生活中，有些家长因忙于工作或其他事情，除了孩子的衣食住行之外，很少和孩子谈心，很少和孩子进行心灵层面的沟通。而一旦发现孩子成绩有所下降，或出现了其他问题，就对孩子横加指责，甚至讽刺、挖苦。试想，这样的家长怎能赢得孩子的信任呢？

所以，让孩子学会信任，首先要从家长做起，多关心孩子，多了解孩子。

方法二：帮助孩子树立自信

孩子敏感多疑的另一主要原因是孩子本身不够自信。当这种不自信遇到一些小挫折时，便强烈地折射出敏感多疑的心理倾向，甚至使孩子陷入一种恶性的心理循环。因此，帮助孩子树立自信，能够有效地避免孩子陷入敏感多疑的心理陷阱。

小蕊为了考上一所重点高中，初三上学期开始努力学习，但进步并不明显，她于是向睡眠要时间，每天晚上开始熬夜学习。可是，由于晚上投入太多的精力学习，睡眠不足，造成了她上课总是打瞌睡，这直接导致了上课听课效果不好。

结果，过了一段时间，她的成绩不但没有提升，反而有下滑趋势，这使得小蕊情绪十分沮丧。她总觉得同学们都在背后议论她，瞧不起她，每次考试她都想考出好成绩给同学们看看，可总是事与愿违，为此她心里非常难受，在家也经常对父母发脾气。她变得越来越自卑和孤僻了，她总认为自己不是学习的那块料，后来甚至一度有退学的打算。

妈妈发现了她的异常，坐下来耐心地与她沟通。她对妈妈说，她总觉得周围人看她的眼神不对，说话时的表情、语气也都似乎是在嘲笑她，同学们都不爱答理她等等。妈妈知道这都是女儿多想了，这可能是她不自信导致的。于是妈妈又耐心地开导她，并为她举例子说，她在小学时几乎每年都被评为三好学生，成绩一直名列前茅，所以她在学习方面是棵好苗子。近期成绩下降，可能是由于心理紧张导致的。妈妈还劝导她，要注意调整心态，调整学习方法，不要急于求成等。

经过妈妈的耐心开导，蕊蕊似乎找回了一些自信，她的情绪也逐渐好转了起来。

孩子因为不自信而产生多疑的情况比较常见，针对这种情况解决的有效办法就是找一些让孩子引以为豪的事情，或者指出孩子的长处来帮助孩子恢复自信。

方法三：批评孩子，"尊重"在先

有时候孩子敏感多疑还有可能是家长不当的批评导致的。有的家长在批评孩子时经常用一些贬低性的词语，比如，"你真笨！""你怎么啥都不会？""看来你长大了只能去扫马路了！"等等。这些词语会在特定情况下，严重刺激孩子的自尊心。

孩子虽小，自尊心却一点儿不比成人弱。父母有时候一句话说重了，外向的孩子可能会马上争辩几句，内向的孩子则有可能会把怨气憋在心里，日久天长，内心就容易形成强烈的自尊或自卑。所以，孩子哪里做得不好，父母一定要帮助他分析原因，找出解决问题的办法，然后教导孩子下次如何避免，而不是不问青红皂白，劈头盖脸就是一通批评。

小磊初一时成绩优秀，没下过班里前五名，可是自从升入初二后，他就不好好学习了，经常和一些"哥们儿"逃课，去网吧上网。他的成绩也因此大幅度下降。老师把此事通知了小磊的爸爸，小磊的爸爸得知后非常生气。

当晚，吃过晚饭，爸爸把小磊叫到书房，但并没有马上批评他，而是平静地问他："听老师说，你最近成绩下滑得厉害，究竟是怎么回事？"

小磊低着头怯怯地说："最近没好好学习。"

"上课都干什么去了？"爸爸接着问道。

"去……去网吧了。"小磊预料到爸爸可能得知了详细的情况，于是不再掩饰。

"其实，这事儿我都知道了，难得你还比较诚实。"爸爸语气中暗含着对儿子的肯定。

"不过，现在是学习的黄金时期，人这一辈子就这么一个最宝贵的阶段。你智力不错，成绩也一直不错，如果把宝贵的时间和精力花费在网吧，你觉得值吗？"

"爸爸，我知道错了，以后再也不去网吧了。我一定好好学习！"小磊似乎真的意识到了错误。

"那就这样吧，今天就谈到这里，看你以后的行动吧。"爸爸平静的语气中带着期许。

想必再叛逆的孩子听到这番批评的话，也不会叛逆，整个批评的过程就是在一种平静的谈话中进行的，而且这位家长在批评孩子的语气中，还带着一丝丝肯定，这对孩子是一种暗示和鼓励。这种春风化雨的批评给予了孩子莫大的尊重和鼓励，效果也是显而易见的。

正确引导孩子的攀比之心

叛逆期案例

自从15岁的陈凌升入了高中，妈妈发现他变得有些喜欢攀比了。放暑假的时候，妈妈带他去商场，他在商场里看到一双漂亮的篮球鞋，非要买下来，并且说自己班上很多同学都有一双名牌篮球鞋。妈妈认为自己的儿子长大了，不想伤害孩子的自尊，于是就帮他把那双鞋买了下来。尽管那双鞋价格不菲，而陈凌也已经有两双普通的运动鞋了。

回到家后，陈凌又把那双鞋拿出来试穿了一番，一副扬扬得意的样子。穿了一会儿，可能是怕把新鞋弄脏了，又赶紧脱了下来，小心翼翼地把鞋又重新放回鞋盒里，然后把鞋盒放在了门边最显眼的地方，可能是希望到家里来玩的邻居或朋友们一进门就能看到吧。

过了两天，陈凌的一位同学说要来找他玩儿，那天吃过早饭，陈凌就赶紧把那双鞋穿在脚上，还在镜子前照来照去。妈妈劝说他："同学来玩儿没必要穿上新球鞋，反正只在家里玩儿，也不出门，穿以前那双运动鞋就可以了。"可是陈凌哪会听妈妈的这番话啊，只是嫌妈妈一个劲儿地唠叨——他就是要让同伴瞧瞧他这双宝贝运动鞋呢。

暑假开学前几天，陈凌又突然给妈妈提出一个要求，说要买一部名牌手机。妈妈说："你们孩子平时多把精力用在学习上就行了，要手机做什么用？"陈凌理直气壮地说："我们班好多同学都有了，我怎么能没有呢？"无奈，在陈凌的软磨硬泡下，妈妈花了近两千元又为他买了一部手机。唉，谁知道这孩子以后还会提出什么要求呢？现在的孩子怎么变成这样了呢？陈凌的妈妈只能在背后一声叹息。

妈妈要懂的心理学：孩子爱好攀比，是为了获得一种心理上的优越感和满足感

上面的例子所反映出的正是青春期孩子的一种典型的攀比之心。这种攀比心理通常是以"爱慕虚荣"和"表现自我"两种心理为基础的，有这种心理的孩子追求的就是"别人没有的，我要有；别人有的，我要比他的更好"，以此彰显自己的优越性和独特之处，从而获得一种心理上的满足感。

青春期是孩子人格发展的重要时期，在这一时期每一个孩子都要作为一个个体与他人交往，与社会接触。在这个过程中，难免会有大量的负面信息输入孩子的大脑，使得孩子变得爱慕虚荣，喜欢攀比。

具体到上面的例子，陈凌正是处于青春期的孩子，他所接触到的同学或其他朋友的消费习惯无疑会对他产生一定的影响，无论这种影响是正面的还是负面的。就拿他非要买另一双名牌篮球鞋来讲，就是受到了同学的影响。他明明有两双运动鞋了，但非要再买一双名牌运动鞋，目的就是不能落后于他的同学。买手机也是同样的原因，当他了解到班里其他同学有名牌手机的时候，他也非缠着妈妈给他买了一部，这是他的攀比心理在作怪。通过在物质上不落后于别人，或者超越别人，来获得一种心理上的满足感。

对于这种现象家长要深刻警惕，不能一味地满足孩子的无理要求。心理学上有一个棘轮效应，是指人的消费习惯一旦形成之后就会具有一定的不可逆性，即向上调整容易，向下调整难。尤其是在短期内这种消费习惯是不可逆的，否则会引起消费主体的心理失衡。现实生活中这样的例子也很常见，即我们过惯了锦衣玉食的生活，就很难回过头来过苦日子。用宋代史学家司马光的一句名言概括就是：由俭入奢易，由奢入俭难。所以，对于家长而言，一定不要无原则地迁就孩子，他想要什么就给他买什么，久而久之就会让他养成攀比的习惯，而且一时难以改掉。

当然，话又说回来，攀比心理并不是一无是处，从另外一个角度来讲，攀比心理的确反映了孩子的一种竞争意识，如果孩子能把攀比心理用在其他方面，比如用在学习上，那么攀比也就可以成为激励孩子的一种力量。所以，具体怎么去利用这种心理，引导孩子的行为，全掌握在妈妈的手中。

叛逆期方法指导

方法一：为孩子做出良好的榜样

孩子喜欢攀比有各种原因，除了受社会的影响之外，最主要的就是受家庭环境的影响，受家长自身的审美观、消费观的影响。有些家长认为现在生活条件好了，自己买金银首饰、高档化妆品、名牌衣服等，以此炫耀自己的身份、地位或者自家的财富，用来满足自己的虚荣心。当然，他们在装点自己的同时，也不忘给孩子买一些高档衣服、生活用品等。在这种家庭环境的影响下，可想而知孩子会有什么样的消费习惯和人生价值观。

在孩子成长的过程中，家庭环境的影响对孩子的作用是显而易见的。我们俗话总是说：有什么样的家长就有什么样的孩子。的确如此，家长的一言一行直接影响着孩子的思想和行为，他们的确是孩子的第一任老师。如果家长在教育孩子的过程中不能做出好的榜样，那么又怎么能期待孩子做好呢？或者怎么去说服孩子呢？所以，杜绝孩子的攀比、奢侈行为，最根本的方法是家长要给他做出一个好榜样，让孩子养成良好的消费习惯。

方法二：帮助孩子树立正确的价值观

孩子生活在群体当中，经常和周围的人作比较也是正常现象。尤其是处于青春期的孩子，他们开始用自己的审美观和价值观看待自己，看待周围的事物，同时不断地拿自己和周围的人比较。然而他们的看法和价值观并非全都是正确的，因此非常有可能在与别人的比较中渐渐迷失自己，形成不良的攀比之风。

为了避免出现这种情况，家长要及时教育和引导孩子，帮助孩子树立正确的人生观、价值观。当然，父母完全可以通过自己的言行举止来潜移默化地影响和教育孩子。

王飞是初中二年级的学生，他学习成绩优秀，人缘也很好，同学们都非常喜欢他。但是他的家境贫寒，父母均是下岗工人。父亲身体因工伤落有残疾，但依然自强不息，尽己所能挣钱贴补家用；母亲每天起早贪黑做清洁工挣取微薄的工资供王飞读书。父母自强不息的精神，深深地感染着王飞，因此王飞并没有因家庭贫困而自卑，反而变得斗志昂扬。

虽然父母不能给他买名牌衣服和名牌运动鞋，但是父母给了他一笔宝贵的精神财富，而在这种精神财富的支持下，他连年获得学校颁发的各种奖状，这令父母感到非常欣慰。有时候父母见到其他孩子都穿得很体面，想要给王飞买套新衣服，但王飞却说："我虽然不如他们穿得好，但是我会用学习成绩来弥补，我要在成绩上超过他们。"父母听到这话，既心酸，又感动，王飞反过来还会安慰父母。有时候，父母会塞给王飞一些零花钱，让他在学校买一些吃的喝的，以保证身体营养所需，但是王飞第二天又会还给父母，他说在家里吃饱喝足就够了。

有一天，父母问儿子："如果有一天你有钱时，最希望买什么？"王飞毫不犹豫地答道："买书。"有这样的孩子，父母真是感到欣慰和骄傲，父母都把王飞视为自己最大的财富。

真的如此，谁家能有一个这么懂事的孩子，想必父母都会把他作为自己的骄傲和最大的财富，无论是富裕的家庭还是不富裕的家庭。不可否认，王飞之所以这么节俭，和特殊的家庭条件有关，但是谁又能否认他父母那种自强不息的精神深深地感染了他呢？他在父母的影响下，没有把吃好、穿好作为与别的同学攀比的对象，而是把学习成绩作为与别人比较的内容，谁又能否认这是一个孩子有出息的表现呢？

方法三：对孩子进行节俭教育

青春期的孩子容易通过与同学的攀比养成奢侈浪费的不良习惯，对此父母除了通过自身的榜样作用来影响孩子外，还要对孩子进行系统的节俭教育，用具体行动规范来约束孩子的行为，使之养成勤俭节约的习惯。

奢侈浪费固然能给孩子带来某种程度的优越感和满足感，但勤俭节约的良好素质才真正地能为孩子带来实惠，尤其是在孩子未来事业发展道路上，更能为孩子的成功助一臂之力。

西方的家长教育孩子时，在这一点上有的做得非常好，值得我们借鉴。在西方国家，一些成功的大企业家虽然家财万贯，但对子女的教育却极其严格，他们从来不给孩子太多的零花钱，甚至还让孩子在寒暑假四处打工。难道是这些成功的企业家吝啬吗？是他们想让孩子赚钱补贴家用吗？都不是。他们是为了让孩子懂得每一分钱都来之不易，让他们懂得节俭的道理。

下面我们来看一下世界首富比尔·盖茨的例子。

比尔·盖茨是微软公司的创始人，曾一度蝉联世界首富榜，据说他的个人净资产总额曾达500多亿美元。但是他却只留给三个子女几百万美元，而把大部分资产都用于慈善事业和教育事业。

为什么不把大部分财富留给自己的儿女呢？盖茨认为，让孩子拥有这么多不劳而获的财富，对处于人生起跑线上的子女来讲并非好事，让他们获得自食其力的能力和勤俭的精神才最为重要。

中国有句老话：富不过三代。而西方国家的一些大财团、大家族为什么能够延续几代人呢？原因就在于，中国的家长留给子女的是物质财富，父辈为子辈打江山；而西方的家长留给子女的是自食其力的能力和自立自强的精神。这一点值得每一位家长深思。

拯救孩子的嫉妒之心

叛逆期案例

　　小薇是某市初中三年级的学生，她成绩一般，喜欢唱歌，但嫉妒心较重。而她的同桌王蕊学习成绩很好，但是她却没有因为有这么一位好同桌而成绩有所提高，原因就在于她嫉妒心太重。

　　王蕊品学兼优，深受老师和同学们的喜欢，但是小薇却不喜欢王蕊，因为她除了比王蕊歌唱得好听之外，其他各方面几乎都比不上王蕊。当然，她也因此深深地嫉妒王蕊，每当王蕊考试取得了第一名时，小薇就在背后散播王蕊的坏话。她在家里还对妈妈说，老师偏向王蕊，事先向王蕊透露了题目，所以王蕊才能考得那么好。妈妈劝说小薇要把心胸放宽一些，可是小薇哪听得进去妈妈的话呀？不仅如此，她还变本加厉。王蕊的爸爸去省城出差，给王蕊带回了一本有关学习方法的指导书，小薇看到后就偷偷地把这本书给扔到了垃圾箱里。

　　当然，在生活方面小薇也非常嫉妒王蕊，王蕊家庭条件优越，在衣食住行方面都比小薇好，小薇自然就妒火中烧。有一次王蕊在班级举办的晚会上穿了一件漂亮的红裙子，同学们都说非常漂亮，但小薇却在背后说王蕊爱出风头，故意吸引同学们的注意，而且为此一连几天都不和王蕊说话。

在其他方面，小薇也不能容忍王蕊比自己强。王蕊平时乐于助人，还经常为班集体做好事，因此同学们都喜欢和王蕊交往，而王蕊的周围也总有一些好朋友围着她转。相反，小薇身边的朋友却没几个，这更令她心理极度不平衡，甚至还为此恼怒得失眠，本来就不好的成绩也开始下降了，她为此感到十分痛苦。妈妈看到王蕊变成了这样，心中也万分焦急。

妈妈要懂的心理学：嫉妒心是一种不良心理状态，妈妈要及时开导孩子

上述例子反映了中学生典型的嫉妒心理，所谓嫉妒心理，根据《心理学大辞典》的解释就是："嫉妒是一个人与他人比较，发现自己在才能、名誉、地位或境遇等方面不如别人而产生的一种由羞愧、愤怒、怨恨等组成的复杂的情绪状态。"

嫉妒心理是人性的一种弱点，也是一种常见的心理现象，但它却是一种不良的心理状态。莎士比亚说过："您要留心嫉妒啊，那是一个绿眼的妖魔！"由此可见，嫉妒之心是多么的可怕。无独有偶，黑格尔也曾经说过："有嫉妒心理的人，自己不能完成伟大的事业，乃尽量低估他人的强大，通过贬低他人而使自己与之相齐。"从这句话中，我们也能清楚地看到嫉妒对人生的危害。

那么，青春期的孩子为什么会产生嫉妒之心呢？其实，不只是青春期的孩子有嫉妒心理，从幼童到成年人都会有嫉妒心，只不过这种心理弱点在青春期的孩子身上表现得更为明显罢了。

处于青春期的孩子心理还不成熟，对自己各方面的能力认识不足，这是他们容易产生嫉妒心理的客观原因。在主观上，他们竞争心理强，好胜心切，凡事喜欢与别人比较，尤其是在成绩、长相、家庭条件等方面，但一旦发现自己不如别人或者无法超越别人时，酸葡萄心理便占了上风，甚至产生羞愧、消沉、怨恨等不良情绪，于是便产生了嫉妒心理。当然，这种心理状态不仅仅停留在心理层面，有时候还会表现在言行举止上，甚至还会出现中伤他人的行为。

比如，例子中的小薇就是这样一种心理，当她看到同桌王蕊成绩比她好时，她感到心理特别不平衡，为此在背后中伤王蕊；当她看到王蕊的爸爸给王蕊买了一本学习指导书时，便偷偷地把王蕊的书扔到了垃圾箱里；当王蕊穿的衣服漂亮时，她一连几天都不理王蕊……显而易见，这种心理是害人害己的。以小薇为例，她不仅没有超过王蕊，而且让同学们一个个都远离了她，而她为此焦虑、恼怒，以至于成绩下降，痛苦不堪。

对此，父母一定要警惕孩子这种不健康的心理，及时引导孩子，避免孩子误入歧途、害人害己。下面我们具体来看一下应当如何改变孩子的嫉妒之心。

叛逆期方法指导

方法一：培养孩子的博大胸怀和宽容之心。

爱嫉妒别人的孩子，大多胸怀不够宽广，对于别人优于自己的地方，不能以平常心对待。针对这种情况，父母应当引导孩子要把心胸放宽一些，要把眼光放长远一些。当然，更要客观地看待别人的长处和自己的不足，保持一颗平常心。

小丽是初二年级的学生，她学习成绩较好，性格活泼开朗，但就是心胸狭窄、嫉妒心强。因为她学习成绩不错，老师便任命她为学习委员。但因为嫉妒心强，她与班里其他同学关系不佳，而大多数同学也不愿意配合她的工作，为此她曾经气哭过几次，还试图要辞职。也正是由于这些原因，尽管她学习成绩不错，但却从来没有考过班里第一名，这令她十分沮丧。

妈妈了解她的个性，针对此事，专门与她谈心。妈妈告诉她："小丽，每一个人都有自己的长处和不足，你要正视别人的长处，客观看待自己的不足。针对别人的长处要谦虚地学习，用来弥补自己的不足，这样才能慢慢超越别人，别人才能更加佩服你……"

妈妈的一番话，让小丽陷入了沉思，她开始反思自己的所作所为，慢慢地她的心结解开了。从这次与妈妈的谈话起，她开始正视周围的同学，正视他们的长处和所取得的成绩，并诚恳地对待他们。渐渐地同学们又愿意和她交往了，而她的成绩竟然也在不知不觉中进步了。

小丽的妈妈无疑是明智的，当她得知小丽在学校的具体情况时，认真地开导了她，及时地帮助小丽扭转了看法，使她赢得了同学们的谅解和支持，而她的成绩也得到了提高。从这个例子中可以看出，当孩子有了嫉妒之心时，父母是他最好的导师。因为，类似于这种心理，孩子既不愿意与同学、同伴讲，更不愿意主动找老师谈心，这种情况下父母主动开导孩子是十分有必要的。

方法二：让孩子意识到嫉妒心的危害

嫉妒的危害正如前面莎士比亚所言，"它是一个绿眼的妖魔"。法国大作家巴尔扎克也说："嫉妒者比任何不幸的人更为痛苦，因为别人的幸福和他自己的不幸，都将使他痛苦万分。"事实的确如此，我国历史上这样的例子不胜枚举。如春秋战国时期，同为鬼谷子弟子的庞涓和孙膑，同学兵法，同效魏王，但庞涓嫉贤妒能，加害于孙膑，最后却被孙膑设计射死，为天下人所耻笑。《三国演义》中，周瑜和诸葛亮都是军事奇才，但周瑜为人心胸狭窄，容不得诸葛亮比他强，于是设计陷害诸葛亮，反倒"赔了夫人又折兵"，只好哀叹"既生瑜何生亮"，最后竟然吐血而死。这两个故事就是嫉妒之心害人又害己的典型事例。

对此，父母一定要通过类似的事例或现实生活中发生的一些事情，来教育和引导孩子，让孩子深刻地认识到嫉妒的危害性，从而远离这种不良的心理倾向。

方法三：将嫉妒转化为激励，培养孩子自强的精神

嫉妒之心并非一无是处，轻微的嫉妒之心是一个孩子具有竞争意识、不甘落于人后的表现。如果一个人能够将嫉妒之心转化为积极、奋进的力量，变嫉妒为包容和博采众长，那么他就能不断地超越自己，走向成功。当然，对孩子而言，将嫉妒转化为激励，需要父母的引导和帮助。父母可以通过下面的故事来开导和教育孩子。

网络上曾经流传这样一个小故事：在美国西部的一座大城市，一位美国人开车带着一位中国人去富人区观光。中国人问陪同的美国人："你们看到富人住这么宽敞、漂亮的房子，难道不嫉妒吗？"

美国人听到这话，感到非常惊讶："嫉妒？为什么呢？他们能住在这里，说明他们付出了努力，我希望我未来能比他们做得更好！"

这是美国式的回答，美国人相信付出才有回报。

在日本，一位日本朋友也陪着一位中国人去参观一处富人区。中国人问日本朋友："你们看到富人住这么漂亮的房子，难道不嫉妒吗？"

日本朋友不假思索地摇摇头说："不，不会的。如果我们看到别人比自己强，通常会想方设法学习他的长处，然后再设法超过他。"

从上面的故事中，我们可以看出，美国人和日本人在看到别人比自己强时，不是心存嫉妒，而是把他们作为学习的目标。这种精神正是我们中国人所缺乏的，也是孩子们所缺乏的。因此，作为家长，一定要教育孩子从"小我"中解放出来，开阔胸襟，把嫉妒转化为前进的动力。

缓解孩子焦虑、抑郁的情绪

叛逆期案例

刘楠是初中三年级的学生，升入初中两年多来，她的成绩一直在班里名列前矛，可是最近临近升学时，她的成绩反而下降了不少。

一次家长会上，老师向刘楠的妈妈反映了她的情况。老师说刘楠最近一段时间上课老走神，经常表现得心神不宁，有时候还会在课堂上睡大觉。当然，她课堂上回答问题也不像以前那样干脆利落了，积极性不高，还表现得很紧张。听到老师反映的这些情况，妈妈也意识到最近一段时间楠楠确实和以前不太一样了——平常吃饭总是没有食欲，什么都不想吃，还表现出一副忧心忡忡的样子，每当自己问她怎么了，她总是说有点头晕，休息一会儿就好了。妈妈以为她学习累了，并没有太在意，直到听了老师的反映，才意识到问题严重了。

妈妈决定找楠楠好好谈一谈，这天吃过晚饭，妈妈把楠楠叫到自己的卧室，母女俩开始了一次面对面的长谈。原来，楠楠成绩一直很好，家长和老师都对她抱有很大的希望，希望她能考上市重点高中，但是在升学前的第一次模拟考试时，她的成绩十分不理想，这使得她心理压力特别大。

也许处于青春期的缘故，心理的压力导致了她生理上的变化，最近一段时间身体也一直不适，对于此事她一直不好意思向妈妈开口，更不愿妈妈为她担心。各种事情积聚在心里，导致她的精神压力更大。她经常感到心慌、焦虑、失眠，甚至有时候大半夜望着天花板，难以入睡。

妈妈要懂的心理学：青春期孩子身心压力大，妈妈要学会帮助孩子减压

例子中楠楠的情况属于典型的青春期焦虑现象，这一现象在中学生群体中非常普遍。因为中学生正处于人生的青春期，这一时期他们的生理和心理都在发生着巨大的变化，再加上学习压力大、人际交往增多，使得他们的情绪容易陷入焦虑和抑郁状态。

具体来说，在生理方面少男少女进入了第二性征发育期，他们对自身的生理、心理变化会产生一种神秘感和紧张感，甚至有时候不知所措。比如女孩因乳房发育而不敢挺胸，因月经初潮而紧张不安；男孩因遗精、手淫而后悔自责等。这些都容易加重孩子心理上的紧张不安感，或者引起其他不良情绪反应。

当然，随着第二性征的出现，孩子们也开始日益关注自己的性别角色和形体特征。比如女孩希望自己苗条、漂亮、温柔，男孩希望自己魁梧、高大、有男子汉气质，而一旦不具备这些特征他们就会感到自卑和苦恼，或者敏感、多疑，不敢与异性交往，陷入焦虑、抑郁状态。此外，对异性的好感和兴趣，使他们心理上有了新的情感体验，进而促使他们滋生了对性的渴望，但由于现实的原因，他们的渴望无法得到满足，这加重了他们的焦虑情绪。

在学习方面，青春期的孩子正处于人生学习的黄金时期，中学阶段也是求学生涯中压力最大的一个阶段。在这一时期，孩子的学习科目增多，学习压力加

大，加上面临的竞争更加激烈，往往使他们不得不投入更多的时间和精力学习，然而虽然付出了很大的努力，但结果却并不一定让他们达到预期目标，这种情况下他们心理上就会形成巨大的落差，产生自卑、焦虑等情绪。前面例子中的刘楠就属于这种情况。

对此，父母要经常关注孩子的心理变化，适时地帮助孩子减轻心理压力，让孩子在轻松、快乐中健康成长。具体我们来看以下几种调节方法。

叛逆期方法指导

方法一：找到焦虑根源，从根本上解决问题

引起青春期孩子情绪焦虑的原因有很多，青春期的困惑、学习方面的压力、人际关系的烦恼等等，都有可能引起孩子的焦虑情绪。如果家长能够深入地与孩子沟通，了解到他们焦虑的具体原因，然后从根本上解决问题，就能帮助他们恢复正常的情绪状态。

王荣刚刚升入县一中，这着实令她兴奋了一阵子。可是好景不长，她就感受到了压力。她在初中升高中时，曾经以全校第一名的好成绩升入了县重点高中，这令她十分骄傲，而父母和初中老师也以她为荣。

可是升入高中后的第一次期中考试，她却排到了班里第10名，这是她意想不到的。尽管她只考了第10名，县里抽考还是抽到她了，她为此有些侥幸，也有些许的欣慰。但接下来的事情，又让她陷入了深深的焦虑之中。竞赛科目包括语数外和数理化，但她对数理化毫无兴趣，初中的数理化她还能应付，但高中的数理化更加侧重于能力的考查，她复习起来感觉有些吃力。她曾向老师反映情况，怕自己考不好，想要放弃比赛，但老师给了她很大的鼓励，她只好硬着头皮去复习，竞考前夕她每天都熬到深夜，这使她精神压力很大。

考试的前一天，宿舍熄灯后，室友们还在海阔天空地聊天，她心烦意乱，开学以来第一次失眠了。第二天的考试情况可想而知，她脑子里一片空白，本来勉强记下来的数理化公式，在考场上却一下子想不起来了。

考试结果出来后，她考得非常不理想，而且还拖了班级的后腿，这令她在老师和同学们面前更加抬不起头来。从此，她整个人变得精神恍惚起来，经常失眠和健忘。

妈妈察觉了她的异常情况，和她沟通、谈心，并帮助她分析原因，耐心地开导她。妈妈告诉她名次、分数都不重要，快乐才是最重要的，她宁愿王荣不参加竞赛，也不希望女儿成为一个不快乐的人。

妈妈的耐心开导以及开明的想法，给了王荣莫大的鼓励与支持，她开始重新审视和定位自己。一段时间过后，她又恢复了自信和快乐。

对于像王荣这样刚刚从初中升入高中的孩子来讲，心理上产生落差是很自然的现象。在初中阶段，孩子面临的只是小范围内的竞争，但是进入重点高中后，高手云集，孩子面临的将是高手之间的对决。因此，孩子的竞争优势可能就不再像从前那样突出，这种情况下的比赛失利也是情理之中的事情。对于这种情况，家长一定要给予孩子足够的理解和支持，帮助孩子缓解心理压力，避免孩子陷入焦虑的情绪中。

方法二：给孩子心理暗示，帮助他树立自信

青春期的孩子焦虑，从本质上来讲大多是由于对自己的不自信造成的。无论是对自己的相貌、成绩，还是对自己人际关系等的不自信都容易造成情绪上的焦虑或抑郁。因此，要想从根本上解决孩子的焦虑问题，必须要帮助孩子从内心树立起强大的自信。这其中一种最有效的方法就是心理暗示法。比如，可以引导孩子多发现自己的长处，多给自己打气、鼓劲儿，让孩子从内心里真正地相信自己等。当然，有些情况下，父母要帮助孩子寻找他身上的长处，并当着孩子的面讲出来，这样能有效提高孩子的自信。孩子每多一点自信，焦虑程度就会降低一些，同时又能反过来使他变和更得自信，从而形成一种良性的循环，渐渐就能摆脱焦虑的困扰。

15岁的小龙是某校初二年级的学生，他性格内向，智力程度一般，学习成绩也一般。由于患有轻度口吃，所以他在上课回答问题时总是情绪紧张，常常语无伦次，言不达意，问题还没回答完就已经面红耳赤了。平时，他对某些事物有了自己的看法和想法，也不敢在同学们面前发表，更不敢和同学们争论一些问题了。由于不敢与人交流，他的心里感到十分焦虑，也非常自卑。但他有一个爱好——比较喜欢写诗，而且写得意境优美，常常被校报采用。

一次家长会上，妈妈从老师那里了解到了小龙的情况，对他的情况深感忧虑。妈妈虽为下岗工人，但自立自强，她也希望自己的儿子能够成为一个顶天立地的男子汉。妈妈知道儿子喜欢写诗，于是特意让他写了一首赞美小草的诗，诗的名字就叫《小草》。小龙写完后，交给妈妈看，妈妈看后非常满意，并由衷地赞美了儿子。

在另一次家长会上，妈妈特意带着儿子小龙一块去参加。当轮到家长自由发言的环节时，小龙的妈妈把小龙带在身边，然后向所有的家长介绍自己的儿子，并鼓励儿子去讲台上为叔叔阿姨们朗诵自己的那首诗——《小草》。小龙一开始唯唯诺诺，但在妈妈的鼓励下终于鼓起勇气走上了讲台，刚开始他朗读的声音有些口吃和颤抖，但在妈妈鼓励和信任的目光下渐渐平静了下来，最终他顺利地朗诵完了自己的诗歌。这时，台下响起了一片掌声，小龙获得了家长和老师们的一片好评。

从这件事以后，小龙的自信心有了很大的提高，他敢于与同学们主动交往了，说话时口吃的现象也减轻了许多。

通过这个例子我们可以看出，孩子情绪焦虑大多与他们不自信有关。如果家长能够有效地利用心理暗示等方法帮助孩子找回自信，那么焦虑的问题就会迎刃而解。

孩子喜怒无常该怎么办

叛逆期案例

小超一直以来都是一个乐观、开朗的小男孩，与家长、老师、同学相处都很融洽。可是自从上了初二以后，他的情绪似乎有了一些细微的变化。尤其是发生了一件事之后，他的情绪更是有些喜怒无常、波动很大。

这件事就是，在他读初二上学期时，班上一位女孩喜欢上了她，总是不断地给他写信，而他也和女孩走得更近了一些。后来，这件事被班主任老师知道了，老师在课堂上批评了他们俩，尽管没有直接点出他们的名字，但同学们心里都一清二楚。当时他脸上火辣辣的，恨不得找个地缝钻进去，他的自尊心受到了很大的伤害。事后，他与同学们的关系也有了微妙的变化，他不再像以前那样和同学们开心地谈天说地了，脸上也多了一丝忧郁。他时常为了一些小事和同学争执，脾气变得有些暴躁。

当然，他也有心情特别好的时候，那就是每次当他取得了好成绩，任课老师表扬他时，他就会兴奋得不得了，认为自己无所不能，似乎所有的阴郁都一扫而光；然而每当自己成绩稍稍有些下降，他的情绪就会陷入谷底，开始妄自菲薄，认为自己什么都不行。

现在小超已经读初三了，但是他的精神面貌并没有大的改变，情绪变化依然比较频繁，再过半年就要中考了，小超的心理压力越来越大，情绪也越来越不稳定。爸爸妈妈十分担心他目前的状况，这可该怎么办呢？

妈妈要懂的心理学：青春期的孩子情绪不稳是正常现象，妈妈不必担心，耐心引导即可

青春期是人生的一个特殊时期，在这一阶段孩子的心理和生理上都会发生明显的变化。生理上的变化是一种自然的发育成长，理应受到家长的关注和关心，但是更重要的是家长要关注、关心孩子的心理变化和心理健康，这对孩子的一生影响重大。

青春期孩子情绪多变、不稳定是这一时期的显著特点。俗话说"六月的天，孩儿的脸"，这话用来形容青春期的孩子也不为过。有关研究机构调查表明，青春期大约有1/3的孩子存在情绪问题，而情绪不稳定在其中又占有很大比例。为什么会这样呢？从生理方面来讲，孩子的身体在发生着显著的变化，身高、体形、脏器等开始逐渐发育和成熟，再加上这一时期体内各种激素分泌旺盛，客观上容易造成孩子的情绪波动。从心理方面来讲，孩子摆脱了孩童时代的幼稚和依赖，在思想上逐渐趋向独立，凡事有了自己的看法和想法。在这一时期，他们内心有了想法，不再像小时候那样追着父母说个没完没了，而是习惯于把想法告诉同龄人或者埋在心底，当一些不顺心的事在心底压抑太久得不到宣泄时，就会引起他们情绪上的剧烈变化。从外界环境来看，青春期孩子接触和交往的人群范围在不断扩大，与各种各样的人接触、交往，各种思想和性格就会发生碰撞，这种带有不确定因素的碰撞势必会加剧孩子思想和情绪上的波动。上例中提到的小超的事情就是属于这种情况，由于他"早恋"，而受到了老师的不点名批评，尽管这不算严格意义上的早恋，但他还是遭到了老师和同学们的误解，这种思想和认识上的碰撞让他产生了心理阴影，导致他的情绪异常。在"早恋"方面失败了，他就争取在学习上把这种损失补回来，因此当他取得好成绩时，他就会阳光灿烂、信心十足；当他成绩下降时，他就会妄自菲薄，认为自己什么都不行。所以，对此家长一定要引起高度重视，及时与孩子交流沟通，耐心开导孩子，以保证孩子身心健康成长。

另外，正常情况下青春期的孩子情绪上也比较容易发生波动。心理学上有一个心理摆效应，大意说的是，人的感情在受外界因素的影响下具有多度性和两极性的特点，比如爱与恨，高兴与悲伤等；而且这种感情的等级越高，向另一个方向转化的可能性就越大，比如乐极就容易生悲。这就像钟摆一样，当摆向一侧运动到最高点时，就开始反转向另一侧运动。这种现象在心理学上被称为心理摆效应。所以，在生活中父母要及时关注孩子的情绪变化，教孩子学会保持平和的心态，不以物喜，不以己悲，这才有利于孩子身心的健康发展。

叛逆期方法指导

方法一：尊重孩子，给孩子一个自由的空间

青春期的孩子心理上更加倾向于独立，凡事喜欢自己作决定、拿主意，按照自己喜欢的方式去做，不希望其他人干涉插手自己的事情，即便是父母也不例外。另外，这一时期孩子的自尊心也比较强，无论事情对错都不愿意接受批评，尤其是一些过激的言论和方式更令他们反感。

针对这种情况，父母在平时就应当给予孩子充分的自由和相对独立的生活空间，凡事不要对他们干涉太多，也不要擅自闯入他们的生活空间。比如穿衣打扮、同学之间的事情、感情问题等等，对这些事情要适当过问，点到为止，不要滔滔不绝，唠叨个没完。对他们个人的生活空间也要给予必要的尊重，比如不偷看他们的日记，不拆阅他们的私人信件，不查阅他们的QQ聊天记录等等，当然对于他们自己的房间也不要随随便便地出入……

总之，对于孩子个人的事情以尊重为原则，点到为止，过多的干涉和阻挠只能激起孩子的逆反心理，造成孩子的情绪波动。

方法二：适度宽容，不以"火"压"火"

由于生理和心理的发展变化，青春期的孩子脾气比其他阶段更容易变得暴躁和倔强，有时候还会有一些过激的言行。对此父母不能以"火"压"火"，否则只能使事情变得不可收拾。青春期的孩子本身就"肝火旺盛"，如果家长的言行火上浇油的话，孩子必定以更强烈的反抗行为来发泄自己内心的不满，即便当时强忍了下去，事后也会找个机会宣泄。这种事情，对于性格内向、不善言谈的孩子而言更危险，他可能会将不良情绪压在心底，从而导致他患上心理疾病。

所以，为了孩子的身心健康着想，家长应该摆出家长的姿态，给予孩子必要的理解和宽容，别与青春期的孩子较劲儿。

陈强是初二年级的学生，他的性子比较火暴，进入青春期以后这种倾向更加明显。他常常因为一点小事，与同学争吵，有时候甚至会动起手来，为此他妈妈在家长会上也没少挨老师批评。

陈强的这种坏脾气可能是受了爸爸的影响，因为从小时候起，爸爸就因为他犯一点小错，而对他非打即骂，久而久之，他也形成了这种坏脾气。现在陈强升入初中了，接触的人和事多了起来，可是因为他的坏脾气，他在外面惹的是非也多了。妈妈认为这样下去对儿子的成长极为不利，她决定用自己的努力来改变这一切。妈妈脾气很好，说话温柔和蔼。经过和陈强的爸爸商量，两人达成一致意见：平时如果陈强犯了小错由妈妈来处理，爸爸不再插手。

有一次，陈强晚上不写作业，猫在屋里上网聊天。眼看马上就要期末考试了，爸爸看在眼里急在心上，一气之下就把网线从外屋的墙上给拔了下来。陈强发现上不去网了，自己鼓捣一番还是上不去，于是就到外屋来察看情况，一看网线被拔掉了。他马上火冒三丈："谁把我网线给拔了？"爸爸一听儿子这等口气，也火了，刚想发作，妈妈见势赶紧把爸爸推进了卧室并关上了房门。然后，妈妈返回客厅慢慢劝说儿子："儿子，你爸也是为你好，你看你马上就要期末考试了，如果因为上网聊天考不好怎么办？爸爸还不是为你好吗？"陈强听着妈妈耐心的解释，没再说什么。妈妈接着说："妈妈也理解你聊天正热乎着呢，突然被拔掉了网线，心里感觉很郁闷，也很生气。你爸也是心里着急，怕劝说你不听，才出此下策的。儿子，别生爸爸的气，好吗？"陈强听着妈妈的解释，火气降了下来，过了一会，他竟然主动到爸爸的房间里承认了错误。

在这个例子中，陈强妈妈的做法值得家长们学习。青春期的孩子情绪多变、脾气暴躁，如果再遇到一位脾气火暴的家长，那么肯定少不了狂风暴雨式的争吵，这对双方的感情都是一种极大的伤害。为此，就需要有一方在面对这种事情时，能够静下心来，冷静处理，无论这一方是孩子还是家长。

方法三：多给孩子一些鼓励和赞赏，少指责孩子

每个人都希望听到别人赞美的声音，尤其是处于青春期的孩子。实际上，孩子与父母之间的争吵大多源于父母对孩子的无理指责。作为孩子一般情况下都是懂

得尊敬父母的，但是如果孩子犯了一点儿小错，父母便横加指责，不留情面，那么势必会引起孩子的反抗。青春期的孩子最要面子，当受不了父母指责的时候，便会顶撞父母，或者与父母争吵。

青春期的孩子情绪不稳定、易怒，父母应当深入了解这一点，理解孩子，多给孩子一些鼓励和赞赏，多给孩子一些谅解和宽容，这样父母与子女之间就会少一些矛盾和争吵，也有利于培养孩子的良好个性。

4

第四章

激励中等生，让孩子爱上学习

怎样纠正孩子学习偏科

叛逆期案例

　　小峰是初一年级的学生，他小学时学习成绩很优秀，经常受到老师和同学们的赞赏，妈妈也很为他骄傲。可是升入了初中后，学习成绩却不怎么好了，妈妈为此很着急。经过多次和他谈话，妈妈发现他成绩不好的主要原因就是因为学习偏科，数学成绩特别差，他因此产生了厌学情绪，学习积极性不高，导致其他科目成绩也受到"牵连"。

　　小峰在小学时语文成绩特别好，英语成绩也不错，只是数学成绩一般，不过他的总成绩还算不错。升入初中后，由于受各种因素影响，他的数学成绩越来越差了。因此，他十分讨厌学数学，一上数学课，他就头皮发麻，根本不想听老师讲课，数学作业也不做，大多情况下就是抄抄同桌的作业，应付一下老师。越是这样，他数学成绩越差；数学成绩越差，他越不爱学习。就这样陷入了一轮轮恶性循环，尽管他的语文成绩依然不错，但他的总成绩也一直在中下游徘徊。

　　为了帮助小峰提高学习成绩，妈妈决定从他最弱的数学着手，从书店为他买来了几本数学参考书，并为他报了数学补习班。可是买来的参考书，他不怎么看，补习班他也经常不去，妈妈只好强制性地带他去，为此两人还经常争吵。

妈妈采取的措施效果并不好，小峰的数学成绩依然很差，总成绩也没有大的起色。妈妈对此很无奈，不知道该怎么办才好。

妈妈要懂的心理学：每个孩子都有长板和短板，家长要激励孩子均衡发展

从上面的例子可以看出，小峰的数学成绩之所以一直上不去，主要有两个原因：一是他的数学基础比较差，二是他没有意识到学习数学的重要性，缺乏足够的学习兴趣和学习动力。因此，尽管小峰的妈妈为他买了数学资料，报了补习班，但依然没办法提高他的数学成绩。所以，要想提高小峰的数学成绩，必须首先从这两个方面入手。当然，数学基础差是历史性原因，无法在短期内得到解决，只能在学习数学的过程中逐渐地提高。针对第二个原因，缺乏足够的学习兴趣和学习动力，那就需要挖掘深层的原因，然后从根本上解决问题，而不是像例子中的妈妈那样，给孩子买来一些学习资料，或者为孩子报补习班，强制孩子学习数学。这对正处于青春叛逆期的孩子而言，效果非常不好。上述例子中就可以看出这一点，因为小峰的妈妈强制他去补习班学习数学，导致他产生了抵触情绪。现实生活中，这种事情也很常见。有的家长得知孩子学习偏科，就加强了在所偏学科方面的监督力度，强制孩子在偏科科目上投入更多的时间或精力。然而，孩子的心理是：学习越差的科目，我越不想学；成绩越好的科目，我越喜欢学；你越强制我学，我越不学；我想学的科目，不用你督促等等。

在这种情况下，最有效的办法就是让孩子明白偏科的危害，以及学好本科目的重要性。美国管理学家彼得曾经提出一种木桶理论，其核心内容为：一只木桶盛

水量的多少，并不取决于桶壁上最高的那块木块，而恰恰取决于桶壁上最短的那块。因此，只有桶壁上所有的木板都足够高，木桶才能盛满水。如果木桶里有一块高度不够，那么木桶就不可能盛满水。对孩子而言，他所偏的科目正像是木桶上的短板，他的总成绩主要由这个科目来决定，这一科成绩提升不到一定水平，他的总成绩永远都无法提上来。如果孩子能够深刻地明白这个道理，他的偏科问题也就解决了大半。

叛逆期方法指导

方法一：与孩子深入沟通，让孩子明白偏科的危害性

上文木桶理论对偏科的危害性作了一个很形象的阐述和分析，妈妈首先要明白这个道理，然后应当深入地为孩子讲解这个道理，分析偏科的危害性。这种危害性主要表现在两个方面：一方面是对总成绩的影响，当然这会直接影响到升学；另一方面是对今后学习此类科目的影响，尤其是一些基础性学科，甚至还会影响对其他副科的学习。

针对第一方面的问题，可以让孩子自己计算一下偏科所差的分值对升学总分的影响，让孩子自己认识到要升入理想的中学，乃至将来考取一流的大学，偏科是多么严重的问题，所以一定要克服。针对第二方面问题，可以帮助孩子举例分析。例如，假设孩子数学成绩不好，那么这不仅会影响到他今后学习更复杂的数学知识，还会影响到其他科目的学习，比如今后的物理、化学知识要用现在所学的数学知识做基础工具，如果现在数学基础知识没掌握好，那么以后想要学好物理、化学就很难了。结果这一门基础课没学好，就有可能影响到其他科目成绩，这样下去总成绩就无法提高上去了。如果孩子明白了这样的道理，想必再劝他学习所偏科目，他就不会再有那么严重的抵触情绪了。总之，只有让孩子自己认识到所偏科目

的重要性，他才会自觉地去弥补弱科。

当然，劝孩子学好所偏科目，其根本目的不在于考试的分数，而在于掌握更多的知识，增强孩子的综合文化素质，这才是家庭教育的宗旨所在。

方法二：加强培养孩子对偏弱学科的学习兴趣

我们常说，"兴趣是最好的老师"，的确如此，如果孩子对某一科目感兴趣，他就会主动去学。反之，如果孩子对某一科目不感兴趣，那么他就厌烦学习该科目，这在客观上很容易造成偏科现象。事实也是如此，孩子偏科的科目一般都是他们不感兴趣的。针对这种情况，就应当利用现实生活中的应用事例或者本科目中一些有趣的相关知识来启发和引导孩子，以激发孩子内在的学习潜力和动力，消除孩子的抵触情绪。

　　小浩是初二年级的学生，他读初一时成绩还算不错，可是升到了初二后，增加了物理科目，他物理成绩很差，因此总成绩也被拉下来不少。

　　经过了解，爸爸发现小浩对物理课根本提不起兴趣，上课也无法专心听讲，经常在课堂上睡觉。爸爸是一位电气工程师，深知物理知识的重要性，于是他决定想办法培养儿子对物理的学习兴趣。

　　一个周末，爸爸很神秘地对小浩说："我可以用纸盒烧开一杯水，你相信吗？""怎么可能呢，老爸。纸盒会被烧掉的。"小浩显然不相信。"儿子，那你就瞧好吧！"爸爸说着找来一个纸盒和一根蜡烛，然后在纸盒里倒了一杯水，并把蜡烛点燃，用铁丝把纸盒架在蜡烛上。一会儿工夫，纸盒湿透了，里面的水也冒出了水蒸气。又过了一会儿，纸盒里的水竟然沸腾起来，然而纸盒并没有燃烧。这时小浩瞪大了眼睛，感到非常纳闷。爸爸耐心地为他讲解了其中的道理，他才恍然大悟，原来物理是这么有趣啊。

此后，爸爸还经常为小浩分析、讲解一些有趣的物理现象，他每次都听得很投入，有时还会发表自己的一些看法。慢慢地他对物理有了一些学习兴趣，课堂上听讲也变得认真多了。一个学期后，他在期末考试中，物理成绩竟然破天荒地进入了前10名，而他的总成绩也位列全班第2名，这令他喜出望外。从此，他的学习兴趣更浓厚了。

孩子往往就是这样，在他的学习兴趣没有被激发出来之前，他是很难投入精力去学习的。一旦想办法激发了他的学习兴趣，他的学习动力就会增强，学习成绩也会提高，而成绩的提高又会增强他的自信心，反过来又促进他的学习，这样就形成了一种良性循环。运用这种方法，就能让孩子乐于学习，从而杜绝偏科现象。

方法三：家校结合，争取得到偏弱学科老师的帮助

孩子学习成绩的好坏，受多种因素影响。提高学习成绩，改变偏科的现状，既需要孩子本身的努力，也需要家长、老师的共同参与。

小敏英语成绩不太好，妈妈每天晚上都帮助她补习英语，但成绩却没有明显提高。妈妈从家长会上得知，小敏上英语课时经常睡觉或开小差，为此老师多次提醒她，她有时还会和老师顶嘴。对此，妈妈感到很气愤，这孩子怎么不知好歹呢？

事后妈妈问小敏上英语课时为什么不好好听讲，还和老师顶嘴。小敏说她不喜欢学英语，也不喜欢英语老师，因此老师一批评她，她就有些反感。妈妈意识到了问题的严重性，也似乎找到了小敏英语偏科的原因，于是决定请求英语老师的帮助。

妈妈在一个周末带着小敏来到了英语老师家，向老师说明了小敏的

情况，并为小敏在课堂上顶撞老师的事情道了歉，英语老师对此表示非常理解，并说明愿意帮助小敏提高英语成绩，小敏也深受感动。

这件事之后，老师经常有选择地在课堂上提问小敏问题，小敏一般情况下也都能回答上来，这给了她很大的信心和鼓励。当然，此后小敏也没有在课堂上睡过觉，她的英语成绩自然也逐渐地提高了上来。

事情往往就这么简单，你感觉很困难的事情，只要找到问题的根源，找到一个突破口，问题自然就容易解决了。生活中，针对孩子的偏科现象，家长只是一味地责备孩子不努力学习，并没有深入着手帮助孩子解决问题，这自然会引起孩子的反抗。通过阅读以上的内容，希望家长们能够从中受到启发，和孩子一起快乐地战胜"偏科"。

避免孩子"破罐子破摔"

叛逆期案例

小蓉马上要读初三了，可是最近几天她却对妈妈说不想继续读书了，因为她感觉读书没什么用，上了大学也不好找工作，还不如早点就业挣钱呢。妈妈听到了她的这种想法，感觉很诧异，怎么也想不明白女儿为什么会这样想。

父母一直非常重视对小蓉的教育，她小时候父母还专门为她报了培优班、钢琴班，而小蓉从小就是个乖乖女，成绩也一直不错，钢琴比赛和作文比赛经常获奖。这让父母对她的未来更加充满希望，对她学习方面的要求有求必应。可是，现在女儿竟然想要退学，这实在令他们想不通。

妈妈决定静下心来，好好地与女儿沟通沟通。为了便于了解女儿的想法，妈妈请小蓉刚大学毕业的表姐先做她的思想工作。表姐和小蓉扯上话题后，就拿出来自己在大学里拍摄的一张张照片，大学里幽雅的环境以及表姐嘴角甜甜的笑容，深深地吸引了小蓉。表姐趁机开导小蓉说："大学生就业难也是事实，但是只要在大学里好好学习，毕业后就一定能找到工作，找不到工作的只是极少数，可能与自己的素质不过关有关。"小蓉听后若有所思地点了点头。

小蓉还告诉表姐，爸爸妈妈天天忙于工作，很少关心自己的学习生活。尤其是爸爸工作忙，早出晚归，经常是爸爸下班回到家，她已经进入梦乡了……就这样，她几天都和爸爸说不上一句话。表姐听后，深表同情和理解，并将此事转告了舅舅和舅妈。

经过父母和表姐的开导，小蓉打消了退学的想法，渐渐又恢复了正常的学习生活。

妈妈要懂的心理学：失败和打击会让孩子学习态度消极，破罐子破摔

类似于上面的例子，在生活中很常见。很多家长都有类似的经历——正当刚刚要升入初三或面临升学考试时，孩子却突然"掉链子"，要退学不想继续读书了，怎么劝说都没有用。这让家长感到很意外，也常常措手不及，孩子为什么突然就有了这样的想法呢？其实，孩子的这种想法或许由来已久，只是家长没有及早发现罢了。

当然，孩子学习态度消极、自暴自弃、不想继续读书的原因是多种多样的。比如受到批评或打击产生自卑心理，而经过一番努力后各方面得不到明显提高，以至于"破罐子破摔"，不再努力学习，有的孩子甚至产生退学的念头，这部分孩子大多是学习中等的学生。有的孩子是受到了外界的不良影响，比如受到了社会"读书无用论"的影响，产生了消极的态度和厌学、退学的想法。上面例子中的小蓉就属于这种情况。从例子中可以看出，小蓉自幼学习成绩一直不错，父母对其寄予厚望。可是后来由于父母工作繁忙，忽视了对她的教育，也忽视了和她进行感情上的沟通，这使她在学习上产生了一些思想波动，进而产生了退学的想法。从父母

的角度来讲，认为孩子已经长大了，不必再像儿时一样对她嘘寒问暖、无微不至地照顾了，加上自己工作比较忙，于是忽视了对孩子的关心。其实，青春期的孩子更需要父母的关心，更需要情感上与父母进行沟通。一项调查结果显示，青春期出问题的那些孩子大多缺乏与父母的有效沟通。这些孩子在生活中或学习上遇到了问题不能得到父母的正确指导，只有靠自己去解决，而他们由于思想不成熟，社会阅历少，往往会把事情办砸，甚至闯祸。由此，父母应当特别重视对青春期孩子的关心和照顾。

帮助孩子恢复自信和积极的学习态度，除了要加强对孩子的关心和教育之外，还要为孩子创造更多的成功机会。心理学上有一个成败效应，社会学家格尔维茨研究发现：学生的学习兴趣不仅跟学习任务是否容易成功完成有关，更重要的是他们希望通过自己的努力，来获得成功，这样他们的内心才会更加愉悦，而这种愉悦感更能激发他们学习的兴趣和动力。基于这种效应，家长们应当在学习方面为孩子创造更多的成功机会。

下面我们来看具体的解决方法。

叛逆期方法指导

方法一：加强与孩子的沟通，帮助孩子排解不良情绪

很多孩子学习态度消极、产生厌学情绪与心理压力大有关。产生这种心理压力的原因主要有成绩不好、学习环境不佳、家长与社会的鄙夷等等。孩子学习成绩不好自然容易产生自卑感，再加上经常受到老师的批评、家长的训斥和社会的冷遇，他们心中就会产生一种强烈的厌学情绪。这是导致他们学习态度消极，甚至有退学想法的主因。对此，家长应当及时与孩子进行情感上的沟通，及时帮助他们排解不良的情绪。

陈伟正读初三，学习成绩在班上属中等，本来他对升重点中学就不抱太大的希望，期末考试成绩公布后他又后退了10名，这严重挫伤了他的学习积极性。这之后他也总感觉老师和同学们经常用异样的目光来看他，这更令他在班里抬不起头来。

由于心理压力太大，他不仅在学习上"破罐子破摔"，而且脾气也变得越来越暴躁，动不动就在家里发脾气。父母察觉到了他的异常表现，决定好好与他沟通。经过沟通，父母了解到了他在学校的具体情况，帮助他分析了考试失利的原因，耐心开导他"做好自己，不要过多在意别人的目光"，并帮助他制订了合理的学习计划。得到了父母的理解和支持，他心中的压力仿佛减轻了许多。

此后，父母也一直与他保持经常性的沟通，一直到他升入了一所普通高中。

在上面这个例子中，陈伟产生厌学情绪主要与心理压力大有关，而父母对此也负有不可推卸的责任。教育孩子不是只管给孩子缴学费，把孩子送进校园交由老师就算完成任务了。教育是家校互动的过程，是情感沟通的过程，父母必须时刻关注孩子的一切动态，这样才能保证孩子顺利成才。

方法二：加强与老师的沟通，增强孩子的自信

前面提到了，教育是家校互动的过程，家长必须和老师保持良好互动和有效沟通才能把孩子教育成才。家长会正是家校互动的一种主要模式，但是对家长而言，一定不要局限于这种模式，随时与孩子的任课老师保持沟通是十分有必要的。

俗话说：良好的自信心是成功的一半。孩子产生厌学情绪与自信心不足也有十分重要的关系。帮助孩子树立信心，除了平常的家庭教育之外，还要重视学校教育的作用，与老师形成良好的互动。

小朋的父母在一个大城市工作，而小朋的小学生活是和爷爷奶奶一起在乡下度过的，升入初中后，父母把他接到了大城市上学。刚开始入学时，他学习非常困难，曾一度丧失了信心，并多次向父母提出继续回老家上学。

小朋的爸爸主动找到小朋的班主任了解情况，班主任向他反映了小朋平时上课老不在状态，学习态度很消极，有时还在课堂上睡觉。父母意识到了问题的严重性，开始加紧开导小朋，并与老师达成协议共同帮助小朋适应新的学习生活。老师平时增加了对小朋课堂提问的次数，更加注意发现小朋的优点并及时在课堂上表扬他。这些做法使小朋渐渐恢复了自信，学习的积极性也慢慢提高了上来，转学的想法自然也就消失得无影无踪了。

小朋这种情况属于对新环境不适应造成的不自信。以往在乡下读书的他一下子适应不了城市教育的快节奏、新情况，导致他自信心受挫，产生了退缩心理。正是老师的辅导和帮助让小朋树立了信心，打消了转回乡下读书的想法。从这个例子可以看出，老师在教育孩子的过程中起着非常重要的作用，家长在这方面不能与老师各自为政。实践也证明，老师的热情关心不但可以帮助孩子找回自信，而且能让孩子转变学习态度，增强对学习的兴趣。

方法三：放低对孩子的要求，给孩子满足感和成功感

孩子学习态度消极、自暴自弃的另一个主要原因是在学习过程中不能获得成功感，对自己的学习情况也不能获得满足感。试想，成年人如果对自己所从事的工作没有一点儿成功感，也没有满足感，那么他还能对所从事的工作有激情和动力吗？其实孩子也一样，当他不能从学习中获得成功感时，他的学习热情就渐渐地消退了。

孩子不能从学习中获得成功感的原因主要有两方面：一方面是和孩子本身的禀赋有关，一方面是家长对孩子的期望值太高。无论哪方面原因，都可以从一个方面来着手解决，那就是为孩子制定合理的目标，甚至放低对孩子的要求。

当要求变低时，孩子的奋斗目标自然就容易实现，实现了目标，孩子的成功感自然会增强。当孩子获得了充分的自信，有了足够的实力时，再慢慢调高对他的期望值，孩子就能适应了。

不要放弃成绩差的孩子

叛逆期案例

　　振宇是个很调皮的男孩，他每天的精力不是用在了学习上，而是用在了调皮捣蛋上，老师和家长为此伤透了脑筋。每天不好好学习，可想而知他的学习成绩会怎样——经常在中下游徘徊，但是他却对此不以为然，依然一副嘻嘻哈哈的态度。尽管他的学习成绩不太好，但是他却颇有人缘儿，同学们似乎都很爱和他交往，他也带给了同学们很多笑声。

　　老师了解他的个性，经常批评他"脸皮厚"，但是他就是"死性不改"，于是老师只好把这种情况通知了他的家长。他父母了解到了他在学校的情况，的确非常着急，并请求老师对他严加管教。老师也曾作过一番努力，但收效甚微，于是渐渐地放弃了对他的管教。就这样，振宇的成绩频频亮红灯，父母每次看到他拿回家来的成绩单，都要摇头叹息上一阵子，有时也免不了对他一番急风暴雨式的数落："就你这样子，以后能干啥？考大学是指望不上你了，以后毕了业就去打工赚钱吧，我们不养你了。"振宇并不认可父母的这番话，于是顶了父母一句："打工就打工，有什么了不起的。"说完，回到自己房间关上了门。

从此以后，振宇似乎有了一些改变，他不再那么调皮捣蛋了，但是却变得郁郁寡欢起来，同学们也很少从他这里获得笑声了，大家都发现他像是变了一个人。尽管不再那么调皮了，但是他的成绩却没有起色，反而变得不如从前了，期末考试时他竟然考了全班倒数第一。父母看到他的成绩单，更加失望，于是让他退学和舅舅学做工艺品去了。

妈妈要懂的心理学：给孩子积极的暗示，他就能发生正面的转变

像例子中振宇这样因父母的放弃而退学的现象在现实生活中也时有发生，尤其是对于正读初中的农村孩子。城市里的孩子因此而退学的现象并不常见，但父母因孩子成绩不好，而对其放任自流的现象却并不少见。

在小学阶段，孩子成绩好坏，家长并不过分担心，因为他们认为孩子以后求学的路还很长，并不能过早地断定孩子的学业前途。可是，到了初中阶段孩子的学业成绩再没有长进，有些家长就会失望了，不是放弃了对孩子的管教，就是凑合着让孩子读一所普通高中或中专，然后考一所三流大学，算是完成了对孩子的家庭教育。其实这种做法对孩子来讲是很不公平的，对孩子的前途发展也是不负责任的。

其实，孩子初中阶段的学习成绩也说明不了什么问题，我们做父母的也大都受过高等教育或中等教育，我们对此应当深有体会：有些学生初中阶段学习平平，但进入高中后成绩却突飞猛进；有些孩子初中成绩很好，但高中阶段的学习却不尽如人意。

具体到例子中的振宇而言，他的智力水平可能不错，只是因为贪玩儿、调皮捣蛋而耽误了学习，只要善加引导，他一定会成为一名好学生的，不幸的是他父母的一番话却打击了他的自尊心，把他推向了退学的边缘，对此他的父母负有重要的

教育责任。

　　心理学上有一个巴纳姆效应，大意说的是一位名叫巴纳姆的著名杂技师认为自己之所以很受观众欢迎，是因为他表演的节目中包含了每个人都喜欢的成分。他进一步研究发现，人们常常认为一种笼统的、一般性的性格描述十分准确地揭示了自己的特点，这种心理倾向被称为巴纳姆效应。

　　例子中振宇的父母对他的那一番评判，让他认为自己本来就不是学习的那块料，让他从心理上产生了自暴自弃的想法，使他本身的潜能也被埋没掉了，这可能会改变他的一生。反过来，父母如果给他一番客观、正面的评价，并且帮助他改掉不足，让他充分发挥自身潜能，那么他就有可能是一棵学习的好苗子。这个例子非常值得家长们反思。

叛逆期方法指导

方法一：静下心来，帮助孩子分析具体原因

　　孩子成绩不好会有各种各样的原因。比如对学习不感兴趣，学习积极性不高，学习方法不正确，基础不牢固等等。当然，也有个别情况是孩子禀赋一般，但这并不能说明孩子学习能力差，这样的孩子可能在动手能力或其他方面比较突出。

　　无论何种原因，父母都不应该对孩子轻言放弃，而应该耐心地帮孩子找出成绩差的原因，并提出有效的解决办法。事实上有很多父母对此做得不够好，他们一看到孩子成绩差，就盲目地认为孩子不是学习的那块料，对孩子进行讥讽，甚至放弃对孩子的教育和关心。这严重伤害了孩子的自尊心和自信心，不仅容易激起孩子的反抗，而且还会将其推向更危险的边缘。

　　如果父母能够静下心来，耐心地帮助孩子分析成绩不好的原因，给予孩子必要的理解和支持，那么就能使孩子信心倍增、"改邪归正"，而不至于让孩子的潜能埋没。现实生活中大多数父母缺乏对孩子教育的耐心，大多抱着放任或敷衍的态度，这不仅不利于孩子的成长，而且还为孩子以后的人生道路埋下潜在危机。

方法二：查缺补漏，帮助孩子重建基础

孩子学习成绩不好的一个重要原因就是原来的基础比较差，孩子跟不上当前的学习进度，学习成绩自然就比较差。对于这个问题，最好的解决办法自然就是帮助孩子重打基础，使孩子重新跟上学习的进度。

小炀今年14岁，正在读初一，不过他的学习成绩不怎么样。他爸爸是一位生意人，非常重视对儿子的教育，他希望小炀长大后能成为一名律师。可是孩子学习成绩并不出色，这令他有些失望。为了提高孩子的学习成绩，他请教了不少人，包括孩子的老师、自己的亲朋好友，最后甚至还找了一位当地有名的教育专家——一位特级教师。这位特级教师了解了小炀的各方面情况，发现小炀的禀赋还可以，就是基本功底差一些。

小炀的爸爸也知道小炀在读小学时比较贪玩儿，学习不用功，成绩自然很一般，小学毕业后勉强考上了现在的这所重点初中。由于基础差，小炀的成绩一直不见起色。听了专家的分析，小炀的爸爸认为"孺子可教"，于是从小学五六年级的课本开始，帮助小炀重新打基础。经过一段时间的辅导，小炀的成绩终于有了一些起色。尽管爸爸的生意因此耽搁了不少，但他依然感到很欣慰，因为儿子才是他最大的骄傲。

例子中小炀的爸爸为各位家长做出了榜样。当发现孩子的成绩不理想时，他没有放松或放弃对孩子的教育，而是耐心地寻找原因，并认真地辅导孩子，最终帮

109

助孩子提高了成绩。这才是一位合格的家长应该做的。

方法三：发现孩子的优势，激发孩子的潜能

每个孩子都有自己的潜能，尽管这种潜能不一定非得是语言能力、计算能力，非得语数外特别优秀。作为家长一般情况下会以孩子在语数外、理化方面的成绩作为孩子学习能力的评价标准，其实这是存在严重偏颇的。一个人的能力完全可以表现在其他方面，比如音乐、绘画、体育以及人际交往等方面。西方有句谚语说：上帝为你关上一扇门的同时会为你打开一扇窗。所以说，当我们发现孩子在语数外、理化方面成绩平平时，完全可以试着发掘他在音体美舞、动手能力、交际能力方面的潜能，这也是孩子今后立足于社会的一项基本技能。没有必要让所有的孩子都成为作家、数学家和翻译家，他们完全可以成为一名出色的指挥家和演员，也完全可以成为一名优秀的技师。

我们或许还记得曾经活跃在音乐舞台上的一位特殊的指挥家——舟舟。舟舟出生一个月后就被医生诊断为重先天愚型患者，他的智力水平低于正常孩子很多。他的语言能力和逻辑思维能力都很差，以这种情况推算，他以后是很难学好语数外的，甚至可能根本考不及格。

这种情况对于大多数父母来讲可能会放弃对孩子的教育，更不会对其寄予什么希望。然而，舟舟的父亲——一位交响乐团低音提琴手却并没有这样做，而是从孩子两三岁时起就把他带在身边，让他和自己一起泡在排练大厅里接受着音乐的熏陶。渐渐地，父亲在生活中慢慢地发现了孩子的另一种天赋——音乐指挥才能，同时也发现他具有出色的形象思维能力，这给了父亲很大的希望。此后的日子里，舟舟的这种兴趣和才能愈发突显。一次偶然的机会终于证实了舟舟的这种天赋——父亲乐团的同事们让他担任一次指挥，他竟然把乐团指挥家的动作模仿得惟妙惟肖，煞有介事地指挥完了一曲《卡门》，令乐团人员大为震惊。

他的事情经过电视台工作人员的传播和报道，在社会上引起了巨大反响，最终使他有机会在北京保利剧场和赫赫有名的中央芭蕾舞剧院交响乐团有了历史性的合作，从此以后舟舟的演出足迹遍及重庆、杭州、深圳等地。

舟舟的事迹给了太多人心灵的震动，也令很多父母对孩子的教育问题陷入沉思。一个智商低于正常人的孩子照样能在社会上获得巨大成功，何况是智商正常的孩子呢。对大多数孩子而言，他们的智力水平都没有问题，即便他们不能学好文化课，他们也一定有其他方面的特长，父母的教育义务就在于发现他们的特长，培养他们的特长，这才是成功的教育，这样做才是合格的家长。

孩子学习效率低下怎么办

叛逆期案例

陈惠是一位初二女孩，她平时学习很用功，成绩还算可以，在班里占中上等，但是妈妈对她的未来还是有些担心。因为她每天放学回家都会学习到很晚，有时放学后同学们找她来玩儿，她都不想去，总被一大堆的作业压着。当然，平时她也很少看电视，除了周末偶尔看一会儿。在妈妈眼里她显然是一个乖乖女，让自己省不少心；在老师眼里她也是一个好学生，作业按时完成，从不违反课堂纪律。

不过，她自己感觉却不是这样。她发现自己每天都生活得很累，每天都要做一大堆作业，而且要比别的同学花上更多的时间，她很想去和同学玩会儿，逛逛街等，但她实在抽不出时间。她发现自己上课时也经常走神儿，脑子里总是想着其他事情，尽管她没有违反过课堂纪律，但常常有一种昏昏欲睡的感觉，可能跟她晚上经常熬夜写作业有关吧。她课下复习时效率也不高，别的同学看一遍课本就能想起课堂上老师讲过的内容，她至少得看两遍。如果不比别的同学花费更多的时间学习，她就跟不上老师讲课的进度。最让她感到困惑的是，她每次考试几乎都不能把试卷答完铃声就响了，这与她答题速度慢有直接的关系。当然，这种情况显然直接影响了她的考试成绩。

妈妈看她学习那么用功，成绩却没有明显起色，精神状态反而每况愈下，心里十分着急，也非常心疼，经常劝她要注意劳逸结合，晚上早点睡觉。可是她却反驳妈妈说："如果我成绩跟不上，您不是更着急吗？"妈妈被她噎得说不上话来，只能摇头叹息。

妈妈要懂的心理学：孩子学习效率低，一般与智力水平无关

孩子学习效率低在现实生活中也是比较普遍的一种现象，对大多数中等生家长而言，这或许是令他们最头疼的问题之一。如果孩子因为贪玩不好好学习，他们还可以批评孩子或者劝说孩子，但是孩子学习已经尽力了，成绩仍然不见起色，他们就束手无策了。

孩子为什么会学习效率低呢？这个问题是很多家长都想知道的。首先要说明的是，孩子学习效率低与智力没有太多关系，大多数孩子的智力水平都差不多。孩子学习效率低一般有以下几种原因：

第一，上课注意力不集中。课堂上能够精力高度集中，认真听讲，是保证学习效率的最重要的因素。老师向学生传授知识的最主要途径就是讲课，而学生接受知识的最主要方式也是课堂听讲，所以课堂上注意力的集中程度决定着一个学生的学习效率高低。

第二，对所学知识不感兴趣。兴趣是最好的老师，每个人都会不由自主地对自己感兴趣的事物精力高度集中。从这个角度来讲，如果孩子对所学的知识不感兴趣，那么就很难保证他有较高的学习效率。

第三，学习方法或学习习惯不好。俗话说："劈柴不照纹，累死砍柴人。"

正确的方法是高效率做事的基本保障，如果方法不正确，做事就会事倍功半。另外，没有一个好的学习习惯或作息习惯也会使学习效率受到不同程度的影响。

具体到例子中的陈惠，她的学习效率低下主要是因为学习方法不正确，学习习惯不好。她不懂得劳逸结合，经常搞疲劳战术，这直接导致她课堂上无法集中精力听讲，只好通过课下花费更多的时间来弥补，反过来又导致她休息不好影响听课效率，从而使她陷入一种恶性循环。

法国心理学家齐加尼克曾经做过一个非常有意义的实验，他安排两组人同时去做一项工作，并对其中一组进行干扰，阻止他们完成任务，却让另一组顺利完成任务。结果发现：顺利完成任务的一组紧张状态随着工作的完成而消失，而没有完成任务的另一组紧张状态持续存在。当然，紧张状态的持续会影响后续的工作，而避免这种效应产生的最好办法就是好好休息，以更饱满的精神状态投入后续的工作。

叛逆期方法指导

方法一：培养孩子的学习兴趣

前面提到了，孩子学习效率低下的原因之一就是他们对学习本身不感兴趣，一个人很难对自己不感兴趣的事物专心和投入，而对自己感兴趣的事物却会不由自主地投入时间和精力。古今中外的很多大科学家就是很好的例子。比如爱因斯坦会为一个小指南针着迷，爱迪生会为孵化小鸡而陆续几天蹲在草窝里，牛顿会为一个小风车如痴如醉……凡此种种，不胜枚举。

所以说，当孩子对学习有了一定的兴趣时，他的注意力自然就会集中起来了。孩子对学习不感兴趣大致可以分为两种情况：一种是几乎对所有的科目都不感兴趣，另一种是只对一个科目或少数科目不感兴趣。几乎对所有的科目都不感兴趣的情况，父母应当挖掘他其他方面的特长，比如音体美等；对部分科目不感兴趣的情况父母应当着手帮助孩子了解这些科目的重要性，用一些有趣的事物来诱导孩子，比如孩子对理化不感兴趣，那么父母就可以用生活中有趣的物理、化学现象来激发孩子的学习兴趣。特别提醒家长的是，孩子对某个科目不感兴趣，一定不要强行逼迫他学习或者讥讽他，否则会引起孩子的强烈反感。

总之，兴趣是孩子最好的学习动力，培养出了孩子的学习兴趣，他的学习效率问题自然而然就解决了。

方法二：教给孩子正确的学习方法

孩子的学习方法不正确，也会直接导致孩子学习效率低下。做任何事情都需要一定的方法，方法正确了做起事来就会得心应手，方法不正确就会事倍功半，学习也是同样的道理，也是有方法可循的。那些学习好的同学并不是自己脑子有多么聪明，但他们的学习方法一定会比较科学合理。如果没有掌握正确的学习方法，即使再努力，成绩也难以出色。

曾在网上看到过这样的一个例子。

王静是高三年级的一位女生，她平时学习非常刻苦用功，全班同学几乎没有谁能比得上她，大家还给她起了个外号叫"学习机器"。的确如此，她在课堂上认真听讲，课后按时完成作业自不必说。据她的同桌兼好朋友说，她几乎不会放过任何学习的时间，包括吃饭、走路、上厕所等，她都在背英语单词。班主任老师也常常拿她当榜样教育不好好学习的同学："你们要是有王静同学1/10的学习劲头，也能考上清华、北大。"同学们听到这话却不以为然。为什么呢？事实上王静虽然十分努力，然而她的学习成绩却很一般。很多同学私下里也议论："如果像她那样死读书，生活还有什么意思？"

事实上同学们的议论也不无道理，后来王静高考考了三年，才勉强考上了本地的一所三流大学。

这个例子说明什么问题？学习方法不对头，即便付出再多的努力也不一定能够取得优异的成绩。像王静这样虽然学习的时间加起来比别人多一倍、两倍，但她的学习效率却远不及其他同学。家长一定要根据孩子的兴趣爱好、性格特点来选择适合孩子的学习方法，必要时向孩子的老师征求意见，一定不要在学习方法这个问题上对孩子不管不问，模棱两可。

方法三：劳逸结合，让孩子养成良好的作息习惯

劳逸结合对学习效率的提升有着十分重要的作用，有些孩子在学习方面易搞题海战术、疲劳战术，殊不知这对学习效率有着严重的不良影响。前面提到的齐加尼克效应说的就是这个问题，如果孩子的大脑一直处于紧张状态就比较容易疲劳，这不仅制约当前的学习效率，还会影响后面的学习。避免齐加尼克效应的最好方法就是劳逸结合，注意休息。

1888年，美国开始第23届总统竞选，当时的候选人之一本杰明·哈里森却并没有像其他候选人那样紧锣密鼓地忙着竞选工作，而是很平静地在等候着最终的竞选结果。他的主要得票点在印第安纳州，当晚11点钟印第安纳州的竞选结果公布了，哈里森的一个好朋友马上给他打电话表示祝贺，但此时的哈里森却早已进入梦乡了。

第二天上午，向他道贺的那位朋友问他昨晚为什么睡那么早。哈里森淡定地解释说："熬夜并不能改变结果。如果我当选，我知道我前面的路会很难走。所以不管怎么说，休息好不失为是明智的选择。"

休息是明智的选择，因为玩命工作会带来很大的心理压力。哈里森

明白这一点，他知道自己当时再怎么努力也无法改变最终的结果，无论这个结果是好是坏，所以美美地睡一觉对他而言是最好的选择。

对于孩子的学习而言也是同样的道理，可能有些情况下孩子付出再多的努力未必能马上提高成绩，获得更多知识，那么这种情况下不妨让孩子休息一会儿，做做别的事情，换换脑子。当孩子精神上彻底放松时，他会获得更高的学习效率。

让孩子往上比，不要往下比

叛逆期案例

小凯今年刚刚升入初中一年级，他小学时成绩不错，升入初中后成绩保持中上。他平时学习还算比较刻苦，在学校遵守纪律，在家也比较听父母的话，但有个毛病就是爱和不如他的同学比。每次妈妈劝他要向学习比他好的同学学习，而他总是不以为然，还说"比下有余就够了"。

有一次，他成绩考得不太理想，妈妈批评他说："儿子，你这次怎么没有考好呢？照这样下去以后怎么能考上市一中呢？"没想到，他却反驳妈妈说："我们班有好多同学这次考得都不如我好呢，难道他们都没有考市一中的希望吗？"妈妈也被他这句话激怒了，下意识地说了一句："那你跟我说说，你们班都有哪些同学考得不如你？"没想到小凯却一口气列举了十几个同学的名字，还说明了这些同学在哪些方面不如他，为什么不如他。妈妈听到这话后，气得直瞪眼。尽管他对不如他的同学记得一清二楚，但是当妈妈要求他再说说哪些同学比他强的时候，他却数不了几个。显然，他对学习成绩比他好的同学没什么概念。

其实，在家长会上老师反映小凯这孩子脑子还挺聪明，就是缺乏上进心，如果他能够学习态度再积极一些，能够向学习好的同学看齐，那么他的学习成绩应该能进步很快。当然，老师也反映了另一个问题，那就是很少看到小凯和学习好的同学待在一起讨论学习问题，却经常看到他和那些学习不好的同学在一起搞恶作剧。

妈妈要懂的心理学：与比自己学习差的同学相比，孩子可以获得心理优越感

平时在孩子的教育问题上，很多家长都遇到过类似的情况，那就是孩子喜欢与学习成绩不如自己的同学比，而不喜欢与学习比自己好的同学相比。孩子为什么要这样做呢？这里面有几种原因：一是孩子可以通过与比自己差的同学相比中获得一种优越感，这是人的一种本性；二是孩子这样比可以获得一种心理上的平衡感，并且希望在这种平衡感中免受家长的批评或指责；三是有些孩子没有把学习放在第一位，他有可能是在学习不如他的同学那里得到他想要的快乐或其他东西。

拿上面的例子来分析，小凯本身成绩不是最优秀的，只占班里的中上等，他与成绩差的同学相比也是为了获得一种优越感，或者说是心理上的一种平衡感，这种平衡感可以"说服"妈妈，从而让他免受指责。当然，他经常与学习不好的同学在一起玩也有这些原因，因为他和学习好的同学在一起，他不仅不能获得优越感，而且心理上还会有压力。还有一点，那就是他可以从学习成绩一般或者比较差的同学身上得到一种快乐，无论这种快乐是搞恶作剧，还是与学习无关的其他一些趣事儿。一般而言，学习成绩最好的同学大都遵守纪律、埋头学习，很少搞与学习无关的其他事情，更别说恶作剧了。

针对这种情况，给妈妈们的建议是，一定要帮助孩子发现成绩好的同学的优点，这种优点不仅仅是指学习方面的，更重要的还在于其他方面，了解了这些孩子就比较容易"见贤思齐"或"一视同仁"了。

最后，这里需要提醒各位家长的是，孩子不喜欢和学习成绩好的同学交往、在一块儿玩等，并不代表孩子没有上进心，并不代表孩子不思进取。家长不能据此过分地责骂孩子，否则会引起孩子的强烈反抗。

叛逆期方指导

方法一：正视孩子身边学习不好的朋友

大多数父母都希望自己的孩子能够"见贤思齐"，多与学习成绩好的孩子交往、交流，而不太希望孩子整天与学习不好的同学"混"在一起。因为在家长看来"近朱者赤，近墨者黑"，担心孩子与学习成绩不好的孩子学坏。然而，事实未必如此。如果家长不能够正视孩子身边学习不好的同学或朋友，那么对孩子的成长会非常不利。

在网上看到过这样的一个例子。一个周末小雪的好朋友小蕊到家里来找她逛街，正巧碰上小雪的妈妈在教训她。这次期末考试，小雪的成绩下降到了班里的第20名。小蕊看到这种情况，马上在一边替小雪解围说："阿姨，小雪比我考得还好呢，我这次考得还不如她呢。"

谁知，小蕊不说倒还好，她一说，小雪的妈妈反而更来劲了：她把小蕊也捎带着一起批评了："考不好，你们还不待在家里好好补习功课，还到处瞎跑什么？你们脸皮怎么就这么厚！"

小蕊听到这话气得眼泪都掉下来了，然后转身就跑开了。小雪为此和妈妈大声吵了起来："妈妈，你怎么这样没礼貌，怎么能这样对小蕊？！"

妈妈说："我就是说给她听的，看她还来不来找你玩儿！"

"我为什么不能和她在一起？"小雪禁不住大声质问妈妈。

"她学习成绩那么差，你跟她能学到什么？"妈妈似乎理直气壮。

"她学习不好，和我们在一起玩儿有什么关系？再说了，她的英语很棒呢！"

"不管怎么样，我就不准你和她这样的坏孩子在一起。"妈妈态度很蛮横。

小雪气急了，大声嚷道："她除了学习不好，什么都好！我就是要和她做朋友，你不要贬低她！"

说完气呼呼地跑进了自己的房间，反锁上了门。

单纯地用成绩来评价孩子的朋友是有失公允的，对孩子的成长也是十分不利的。如今，大多数孩子为独生子女，孩子的人际关系对他们的成长至关重要，尤其是对处于青春期的孩子而言，在这一阶段孩子的交友价值取向会影响他们的一生。所以，对待孩子身边成绩不好的同学或朋友，家长一定要做到谨言慎行。

方法二：孩子交友不应以学习成绩为标准

前面提到了，很多父母都希望孩子与学习成绩好的同学交朋友，而不希望自己的孩子与学习不好的同学做朋友，原因就在于他们怕孩子和那些"坏"孩子学坏了，对于大多数家长而言孩子好坏的标准那就是学习成绩如何，其实这个标准有失偏颇，是不客观的。事实上，一些所谓的"坏"学生，虽然成绩差，但是他们身上也具备很多我们没看到的优点，比如这些孩子为人仗义、敢作敢当、具有幽默感等等。

一位比较开明的家长曾经说："我很理解那些所谓的'坏'学生。女儿读初二的时候，曾经和一位女同学关系非常好，她们两人经常在一起，有很多共同的话题，但是她的那个女同学成绩很差。于是周围的朋友都善意地提醒我，让我劝说女儿别跟这位同学走得太近，免得受到不良影响。对于这件事我没有盲目作决定，而是在和女儿聊天的时候有意无意地问起那位女同学在学校的表现，女儿告诉我她的这位同学人很好，也很勇敢。有一次她们二人坐公交车，小偷掏女儿的钱包，女儿吓得不敢动弹，她的那位同学居然当众拿开了小偷的手，还狠狠地白了小偷一眼，结果小偷灰溜溜地走开了。女儿说，她除了学习成绩不好外，几乎没什么别的缺点……听到这话我真的不知道还能说什么，我有什么理由不让女儿跟她交往呢？"

大多数家长都拿孩子的成绩说事儿，对于孩子的朋友也是如此的态度，似乎成绩好坏就是评价一个人好坏的标准。看了上面这位家长的一番话，你还这样认为吗？作为家长，认为孩子成绩好就一定会有个好的未来，其他方面并不重要，其实现在社会上的很多现实反反复复向我们证明了"成绩好未必有好未来"这一观点。很多只在成绩方面优秀的学生，将来未必能够很好地适应社会，也未必能出类拔萃。相反，倒是那些学习成绩中等、综合素质高的孩子更容易在社会上获得成功。所以，对于孩子的交友问题，家长一定要抱有一种开放的、开明的态度。

方法三：善待孩子的朋友就是善待孩子

孩子选择朋友不是没有原则和标准的，在他们的潜意识里，他们一般会选择与他们脾气、性格相近的孩子做朋友，这些孩子或者与他们志趣相投，或者与他们有着相同的情感需要，总之他们在一起就会感觉到很快乐，但他们的成绩并非很优秀。孩子的朋友就像孩子的影子，在他们身上或多或少都能找到孩子身上所具有的特点。从这个意义上说，如果家长嫌弃孩子的朋友就等于在嫌弃孩子本身，这会使他们的情感和自尊心受到极大的伤害。

总之，孩子的学习成绩不好，父母可以建议孩子多向学习好的同学请教，但不能以此干涉孩子与学习成绩不好的同学交朋友。

把孩子放在竞争的环境中

叛逆期案例

陈浩是一所普通中学的初二学生，他小学时成绩一般，毕业后只考上了本地的这所普通中学，现在成绩也不出色，在班里只占中等。

妈妈刚开始怀疑儿子是不是智力不够好，为什么成绩一直不见起色呢？但是据陈浩的老师反映，他的脑子并不笨，手工、绘画都能做得很出色，但就是有一样不足：缺乏竞争意识，整天一副与世无争的状态。比如，班里举办的各种比赛或活动，他很少参加，总是以各种各样的理由推托。有一次班里竞选班干部，大家认为他认真负责、诚实可靠，想推选他为生活委员，他得知这个消息后却放弃了参选，这令老师和同学们都很失望。

在学习上更是如此，他的成绩一直在班里处于中游，不上不下的。妈妈对此很着急，每当他拿回家成绩单总免不了妈妈的一番数落。有一次妈妈劝他说："儿子，你如果学习能够再努力一些，可能有希望考上重点高中，照你这样下去只能读一所普通高中了，将来考大学就难了。"可是陈浩却不这样想："妈，您别总是唠叨我了，考大学有什么用呢？我喜欢手工和绘画，毕了业就想读一所工艺美术学校，您就别费心了。"听完这话，妈妈连连叹息：这孩子怎么这么没出息呢，一点斗志都没有！

妈妈要懂的心理学：孩子缺乏竞争意识，妈妈要耐心培养，不要强求

像例子中陈浩这样的孩子，在现实生活中的确有一部分，这是典型的缺乏竞争意识的表现。这样的孩子对考试、升学往往会抱有一种无所谓的态度，凡事只求"比上不足，比下有余"，从来不争第一。

这里主要有几种原因：一是孩子本身性格方面的弱点，孩子可能不属于那种争强好胜的性格，甚至连基本的竞争意识都不具备；二是孩子可能在某些方面受到了太多的打击，以至于心态变得消极了；三是孩子本身对学习不感兴趣，因此缺乏竞争意识，但是对自己感兴趣的事物可能会投入十分的精力，并且愿意为之努力奋斗。针对第一种情况，孩子在性格方面就不喜欢争强好胜，这是孩子自幼形成的性格或习惯，妈妈不可能期望孩子一下子就作出改变，只能通过各种各样的机会慢慢地去培养、去激励。针对第二种情况，妈妈在孩子遇到困难或挫折时要耐心开导他、激励他，避免他意志消沉，因此丧失竞争意识。当然，平时也不要总批评、打击孩子，使他产生逆反心理或消极心态。对于第三种情况，要耐心培养孩子对学习的兴趣，并强化他在其他方面的兴趣。学好基本的文化知识是发挥特长的基础，如果基本的文化知识学不好，自身的特长和优势就很难发挥出来。以上面的陈浩为例，他就是属于这种情况，因为对文化课学习不是很感兴趣，所以他对自己的学习成绩只要求"不上不下"就心满意足了，但是他在手工或绘画方面似乎比较有天赋，并且愿意为之付出努力。这种情况下他的妈妈应当充分尊重他的这种爱好，通过这种爱好来激发他的竞争意识，而不是反复唠叨他要把学习成绩搞好，因为这反

倒容易引起他的逆反情绪，不利于他学习成绩的提高。

在培养孩子的竞争意识方面，家长们不妨借鉴一下鲶鱼效应，下面我们具体来看一下。

叛逆期方法指导

方法一：利用鲶鱼效应，把孩子放在一个充满竞争的环境中

孩子缺乏竞争意识，无论基于何种原因都可以用一个根本的方法来解决，那就是充分利用鲶鱼效应的作用来激发孩子的竞争意识。

网上广为流传着这样一个故事。说的是挪威人特别喜欢吃沙丁鱼，尤其是活的沙丁鱼。因为这个原因，市场上活沙丁鱼的价格要比死鱼高出许多。为此，渔民们在海上捕到沙丁鱼后，总是千方百计地想办法让这些鱼活着回到渔港，希望可以卖到更高的价钱。但是，尽管渔民们作出种种努力，绝大部分沙丁鱼还是在中途因窒息而死亡，这令渔民们非常失望。

在众多的渔船中，有一条渔船总能让大部分沙丁鱼活蹦乱跳地回到渔港。对此，其他渔船上的渔民都百思不得其解，但老船长一直严格地保守着这个秘密，直到他去世，谜底才揭开：原来老船长回港之前在装满沙丁鱼的船仓里放进了一条鲶鱼。鲶鱼特别喜欢吃沙丁鱼，当把鲶鱼放入船仓后，它便会在陌生的环境中四处游动。沙丁鱼特别害怕鲶鱼，于是在水中左冲右突，四处躲避，被迫加速游动。这样一来，沙丁鱼就不容易缺氧了，沙丁鱼死亡的问题也就迎刃而解了。这种现象被心理学家称为鲶鱼效应。

在没有鲶鱼的环境中，沙丁鱼显然缺乏一种忧患意识，正是这种随遇而安的状态才导致了他的死亡。而在有鲶鱼的环境中，沙丁鱼为了逃命被迫四处游动，在四处游动的情况下它不仅获得了充足的氧气，还提高了自身的活力，使得性命得以保全。在教育领域这种效应同样适用。有一部分孩子缺乏竞争意识是因为他所处的环境太安逸了，以至于养成了一种随遇而安、得过且过的心态。要想使孩子具备强烈的竞争意识，必须给他一些压力和动力，让他们生活在充满竞争的环境中。

方法二：多给孩子一些鼓励，激发他的竞争意识和潜能

前面提到了，孩子缺乏竞争意识可能与他的性格有关。对于这种情况，家长可以通过鼓励的手段来激励他

婷婷刚刚升入初中。在小学时她就特别听话，是父母老师眼中的"乖乖女"。可是她学习成绩中等，对班里和学校组织的竞赛或其他活动，不像别的同学那样踊跃，缺乏竞争意识。老师把这些情况反映给了婷婷的妈妈，婷婷的妈妈决定与老师一起来帮助孩子。

有一次班里选班干部，婷婷初选选上了，老师便给婷婷的妈妈打电话，希望她能在正式竞选那天来学校给婷婷助阵，妈妈欣然答应了。可是婷婷却对正式的竞选没有信心，妈妈一再鼓励她，她才勉强写出了自己的演讲稿。

正式竞选那天，轮到婷婷登台了，她却打起了退堂鼓，妈妈连推带劝把她送上了演讲台。婷婷先是站在台上念起了她的演讲稿，妈妈后来鼓励她临场发挥，尽管她的表现不尽如人意，但她诚恳的态度还是有一定的感染力的。

过了几天，婷婷如愿以偿地当上了小组长。虽然"官"不大，但对她来讲却是一个良好的开端。从那时起，婷婷的学习、工作积极性有了

很大的提高，当然这件事也充分激发了她的竞争意识。

孩子的竞争意识是可以通过后天的教育激发出来的，其实每个孩子都有一定的竞争意识，就像每个孩子在比赛时都希望自己获胜一样，有些孩子之所以"没有竞争意识"，只不过是没找到合适的途径帮他们激发出来罢了。

方法三：让孩子树立正确的竞争心态

"优胜劣汰，适者生存"，这是人类无法改变的自然生存法则。可以说，我们每一个人从出生起就面临着竞争，只不过是大小不同、时间早晚而已。孩子在学校里要面对学习方面的竞争，在社会上要面临工作方面的竞争，如果在竞争中失败就会被这种规则淘汰。所以，每一位家长都希望自己的孩子能够做一名强者，做一名优胜者。

然而，在现实生活中很多孩子似乎缺乏竞争意识。造成这种状况，既有孩子本身的原因，也有环境的原因，还有家长的原因。环境一般情况下比较难以改变，那么最现实的方法就是改变孩子，改变我们自己，用我们的经验和方法帮助孩子树立良好的竞争心态。比如，多鼓励孩子参加各种比赛，多给孩子提供各种各样的锻炼机会等。

当然，这里需要提醒家长的是，无论孩子参加何种比赛，无论结果是输是赢，家长都要保持一种平和的心态，不要给孩子施加太多的压力，避免孩子的自尊心和积极性受到打击。

别用物质奖励孩子的成绩

叛逆期案例

刘洋是一所重点高中的高一学生，父母对他寄予很高的期望，希望他以后能够考上重点大学。可是让父母意想不到的是，刘洋进入高中还不到半年就迷恋上了网络游戏，而且一发不可收拾，最后只能依靠药物才能控制住那种疯狂的欲望。

其实，刘洋陷入这种泥潭与爸爸中考前对他所作的承诺有关。在刘洋中考前，爸爸曾经向他许诺，只要他能顺利考上重点高中，就奖励他一台笔记本电脑，还可以无线上网。这种奖励对刘洋来讲有着莫大的吸引力，也正是在这种奖励的诱惑下，刘洋发奋苦读，终于如愿以偿地考上了重点高中，而父亲也理所当然地兑现了自己的承诺——为他买了一台可以上网的笔记本。

新奇的网络世界，深深地吸引着刘洋。他刚开始还只是浏览一些网页，父亲并没有过多干涉，后来无孔不入的网络游戏进入了他的眼帘，他注册了游戏账号，开始沉迷于这个虚拟而又刺激的世界，学习被他抛到了九霄云外。

129

随着刘洋在网络世界里越陷越深，他的学习成绩一落千丈，父亲这时才意识到了问题的严重性，可是此刻为时已晚。学习上的挫败感让刘洋只能在网络游戏中寻找成功的快感，在心理上获得一种平衡，这种感觉如同毒瘾般让他欲罢不能。

为了把他拉上正常的轨道，父亲试图没收他的笔记本，但他却以绝食来与父亲抗争。无奈，不能看着儿子一天天消沉、堕落下去，父亲只好在医生的建议下用药物强制让他戒除网瘾。

妈妈要懂的心理学：过度的物质奖励，会让孩子陷入物质欲，家长要慎用

上面刘洋的例子，对各位家长来讲并不陌生，它就似发生在我们身边的一些真实故事。在我们自己的孩子身上或许也或多或少能找到一些影子。对刘洋而言，陷入这种状态与父亲当时对他的奖励脱不了干系。为了鼓励刘洋考上重点中学，父亲用奖励笔记本电脑的方式来激励他。这种方法看似有效，但却有很大的弊端。孩子青春年少，正是学习的大好时期，需要汲取更多的文化营养和精神营养，过度的物质奖励会让孩子陷入物质欲，甚至因此带来其他严重的负面影响。

想让孩子学习成绩好，希望孩子考上重点中学、大学，几乎是每个家长的期望。但是如果用不当的方式来激励孩子，只会让孩子误入歧途。以刘洋为例，他本来应该是一个很有潜力的孩子，否则他也考不上重点中学，但他的父亲没有采用适当的奖励方式，而是用奢华的物质奖励来刺激他，结果使他陷入网游的泥潭。在这种奖励下，即使孩子暂时取得了成功，但很快就会远离成功，得不偿失。真正有效的激励方式是让孩子从内心深刻认识到学习的意义和重要性，让他积极、主动地学习。

1971年，心理学家德西做了一个实验。他让一些大学生在实验室里解答有趣的智力难题。实验分三个阶段，第一阶段，所有的大学生都无奖励；第二阶段，将大学生分为两组，其中一组完成一个难题可得到1美元的报酬，而另一组即使完成难题也无报酬；第三阶段，让参与实验的大学生休息或在原地自由活动，并观察他们是否愿意继续解答智力题。实验发现受奖励的一组在第二阶段确实十分努力，但第三阶段这一组被实验者很少有人继续解题，而不受奖励的一组在第三阶段仍然有很多人继续解题。这个实验说明：在某些情况下，外在的奖励不但不会增强做事的积极性，反而会降低积极性，只有内在的兴趣才能让人保持持久的动力。人们把这种规律称为德西效应。

对孩子的教育而言，一味地给他物质奖励并不能激发他学习的持久动力，而激发他内在的学习积极性才能让他保持长久的学习动力。

叛逆期方法指导

方法一：激发孩子内在的学习动力

根据前面的德西效应我们了解到，外在的物质奖励不能让孩子的学习动力具有持久性，而内在的主观能动性才能让孩子持之以恒，所以激励孩子学习最好的办法就是激发他内在的学习动力。下面我们先来看一则故事。

一位老人退休后在一处山庄休养，但附近却住着一群十分顽皮的孩子，他们天天互相追逐打闹，老人被喧闹声吵得无法好好休息，于是屡次提醒他们安静，但效果不佳。最后老人想出了一个办法——他把孩子们都召集在一起，并告诉他们以后谁吵闹的声音越大，谁就能获得一份奖励。此后，孩子们为了获得奖励越发地大声吵闹，就这样持续了几天。当孩子们已经习惯于获得奖励的时候，老人开始逐渐减少奖励，直至取消。结果，孩子们认为他们所受到的待遇越来越不公正，于是对吵闹渐渐失去了兴趣。后来，老人休养的附近再也听不见了那群孩子的吵闹声。

孩子们在没有受到奖励之前的吵闹行为属于自发的，源于一种内在的动机，只要感到快乐他们就会不断地吵闹玩耍下去，但是当老人对他们的这种行为附加外在的奖励时，这种行为的动机就由内在的转化为了外在的，而这种外在的动机有奖励作支撑就会存在，一旦失去奖励，这种动机就不复存在。

对家庭教育而言，这个道理同样适用。如果为了激励孩子努力学习考取重点，而过度采用物质奖励的方式，就会使孩子内在的学习动机消失，这样不仅会淡化孩子的学习兴趣，还会让孩子主动学习的积极性彻底消失。

方法二：用正确的方法奖励孩子

对孩子而言，物质奖励并非不可取，但要适度，要采取恰当的方式。有些家长为了激励孩子考上重点中学，不惜重金奖励孩子。比如奖励手机、奖励笔记本电脑、奖励出国游等等，然而这些措施短期内看似有效，实际上副作用会更大。有些孩子因此养成了攀比的习惯和炫富的心理，极大地影响了他们的身心健康成长。

家长用物质奖励孩子时，要选择对孩子长远发展有利的方式，下面我们来看看一位家长是怎么做的。

李晓读初三的下半年，妈妈为了激励她考上重点高中，决定给她一些奖励。但聪明的妈妈并没有告诉她要奖励什么，只是告诉她那是她期盼已久的一件事，暂时对她保密。

　　李晓一直以来都非常相信妈妈，于是没有刨根问底，而是投入到了辛苦的学习之中，经过半年的奋战李晓终于如愿以偿地升入了重点高中，得知被录取的那一天妈妈兑现了自己的承诺——将一张上海世博会门票放在了她的手掌心，这可是李晓期盼已久的礼物，得到这张门票她欣喜若狂，得意地在妈妈的脸颊上吻了一下，妈妈也乐得合不拢嘴。当然，门票是三张，爸爸妈妈决定陪她一起去上海世博会。

　　在世博会上李晓了解到了世界各国的经济、科技、文化、艺术和风土人情，享受到了全球各地的美食，也深刻体会到了"城市，让生活更美好"的主题，更加深了低碳生活的环保理念。这次的世博会之旅对她而言简直就是一本立体的百科全书，让她了解和学习到了丰富多彩的知识，更是激发了她继续努力学习的动力。

　　李晓的妈妈采用的激励方式，不仅让李晓考上了重点高中，而且丰富了她的文化生活和精神世界，更激发了她的学习兴趣和动力，这种方式非常值得我们家长借鉴。

　　方法三：给孩子更多的精神鼓励

　　父母给予孩子的奖励大致可以分为两类：一类是物质奖励，一类是精神奖励。这两种奖励各有各的作用，也各有各的好处，只要运用得当两类奖励都可以用来激励孩子。但是在现代社会中，物质产品和生活达到了相当丰富的阶段，对孩子而言他们基本的物质需求已经在很大程度上得到了满足，他们相对缺乏的是精神鼓励。举个例子而言，现在的孩子考了好成绩不需要再像过去那样奖励他一支钢笔了，而且一直钢笔对孩子而言也毫无吸引力了。那么给孩子什么样的物质奖励呢？高端手机、笔记本电脑、还是出国游？这些奖励对一般家庭而言还是比较难以承受的，而且这些物质消费对孩子而言也是比较奢侈的，十分容易诱发孩子的攀比心理，让他们形成不良的消费习惯。

因此，家长激励孩子最好采用精神奖励的方式，引导孩子树立远大的理想，增强孩子对学习的情感和兴趣，激发孩子学习的内在动机，帮助孩子获得成功和快乐。比如家长可以奖励孩子一些优秀的文学作品、音像作品或体育器械等，这些奖励对孩子的身心健康都十分有益。

总之，在物欲横流的现代社会，孩子缺乏的是精神营养，孩子需要更多的精神鼓励。

5

第五章

做理性父母，用爱与孩子构建和谐关系

做孩子的朋友，而不是做他的家长

叛逆期案例

小飞的父亲是一名军人，也是一位传统的家长，他平时对小飞的管教很严厉。小飞的妈妈是一位中学教师，虽然从事教育工作但却不懂得尊重孩子，同样习惯于以家长的姿态来训导小飞。

小飞今年正读初三，平时他特别喜欢体育运动，也很喜欢交朋友，同学们也都乐意和他交往，但是小飞的学习成绩一般，考试成绩从来没有进入过班里前10名。小飞的父母为此很着急，他们一直希望小飞以后能考入一所名牌大学，成为一名法官或检察官，可是像小飞现在的样子，连重点高中都不一定能考上，怎么期望他考名牌大学呢？

尽管已经读初三了，小飞依然和读初一、初二时那样悠闲，经常呼朋引伴打篮球、搞自行车比赛，他甚至还和伙伴们组建了一个小乐队，经常在家里或街头演唱。父母对这些看在眼里，急在心里，认为这孩子实在太没出息了。当然，他因此免不了父亲的训斥和母亲的责骂，尽管如此，他依然我行我素，丝毫没有悔改之意。

更让父母感到气愤的是，他竟然还交了一个女朋友。父亲对此忍无可忍，终于有一天晚饭后对他动了怒："你小子无法无天了是不？以为我收拾不了你。不好好学习就罢了，还敢交女朋友，赶紧给我面壁去！"小飞听到父亲的训斥没有吱声，只是很不服气地走到客厅的墙壁前低着头站立着，眼泪禁不住流下来。父亲也转身走进书房闷头抽起了烟。

过了一会儿，妈妈才走到儿子跟前，问他为什么这么早要交女朋友？小飞回答说："你们都各忙各的工作，没工夫管我的事儿，也从来不支持我的爱好，不和我谈心，而那个女孩特别理解我，也非常佩服我，所以我们就开始交往了……"

听到这些话，妈妈陷入了沉思：自己做了这么多年老师，竟然不理解自己的孩子。

妈妈要懂的心理学：做孩子的朋友比做孩子的家长更让他喜欢，也更容易沟通

从上面的例子可以看出，小飞的父母对孩子的教育方式存在着严重的问题。可能是出于职业的原因，他们对小飞的管教总是以一种居高临下的姿态进行，这显然拉远了父母与孩子之间的距离，加深了两代人之间的代沟。小飞有自己的理想和爱好，但是父母却对此不理解，只是单纯地从自己的角度出发，希望小飞长大后能成为一名法官或检察官，但这并不是小飞的兴趣和理想所在。小飞喜欢体育运动和音乐，但父母并不理解，也没能站在小飞的角度去考虑，或者像朋友一样与小飞谈谈心。而此时，一位善解人意的女孩走进了他的内心世界。可以说，是父母的专制、不理解把小飞推向了早恋的境地。

"现在，这孩子越来越不听话了，大人说什么都不听。""这孩子有什么事

137

儿都不和我们说，真不知道他们每天都在想些什么。"我们常听到一些青春期孩子的家长这样抱怨，其实这是孩子进入青春期后的一种正常情况，因为这一阶段孩子有了自己独立的思想和见解，不希望事事向家长汇报或者听命于家长。这种情况下，父母就要学会做孩子的朋友，循序渐进地深入孩子的内心世界，做好孩子的引路人。

日常生活中，父母对处于青春期的孩子也总是喜欢命令，对他们所做的事情习惯于粗暴干涉，殊不知他们已经不是小孩子了，凡事有自己独立的思想和见解了，你再处处约束他、命令他，能不激起他的反感或反抗吗？换一种方式，如果能以朋友的姿态与孩子谈心、聊天，那么事情的结果就会是另一个样子了，这是做家长的一门艺术。

行为心理学上有一个自己人效应，说的是在人际交往中你的言行能让对方把你归为与他同一类型的人，那么就能有效拉近与对方的距离，使你的言行更容易被人接受。教育孩子时，以朋友的姿态劝说孩子，那么就能有效拉近与孩子的距离，使孩子乐于接受教育。

叛逆期方法指导

方法一：充分发挥自己人效应，以朋友的身份引导孩子

自己人效应能有效拉近自己与对方的距离，使沟通有效进行。如果家长能够充分利用自己人效应来与孩子沟通，效果一定非同寻常。林肯在政治舞台上就非常善于利用自己人效应，我们来看一下与他有关的故事。

1858年，林肯正在竞选美国参议院议员，有一次他在伊利诺伊州南部进行演说。当时这个州奴隶制度盛行，很多奴隶主对废除奴隶主义者

非常仇恨，当然对此次林肯反对奴隶制的演说也是恨之入骨，并发誓要置他于死地。在举行正式演说之前，林肯对那里的民众说："伊利诺伊州的同乡们，肯塔基的同乡们，听说在场的人群中有些人要和我作对，我实在不明白为什么要这样做？因为我也是一位和你们一样爽直的平民，那我为什么不能和你们一样拥有发表意见的权利呢？好朋友，我并不是来干涉你们的人，我也是你们中间的一人，我生于肯塔基州，长于伊利诺伊州，正和你们一样是从艰苦的环境中挣扎出来的，我认识伊利诺伊州的人和肯塔基州的人，也想认识密苏里州的人，因为我是他们中的一个……

没想到林肯的一番话不仅没有引起在场听众的强烈反对，反而让他们大声为之喝彩，据说还有原本打算与他作对的听众后来成为了他的好朋友。原因何在？就在于林肯简明扼要的讲述让听众感觉林肯也曾是自己中的一员，深刻地加强了他们的认同感。

从某种意义上来讲，青春期的孩子与更年期的父母也属于"敌对"的双方，他们在很多事情上意见往往不一致，这种情况下有效沟通就成了问题，并且沟通不慎还将会激化矛盾，如果家长能够像林肯那样充分运用自己人效应，那么沟通就会是另一种结果。

方法二：尊重和理解孩子，而不是训斥孩子

与孩子做朋友从根本上来讲就是要尊重孩子和理解孩子，而不是动不动就摆家长资格训斥孩子。进入青春期后，孩子的思想和人际交往关系都会发生一定的变化，面对诸多的变化他们会感到困惑，甚至因此做一些错事，这种情况下就需要父母以朋友的身份开导他们，帮助他们处理这些事情，而不是摆家长姿态训斥他们，否则只能激起孩子强烈的逆反心理。

　　在面临这些问题时，一位妈妈这样说道："儿子上中学后成绩不是很好，我认为有多方面的原因。比如他的学习方法不对头，学习习惯也不好，与同学的关系处理得也不怎么样。为此，我经常和他聊天，像一个大朋友那样倾听和指导他，而他也很愿意告诉我在学校遇到的一些事情。每当儿子有困难的时候，我总是耐心地帮他分析，并给他足够的信心和鼓励，让儿子体会到我的爱心和耐心。后来，儿子在我的引导下改善了学习方法，也渐渐养成了良好的学习习惯，当然，同学关系也处理得很好，学习成绩自然也迅速地提升了。

　　不仅如此，儿子在花钱方面也常常与我商量。前段时间，他看到很多同学都有MP4，他也想拥有一个，就让我帮他参谋一下。可是在商场他看中的那款标价上千元，于是问我是不是太贵了。我直接告诉他，作为一名学生买那么贵的MP4确实太奢侈了，如果是为了听音乐可以买一个几百块钱的MP3，没想到儿子点点头答应了。"

　　例子中的这位母亲做得很好，她不仅以朋友的姿态指导孩子的学习，帮助孩子解决在学校遇到的难题，而且在孩子看中价格比较贵的MP4时没有指责孩子，而是以提醒和建议的方式改变了孩子的初衷，这样的妈妈才是最受孩子欢迎的。

　　方法三：不要用陈旧的思想观念和孩子沟通

　　父母与孩子之间的沟通在孩子青春期这一阶段突然变得困难，主要原因还是双方之间存在着代沟。父母那一代人和孩子这一代人在思维方式和做事方式上有明显的不同，如果父母想有效地和孩子沟通，那么就必须尽量与孩子的思想保持一致，至少不能用陈旧的思想观念与孩子沟通。孩子为什么有了心事喜欢与同龄人沟通呢？原因就在于他们的思想是同步的，比较容易交流。

小梅的妈妈是一位心理咨询师，她深谙教育心理学。对于自己16岁的女儿小梅她一直采用引导、鼓励的方式与其沟通，并且经常有意强化小梅的优点，淡化她的弱点，努力做她的朋友。

小梅读初一时，为了帮同学过生日，偷偷地从妈妈存折上取了几百块钱，并且将过生日剩下的钱买了自己喜欢的东西。后来，妈妈发现了这件事，并没有责骂她，更没有认定她这种行为是"偷"，而是耐心地跟她讲做人做事的道理，从而让她树立了正确的消费观。

在女儿的情感方面，妈妈也很开通。有一次，女儿班上的男同学为女儿写了一首小情诗，女儿把它交给了妈妈，妈妈并没有批评女儿"早恋"，而是称赞女儿"有魅力"，并夸奖那位男生"有才气"，最后却认真地帮助女儿分析了学业、情感以及前途的关系，令女儿豁然开朗。小梅在妈妈的指导下，也很淡定地妥当处理了这份"情感"。

总之，孩子需要的是一位懂得理解和尊重的贴心朋友，而不是一位只知道命令和训斥的家长。小梅的妈妈为我们广大家长做出了良好的榜样，非常值得我们学习。

过度唠叨会让孩子越来越烦

叛逆期案例

报纸上曾报道过这样一件事，说的是一个15岁的初中生因为受不了母亲的唠叨而离家出走了。事情的起因源于一部手机，万女士和丈夫因关系不和而分居，分居后万女士独自养活儿女们。后来，万女士的丈夫给他们的儿子小王买了一部手机，本来儿子小王的成绩很好，自从有了这部手机后，天天玩手机、上网等，结果导致学习成绩急剧下降。不仅如此，儿子小王还经常向万女士要钱充手机话费上网，这令她十分恼火。

为此，万女士经常因为手机的事情而唠叨儿子小王，还时不时地讽刺、责骂他："就知道天天玩手机，你看你们班××同学，作业做得好，考试分数比你多，你真是一点儿出息都没有！"

面对母亲的唠叨和讽刺，一次两次还勉强能忍受，但时间一长，他就觉得透不过气来了。常常是没等母亲把话说完，他就冲着母亲吼骂起来，母子俩针锋相对，一触即发。这种情况在家里经常发生，母子俩简直到了互不相容的地步。

作为儿子的小王其实也和母亲好好沟通过，他说自己虽然喜欢玩手机，但从不耽误做作业，只不过是比别的同学做得晚一些而已，他习惯于先玩儿再做作业。另外，他也经常把他们那些孩子的观点讲给母亲听，但每次都被母亲认为"你们那些孩子就像疯子，不可理喻"。听到这样的评价，小王感到非常失望，与母亲的对立情绪更加强烈了，直到后来的离家出走。

妈妈要懂的心理学：过多的唠叨会引起孩子的不耐烦或逆反心理

有一部电视剧叫做《当青春期撞上更年期》，讲述了一个孩子从小处在父母的高压政策教育之下，面对父母要求的循规蹈矩，他偏偏骨子里充满了不安定因素。他常常试图反抗，但每次都会屈从于父母的压力，久而久之，他就学会了阳奉阴违——在家是乖儿子，孝顺父母；在外面，他个性张扬，随心所欲，逃避责任……

青春期遇上更年期确实是一件比较棘手的事情，如果处理不好，极易引发母子大战。上面例子中的万女士和儿子小王的故事就是这一阶段的典型案例。青春期的孩子和更年期的母亲，心理都比较敏感，思维也容易倾向极端化。况且，从例子中不难看出，小王的母亲对他的教育方式有些简单和粗暴，这种语言暴力更易激起青春期儿子的强烈反抗。所以对于青春期的孩子，家长应该采用温和的方式，避免使用语言暴力。

望子成龙、望女成凤是天下所有父母的共同心愿。孩子在小时候对家长的话言听计从，家长或许已经习惯了孩子的这种顺从。但是随着孩子年龄的增长、知识的丰富、思想的成熟，原来的说教越来越不管用了，尤其是进入了青春期，孩子变得越来越叛逆。这时候家长愤怒了、迷茫了，孩子怎么变成这样了？

孩子拒绝家长的说教，说明他已经长大，已经有了自己独立的意识和想法。另外，孩子有孩子的生活背景、成长环境和交际圈子，他们的思想和想法或许与家长有很大的不同，在双方的沟通过程中家长不要把自己的思想和观点强加给孩子，更不要对孩子无休止地唠叨，以免引起孩子的反抗。

心理学上有一个超限效应，是指刺激过多、过强或作用时间过久，从而引起心理极不耐烦或逆反的心理现象。有一次，马克·吐温听牧师的演讲，刚开始他感觉牧师讲得很好，于是打算捐款；但是10分钟过后，牧师还没有讲完，他有些不耐烦了，决定只捐些零钱；又过了10分钟，牧师还没有讲完，他十分气愤，决定不捐了。最后在牧师结束演讲开始募捐时，马克·吐温不仅分文未捐，还从盘子里偷了两元钱。这就是典型的"超限效应"。

同样的道理，家长不断地唠叨孩子，这种语言的刺激时间越久越容易引起孩子的不耐烦和逆反心理，所以教育孩子一定要尽量避免这种效应的产生。

叛逆期方法指导

方法一：避免超限效应，少唠叨自己的孩子

孩子不能不教育，但是无休止地"唠叨"终究不是办法，那么家长应该怎么办呢？少唠叨，尽量不唠叨，教育或批评的话只说一遍，做不好或做不到让孩子自然接受惩罚。如果自己本身就是一个喜欢唠叨的人，那么一定要从各方面改掉自己的这种坏习惯，不要把责任一味地推到孩子身上，以免亲子关系恶化。

一位父亲曾这样讲述：我女儿本来是很乖的一个孩子，除了学习成绩一般，哪儿都挺好的。可是自从升入初二以来，就开始迷恋歌星，买CD、看演唱会，像着了魔一样，结果学习成绩一落千丈。你一跟她提学习的事儿，她就跟你摔摔打打，或者把房门一关，连饭都不吃，让你既感到可气，又感到心疼。孩子的妈妈本来脾气挺好的，可是一到了更年期，也总爱发脾气，结果母女俩经常战争不断。为了缓和家里的关系，我劝说母女俩去看了心理门诊。

回来后，孩子好了许多，有一次吃饭时，还主动提起了期末考试的事，说："爸，妈，这回考试别的还行，就是数学没考好。"谁知，她妈听到这话火了，"没考好，那考了多少分？""不及格。""我就知道不及格！！！"女儿听到这话，强压住火，可是她妈在那边却越说越来劲儿："整天就知道喜欢那些没用的，不好好学习。"女儿一气之下，把饭碗给摔了……

例子中这位妈妈实在做得不太妥当，动不动就唠叨孩子，也难怪孩子会做出摔碗的极端行为。青春期的孩子喜欢追逐时尚，喜欢模仿明星，他们有自己相对独立的生活和思想，如果家长反复地唠叨孩子、讽刺孩子，一旦超越他们的心理承受极限，就会迫使他们做出一些逆反的事情来。这种现象非常值得家长们反思。

方法二：给孩子足够的理解和信任，放手让他处理自己的事情

孩子在不知不觉中长大了，他们不再是饭来张口、衣来伸手的小孩子了，也不再是对父母言听计从的乖宝宝了。可是父母行为习惯的改变并没有追得上孩子的成长速度，很多家长在孩子进入青春期后仍然像对待七八岁小孩子那样管教孩子，因为他们总认为孩子还没有长大，什么都不懂，什么事情都做不了或做不好，所以很多事情都离不开自己的教导（其实更多的是唠叨），那么这种情况下矛盾就不可避免了。

正确的做法是给予孩子足够的信任，让他们试着自己处理自己的事情，只在必要时给予适当的指导，而绝不是无休止地指责和唠叨。

有这样一个例子。一位正值花季年龄的女孩突然对妈妈说："妈妈，我们班有一个男生，学习非常好，长得也很帅，有很多女孩都喜欢他，我也不例外，每当我看到别的女孩和他说话我就会很嫉妒。"妈妈一听这话，意识到问题似乎有些严重，但她并没有唠叨或指责孩子，而是不动声色地说："哦，孩子，你长大了，妈妈真为你高兴啊，妈妈和你一样大的时候也曾经像你这样，但是妈妈用理智战胜了自我，所以妈妈后来考上了名牌大学。"女孩听到妈妈的话，脸颊下意识地红了，然后顿了顿说："妈妈，我明白该怎么做了，请你放心。"

就这样，看似比较严重的一件事情，在妈妈的轻描淡写中化解了，这位妈妈松了一口气。

喜欢一个人是很正常的事，也是每个人都拥有的权利，孩子也不例外。作为家长，要给予孩子充分的理解和信任，一定不能大张旗鼓地蛮横阻止或训斥，也不要无休止地唠叨，讲一些大道理，否则只能使事态更加恶化。

方法三：可以通过制定规则来代替对孩子的唠叨

对于一部分家长而言，唠叨似乎成了一种难以改变的习惯。当然，教育孩子总不能仅靠行动而不靠语言，但是语言翻来覆去说得多了就变成了唠叨，那么该怎么办呢？不妨把这些唠叨概括为一些规则，然后用这些规则代替唠叨来约束孩子。这样既可以使自己变得轻松一些，也可以把孩子从唠叨中解放出来，更重要的是可以避免与孩子发生冲突，提高孩子的自律能力。

当然，制定的规则要简单易懂，让孩子容易遵守，否则孩子就会无所适从；规则要有理有据，建立在合理的基础之上，而不是对孩子的强行命令，否则孩子不会认可；立下规则孩子就要遵守，无论何时何地都不能例外，以免规则成为一纸空文；有些规则需要父母与孩子共同遵守，不要搞特殊化，否则很难说服孩子。

别把不良情绪带给孩子

叛逆期案例

王先生是一位机关公务员，在机关工作多年，但一直未得到重用，看到年轻的同事都得到了提拔，他心里特别不平衡，开始愤世嫉俗，经常在家里抱怨社会不公平，单位领导任人唯亲……这些言语大多都被正读高一的儿子小坤听到了耳朵里，儿子的心态受到了不良影响。

一次，一位朋友带着自己的儿子去王先生家玩，他们谈起了孩子的学习、升学等问题。王先生叹口气说："考上北大、清华的人能有几个？再说了，就是考上个普通大学又有什么用呀？咱们普通老百姓一没权二没势，大学毕了业还不是一样找不到好工作？"

这位朋友没有马上反驳王先生，而是想听听孩子们的看法，他的儿子抢先表态："我喜欢电脑和网络，将来想成为一名网络工程师。"这位朋友对儿子的表态显然充满了欣慰之情，可是当他问到王先生的儿子时，王先生的儿子却说："走一步算一步吧，有理想有什么用，到时候也不一定能实现。"

朋友马上开导他说："那可不一定呀，你有了理想和目标，然后努力为之奋斗，就有可能实现！"小坤又说："奋斗又有什么用呀，没权没势最后结果还不是一个样？"

朋友听到这话目瞪口呆，这孩子简直是他爸的翻版。作为一个正值青春年少的孩子，本应该充满了昂扬的斗志，却说出这番悲观、泄气的话来，实在令人痛惜。

妈妈要懂的心理学：不良情绪具有传染性，别把它传给孩子

现代社会，工作节奏快、生活压力大，每个人都在承受着来自社会的各种压力，对于上有老下有小的中年人来讲，这种压力更是让他们不堪重负。在这种背景下，家长在教育孩子时难免会流露出一些消极情绪，而这种消极情绪会潜移默化地影响到孩子。

上面例子中的王先生由于仕途不顺，导致心理失衡，而他没有有效控制自己的情绪，使孩子受到了不良影响，这种影响改变了孩子的世界观和价值观，对孩子的成长极为不利。或许在此之前，王先生的儿子是一个积极向上的孩子，如果不是受到了不良影响，这孩子也可能有他自己的理想和抱负，但可惜的是这些都被王先生的抱怨给粉碎了。更值得注意的是，这种消极影响一旦产生，很难通过正面的教育来改变，正所谓"学坏容易，学好难"。

对青春期的孩子而言，他们的人生观和价值观正处在形成的重要时期，在思想上他们极易受周围环境的影响，尤其是家长的一些言论和态度会直接影响到他们。如果这种言论和态度带有不良的情绪，那么对孩子的负面影响就会更大。所以，家长平时无论在工作中或生活中遇到什么样的困难和压力，都不要在孩子面前提起，更不要带着某种情绪去教育孩子。作为家长，要学会掩饰我们的负面情绪，让孩子看到我们积极向上的健康心态，给他们一个美好的憧憬，这样才能让他

们拥有一个美好的未来。

叛逆期方法指导

方法一：给孩子创造良好的家庭氛围

让孩子拥有一种积极向上的心态，首先要给孩子创造良好的家庭氛围。现实生活中，很多夫妻关系不和，经常闹矛盾，甚至经常当着孩子的面相互指责、打骂，这对孩子的影响和伤害非常大。

更有一些家庭，夫妻出现感情问题时，夫妻双方就会把那种烦躁、忧郁、悲伤等不良情绪转嫁到孩子身上。比如有的母亲会这样训斥儿子："你这孩子怎么这么不争气，跟你爸一个德性，真是气死我了。""你爸不顾这个家，我也不管你了，你爱怎么着怎么着吧。"当孩子听到类似的这些话时，他会怎么想？会在他的心里留下什么样的阴影？下面我们来看一看香港著名影星张国荣的例子。

张国荣出生于香港，父亲是香港著名洋服店的裁缝兼老板。然而，富裕的家庭生活并没有给他带来多少幸福感，他很小的时候父母就离异，因此他并没有获得多少家庭的温暖。后来当他离开香港去英国读书的时候，就有了终生不结婚的想法，他为什么会有这样的想法呢？父母的离异、家庭关系的混乱，让幼小的张国荣对家庭感到失望，对婚姻感到悲伤，他觉得婚姻不会给他幸福，因此没有信心走进婚姻。由此可见，家庭对孩子的成长影响有多大。

除了张国荣，现实生活中这样的例子也并不少见，只不过普通人的例子我们了解得少一些罢了。物质生活富裕不富裕并不重要，重要的是要给孩子一颗富裕的心，给孩子一笔快乐的精神财富，让孩子在快乐和阳光中成长，这些对孩子的成长来讲才是最重要的。

方法二：别带着情绪教孩子，谨防"踢猫效应"

现实生活中有不少家长会不由自主地带着自己的情绪来教育孩子，或者把生活和工作中的不良情绪发泄到孩子身上，这种做法对孩子伤害更大，当然这样做也是相当自私的。如果把自己的不良绪发泄在孩子身上，不仅不能使自己解气，还有可能激起孩子的火气，反过来让自己的火气越来越大，何必这样做呢？

在心理学上，"踢猫效应"来源于这样的一个故事：一家公司的总经理为了重整公司事务，提高公司运作效率，准备周一上午召开公司大会。可是周日晚上，他在家看报表看得时间太长，以至于第二天早晨起床晚了。为了避免开会迟到，他在公路上超速驾驶，结果被交通警察开了罚单，最后还是误了开会时间。这位总经理愤怒至极，回到办公室后，为了转移别人对此事的注意，他将行政主管叫到办公室训斥了一番。行政主管挨训之后，气急败坏地走出总经理办公室，然后把自己的秘书叫过来训斥了一番。秘书无缘无故遭到主管挑剔，自然是窝了一肚子气，就故意找前台接待的碴儿。前台无可奈何，垂头丧气地回到家，对着自己的儿子大发脾气。儿子莫名其妙地被妈妈痛斥之后，也很恼火，便狠狠地踢了身边的猫一脚。这就是著名的踢猫效应。

通过这个故事我们可以看出坏情绪的传染性和危害性，这给我们一个提示：当自身因为某种原因产生了坏情绪后，要尽快自己把它化解掉，不要带着这种情绪去做事，更不要把它传染给别人。对于家长而言，无论工作、生活有多么不顺，都不要把这种坏情绪传染给孩子，因为孩子是无辜的，相对于家长而言也是弱者，任由坏情绪滋长会对孩子造成很大的伤害。

方法三：带给孩子一种积极向上的心态

父母带给孩子的情绪大致可以分为两种：一种是消极情绪，一种是积极情绪。前面我们主要提到了消极情绪，其实我们完全可以把积极情绪带给孩子，带给孩子一种积极向上的心态。

现实生活中有很多父母经常把工作中的不良情绪带到家中，还有一些父母甚至把自己的境遇和孩子的学习联系起来，警示孩子要努力学习，殊不知孩子在这种重压之下很容易产生焦虑情绪。其实，在工作中我们也会有很多高兴的事儿，我们不妨把在工作中遇到的高兴事儿讲给孩子，以此来激励孩子或者与孩子分享快乐，正所谓"报喜不报忧"。

有时候孩子在学习上遇到挫折，作为家长一定要用理解来包容他，用信任来鼓励他。无论我们身处什么样的困境，都一定要给孩子一个阳光的心态。

著名的意大利电影《美丽人生》中，那位父亲和年幼的孩子被关在了法西斯集中营中，慈爱的父亲为了不让战争在孩子幼小的心灵上留下阴影，便谎称他们是在做一个游戏，游戏获胜后可以获得一辆真正的坦克作为奖励。孩子感觉很快乐。这位父亲为了保护孩子最终牺牲了自己的生命。当盟军到来使人们重获自由时，孩子坐在盟军的坦克上寻找自己的妈妈——他真的把这些当成了一场规则严厉的游戏。多年以后他才明白，原来是父亲用自己的生命为他换来了美丽人生。

电影中的这位父亲对儿子的爱是伟大的，然而又是平凡的。其实伟大并非要用轰轰烈烈来证明，有时候只是需要我们向孩子传递一种积极乐观的心态。

别把自己的意志强加给孩子

叛逆期案例

报纸曾经报道过这样的一个例子。说的是某省一个高三男生因为不堪忍受母亲让其参加高考的压力，竟然在争执中把母亲打昏。他们原本有一个很幸福的家庭，男生小玮从小养尊处优，父母都很爱他。母亲从小到大都一直把他照顾得无微不至，生活中更是要什么给他买什么，简直对他百依百顺，对他唯一的要求就是希望他能考上大学。

小玮高一时还得过"优秀学生"奖，高二时获得"学生进步"奖，但到了高三，由于各方面压力比较大，学习成绩开始有所下降。后来，他在高考前的几次模拟考试中，成绩连专科线都没过，于是他问父母："如果考不上怎么办？"父亲倒是很体谅儿子说："考不上没事儿！"但是母亲却要求他必须要考上。面对父母对自己的厚爱和期望，他感觉压力特别大，在这种重压之下他甚至经常在半夜醒来痛哭，可是母亲丝毫没有让步。他曾试图离家出走，正在车站犹豫不决的时候，父亲打电话让他回家。

回到家后，他告诉母亲说不想参加高考了，母亲不同意，仍像往常一样对他进行了一番思想教育，小玮被母亲唠叨得无法承受，下定决心离家出走。父亲见此状况就开导了母子二人一番，怕儿子离家出走，还特意留下爱人在家中照顾儿子。

小玮见母亲在身边，自己无法"脱身"，于是产生了打昏母亲，然后拿钱离家出走的想法。过了一段时间，小玮找准机会打昏了母亲，后来母亲经抢救无效死亡。

妈妈要懂的心理学：青春期的孩子有自己独立的想法，别把意志强加给他们

上面的这个例子看起来的确触目惊心，一个青春年少的学生为了逃避参加高考，竟然向自己的母亲下了毒手，这是教育的失败还是人性的沦落？或许二者兼而有之。孩子自然有孩子的错，在这里我们不妨从家庭教育的角度来分析这个问题。青春期的孩子已经有了自己独立的思想和价值体系，无论在学习上还是在生活中他们都不希望父母过多地干预，尤其是在他们不愿做的事情上，一定不要强迫他们，否则会引起他们的强烈反抗，让他们做出一些极端的事情来。

在上面的这个例子中，小玮本来是一个好学生，但由于各种原因他进入高三后成绩不断下滑，以至于没有希望考上大学，这件事情他也十分苦恼。一方面是父母的殷切期望，一方面是令人头疼脑大的高考，他实在不知道下面的路该怎么走，于是他选择了逃避。然而不幸的是，母亲连逃避的机会都没有给他，而是步步紧逼，直至把孩子逼上了绝路，也搭上了自己的性命。

这件事情表面上看是怪孩子残暴、无知，可是根源却在母亲身上。心理学上有一个投射效应，也就是说以己度人，认为自己具有某种特性，他人也应当具有某种特性，把自己的感情、意志等投射到他人身上，并强加于人。其实，这是一种认知上的障碍，这样的人往往不懂得换位思考，不懂得充分地尊重别人的想法。例子

中，小玮的母亲正是这样的一个人，她本人是一个很要强的人，也希望儿子各方面都能够优秀，而且希望儿子遵照自己的意志行事，容不得他半点儿反抗，正是这种投射心理毁掉了自己，也毁掉了儿子。

叛逆期方法指导

方法一：尊重孩子的意愿，不要强迫孩子

不把自己的意志强加给孩子，最基本的前提就是要学会尊重孩子，不要把孩子看成是自己的私有财产，想让他怎么样就得怎么样，无论对错与否，无论他愿意还是不愿意。很多家长在强行把自己的意志加给孩子时，最常见的理由就是：我是在为你好，你就得听我的。其实，孩子是一个独立的个体，他有他的思想，有他的性格、习惯和爱好，只要不是大是大非的问题，家长就不要强迫孩子。下面我们来看看富兰克林的母亲是怎么培养出一位伟大的总统的。

富兰克林出生在一个民主的家庭，他的妈妈从他小时候就注重给他提供自由成长的空间，非常尊重富兰克林的意愿和想法。尤其是在一些非原则性的问题上，妈妈只是给富兰克林提些建议，最终还是由他自己来决定。这不仅使母子关系十分和谐，而且也使富兰克林从小就非常有主见。

幼年的富兰克林金发碧眼，长相英俊，非常招人喜爱，妈妈也很喜欢用各种服饰来打扮他。但是有时候妈妈为富兰克林选择的衣服，他却不喜欢。有一次，妈妈想让富兰克林穿深蓝色套装，他却大胆地说出了自己的不满。还有一次，妈妈想说服富兰克林穿苏格兰短裙，他又拒绝了妈妈的美意。最后，妈妈只得同意富兰克林穿水手服。

后来，富兰克林渐渐长大了，他想把自己的鬈发剪掉，尽管妈妈有些不舍，最后她还是答应了富兰克林的请求。富兰克林剪掉了头发，妈妈就保留了儿子的几缕鬈发，并把它们珍藏了起来。

在这个故事中，我们了解了什么是真正伟大的母爱，它首先要包含尊重和包容。富兰克林的母亲尽管发现儿子有很多想法与自己不一致，但她并没有过多地干涉和阻止儿子，也没有让孩子按照自己的意愿和喜好做事，而是给予了孩子充分的理解和尊重，这对富兰克林的人格成长意义重大。

方法二：给孩子表达的机会，多听听孩子的想法

青春期的孩子对待自己的事情最清楚该怎么做。尽管家长认为孩子年龄小、资历浅，在很多重要的事情上把握不住自己，但是他们确实比父母更了解自己。因此，在很多重要问题上家长不妨多听听孩子的想法。这有两种好处：第一，我们可以确切地了解孩子的内心世界，了解孩子的真实想法；第二，无论最后的结果怎样，我们都可以有的放矢地给孩子提一些合理的建议。

方法三：不要强迫孩子学才艺或替孩子选志愿

现代社会竞争激烈，有很多家长为了不让孩子"输在起跑线上"，争先恐后地给孩子报什么才艺班、特长班，从孩子上幼儿园就开始了。家长的这种心态可以理解，希望孩子多才多艺，希望孩子拥有一技之长，希望孩子今后能够出人头地……然而，在这里家长忽略了一个基本的事实——孩子到底喜欢不喜欢这些才艺班、特长班？他们对所学的这些内容到底感不感兴趣？如果孩子不感兴趣，那么家长就是在强人所难了。尤其是对于身处青春期的孩子，他们已经有自己独立的想法，也已经了解自己的兴趣所在，但是有些家长还是在这方面束缚着孩子，比如在选择专业方面、在选择学校方面等等。有些父母就是太喜欢把自己的意愿和想法强加在孩子身上，最终才导致了悲剧。

某初三学生小杰离家出走了，公安机关经过努力，总算把他带回了家。原来在填报中招志愿时，他与妈妈的想法产生了很大分歧。他想上中专，学习动漫专业，可是妈妈硬要他报考高中，将来考大学。一时间，母子二人围绕一张中招志愿表发生了激烈的"战争"，直至小杰离家出走，此事才告一段落。

另外，在东部沿海省份有这样一个例子。

一位高三学生第一年高考成绩不理想，复读一年后上了重点线，他想在自己省内选择一家学校，因为环境相对比较熟悉。可是妈妈觉得孩子不上重点学校可惜了，为保证他能被重点院校录取，硬是让他报考了西部一所重点高校，并且在志愿表上填写了"服从调剂"，结果这位学生被那所重点高校冷门专业录取了。从妈妈帮他填报完志愿到踏上西去的火车，他心中的希望一点点地在破灭。到了学校后，由于不适应当地的地理环境和气候条件，他经常生病，对所学专业也没什么兴趣，于是渐渐地开始旷课、逃学、和同学吵架。后来家长几次来探望和开导均无效，最后这位学生患上了抑郁症，不得不辍学回家。

通过以上的两个例子，我们应当明白：孩子是一个独立的、有思想的人，不是我们任意操控的机器。我们在让孩子学习才艺或为孩子选择志愿时，一定要尊重他们的兴趣爱好，与他们协商解决。

教育孩子，家长的思想要统一

叛逆期案例

12岁的孙然现在读初一，他学习成绩不错，但身体素质不太好，这成了父母的一块心病。平时在家妈妈总会给他做一些好吃的，以补充足够的营养，希望他健健康康的。而爸爸为了让他身体变得强壮起来，经常带他进行一些户外运动。

初一下学期，班里组织了一场户外活动——野外生存训练，同学们可以自由选择是否参加。孙然拿不定主意，于是回家与父母商量。当他把这件事情告诉父母时，爸爸说："这项训练对身体锻炼有好处，爸爸全力支持你参加。"可是妈妈认为："野外训练可是非常耗体力的，儿子身体本来就不好，哪受得了这个罪啊？我看还是别参加了。"爸爸又接过话茬儿说："不锻炼，他身体怎么可能好得起来，天天靠你给他补那些营养吗？强壮的身体需要通过锻炼来获得。"妈妈不甘示弱："儿子如果去参加训练折腾病了，我不可管，那就你这个爸爸自己去管吧。"说完，妈妈气呼呼地去厨房做饭了，留下爸爸一个人在那儿抽闷烟。

　　而孙然呢，他本身就是一个做事没主见的孩子，见父母都为自己的事儿发火了，也不知道该做什么好了，只好愣在那里看爸爸一口一口地抽烟。不过，从此以后他再有什么拿不定主意的事儿，就不再问爸爸妈妈了。

妈妈要懂的心理学：孩子希望父母意见一致，否则就会无所适从

　　从上面的例子中不难看出，父母都是很爱孙然的，只不过他们教育孩子的思维方式不同，爱的表达方式也不同。爸爸认为身体不够强壮的儿子应当通过户外运动来增强体质，所以他极力建议儿子去参加学校组织的野外生存训练；而妈妈认为儿子本来身体就不好，主要应当通过营养来增强体质，野外生存训练会把他折腾病的。可以说父母二人的想法都有各自的道理，他们都是为了孩子考虑，或许是他们扮演的角色不同，导致了他们在思维上的差异。

　　问题在于，不同的意见和不同的想法可以理解，但是最后要给孩子一个确定的答案，而不是让孩子无所适从。孙然本来就是一个缺乏主见的孩子，遇事不知道怎么办才好，可是父母双方最后并没有给出统一的意见，或者最后决定采纳哪一方的建议，这样的结果让他更加无所适从，以后做事会更加缺乏主见。而且双方对待此事的态度不是协商，而是各执己见，近乎是在争执，以后再有了拿不定主意的事他就不敢再告诉父母了，这对孙然的成长十分不利。

　　心理学上有一个手表定律：如果只有一块手表，可以知道时间；但是有两块或者两块以上的手表时，就无法知道准确的时间，手表多了反而会制造混乱，让看表的人失去对准确时间的信心。这个定律的深层含义在于：任何人都不能同时选择两种不同的行为准则或者价值观念，否则他的工作和生活将会陷入混乱，无所适从。对家庭教育而言，同一件事情，父母双方不能同时采用两个标准教育孩子，这

样同样会让孩子感到无所适从，是非不明。

叛逆期方法指导

方法一：父母教育孩子，要意见统一，标准一致

在教育孩子方面如果父母双方意见不统一，标准不一致，那么这最终将会是一场失败的教育，下面我们通过一则寓言故事来说明这个道理。

在一片森林里生活着一群猴子，它们日出觅食，日落而息，活得十分快乐。

一天一名游客在穿越森林时，不慎把手表遗失在了树下的一块大石头上，被其中的一只老猴子拾到了。聪明的老猴子很快就搞明白了手表的用途，于是，老猴子成了整个猴群的时钟，所有的猴子都得向它请教准确的时间，而整个猴群的作息时间也由老猴子来安排。老猴子因为一只手表树立起了威望，不久当上了猴王。这只老猴子认为是手表给自己带来了好运和王位，于是它每天都在森林里寻找，希望好运再次从天而降。功夫不负有心人，不久老猴子又捡到了第二块、第三块手表。

老猴子本以为自己走了大运，可是新的麻烦却来了：每只手表的时间指示都不同，该怎样确定正确的时间呢？这个问题难住了老猴子。当再有猴子来问时间时，老猴子却支支吾吾答不上来，整个猴群的作息时间也因此陷入一片混乱之中。猴子们无所适从，开始起来造反，它们把老猴子推下了猴王的宝座，一只抢到手表的年轻猴子趁机做了猴王。可是当年轻的猴子拿着那几块手表时，它也不知道怎样来安排时间，猴群又陷入了混乱之中。

这则寓言比较形象、生动地向我们诠释了同一件事情出现多个衡量标准时所引起的混乱。教育孩子也是同样的道理，如果父母双方分别按照不同的标准来安排孩子，那么孩子就会无所适从。

方法二：结合对方的意见或建议，让孩子自己作选择

父母双方在教育孩子的问题上持不同意见，这也是很正常的，关键是最后要给孩子一个确切的答案。在处理此类事情上，父母双方要深入考虑对方的意见或建议，不妨站在对方的角度考虑问题，然后让孩子根据双方建议作出选择。

小颖的爸爸妈妈在同一家地质单位工作，因工作原因需要出差半个月。可是小颖才是一个13岁大的女孩子，妈妈把她一个人留在家里有些不放心，于是想把乡下小颖的奶奶接来照顾她一段时间。可是，小颖的爸爸认为，小颖已经长大了，日常生活起居能够照顾自己了，尽管以前没有独自在家待过这么长时间，但她可以借此机会锻炼一下，况且小颖的奶奶身体不好，不方便来回折腾。

夫妻二人对这个问题争执不下，都感觉很为难。眼看出差的日期快要到了，他们还没有拿出一个统一的意见。这时爸爸突然提出一个建议，说他们可以参考一下小颖的意见，反正出差这事儿始终要告诉女儿的。当二人把这件事情告诉小颖时，她先是面露难色，然后简单思考了一下说："我可以自己在家试着生活一段时间，权当一次锻炼了，奶奶身体不好，让奶奶来照顾我，我感觉也有压力。"夫妻二人听了女儿的想法，觉得女儿真是长大了，于是听从了女儿的意见，问题就这样解决了。

给女儿买好必备的物品，安排好注意事项，夫妻二人就出差了。

青春期的孩子不同于两三岁的小孩子，他们在很多事情上都有了自己独立的看法和想法，父母在处理孩子的事情时一定不要忽略了这一点。如果双方在有关孩子的某一问题上意见不一致的话，完全可以通过征询孩子意见的方法来解决。有些情况下，听从孩子的意见反倒是解决问题的最好办法。

方法三：相信孩子，让孩子自己去处理

很多情况下，父母在一些事情上不放心孩子，总是希望孩子按照自己的意愿去做。但是，如果父母的看法或要求是一致的，事情还好办，如果父母双方意见都不一致，那么孩子就会更加为难了。面对这种事情，还有一个好的解决办法，那就是父母双方都不要插手或发表看法，放手让孩子自己去处理。

陈默正如他的名字一样，在生活中是一个比较沉默的孩子。因为他不太善于言谈，所以凡事父母都习惯于替他作安排。

眼看高一学习生活结束，马上要分班了，父母便开始琢磨着为他选择。如果陈默的文理科成绩有明显对比还好办，问题在于他的文理科成绩都比较平均，所以父母也感到很为难。不过，父亲主张他读理科，理由是理科有前途；母亲主张他读文科，因为文科学习压力小。夫妻二人争执不下，几天时间过去了，谁也没有说服谁。马上要填写文理分科表了，事情还没有决定下来，二人急得像热锅上的蚂蚁。这天晚饭后，对此事一直保持沉默的陈默发话了："爸、妈，你们别为这事着急了，容我自己考虑考虑吧。"夫妻二人望着一直比较沉默的儿子，眼睛里充满了疑虑，不过他们决定相信儿子一回。

三天时间过去了，陈默选择了学习理科，理由是他对理科的学习还是比较感兴趣的，尽管学习压力比较大，但他有信心能学好。爸爸妈妈对儿子的选择都感到很欣慰。

　　事情有时候并没有我们想象的那么复杂，只不过是我们家长习惯于把简单的事情复杂化。就像例子中陈默文理分科这件事，本可以从一开始就参考孩子的意见，但是他的父母却忽略了此事，因为他们已经习惯于用自己的思维来帮助孩子解决问题了。其实，换一个角度处理，事情会变得很简单。

不要一味地指责孩子

叛逆期案例

小惠今年读初二，她学习成绩不错，人也很开朗、大方，同学们和老师都很喜欢她，连妈妈也觉得这孩子比较省心。

妈妈或许意识到女儿已经进入了青春期，出于担心和爱护的目的，她经常唠叨女儿要少与男孩子来往，女儿也点头答应。一个周末，女儿的几位同学来邀请她一起为朋友过生日，尽管妈妈心有不悦，但也没好意思阻止，只是叮嘱女儿要早点回来。谁知这几个孩子或许是高兴过了头，一直到晚上9点多才回来。当另几位同学送小惠回到家时，妈妈非常不高兴，指责小惠回来得太晚。当其中一个男同学试图解释时，妈妈的火气一下子被激了起来："你们几个小毛孩子不好好学习，整天就知道吃吃喝喝，过什么生日，不知道父母供养你们不容易吗？"

妈妈的一番话，让包括小惠在内的几个孩子无地自容，不知所措，他们的自尊心也受到了极大的伤害。几位同学默默地离开了小惠的家，此后他们再也没来找过小惠。小惠对此也非常愤怒，同学们走后她对妈妈大嚷："我就是不好好读书，就是要把你们的钱花光，就是要气你们。"

此后的几天，小惠对父母一直不理不睬，爸爸来安慰她时，她阴沉着脸说："我妈不让我好受，我也不让她好受。"爸爸听到这话，无奈地摇了摇头。

妈妈要懂的心理学：过度指责会让孩子"以牙还牙"，适可而止最好

上面的这个例子在生活中应当不少见，父母经常会因为类似的事情指责孩子，从来不站在孩子的角度上来考虑一下事情到底合不合理，父母的这种态度极易激起孩子的不满和强烈反抗。"为了孩子好"，这是父母最常用的借口，就像例子中小惠的妈妈那样，她认为女儿进入了青春期，为了避免女儿早恋或受到情感伤害等而要求女儿少与男孩子来往，这种心情可以理解，但是不能对待所有的事情都一刀切，一竿子打翻一船人。例子中小惠帮朋友过生日，这是时下的孩子比较正常的社交行为，青春年少的孩子有几个要好的朋友没什么值得大惊小怪的，但显然小惠的妈妈对此事过于敏感了。当然，小惠与朋友们只顾了疯玩儿，确实回家的时间有些晚，这或许是引发小惠妈妈发火的主要原因，而男同学的解释则成了这次事件的导火索。

但无论如何，妈妈对小惠的指责确实有些过火，以至于让小惠在同学面前失了面子，也深深地伤了自尊心。她对妈妈说出那些叛逆的话来，也就不足为奇了。心理学上有一个海格立斯效应——通俗地讲，就是我们平常所说的"以眼还眼，以牙还牙"或者"以其人之道还治其人之身"，这种心理状态常常表现为"你跟我过不去，我也让你不痛快"。这种心理效应是发生在人际交往过程中的冤冤相报行为，它会使交往的双方陷入无休无止的烦恼之中，例子中小惠和妈妈的矛盾激化正是这种效应的体现。

所以，在教育孩子过程中，要切身从孩子的角度考虑问题、处理问题，给予

孩子充分的理解和尊重，避免海格立斯效应的发生。

叛逆期方法指导

方法一：劝导胜过指责，避免海格立斯效应

青春期的孩子有了自己相对独立的生活圈子和朋友圈子，这是他们健康成长的必备条件之一。父母不应当过多干预他们的生活，尤其是对自己认为不对的事情大加指责。孩子与父母毕竟属于两代人，在生活圈子和思维方式等方面有很大差异，父母应当看到这种差异性，容忍这种差异性。如果一味地指责孩子，势必会引起孩子的反感和反抗，你越指责他，他反叛性越强。有关这个道理，我们借助一则神话来说明。

希腊神话故事中有一位力大无比的英雄，叫海格立斯。有一天，海格立斯在一条坎坷不平的路上行走，突然看见脚下有一个像鼓起的袋子一样的东西，黑糊糊的，很难看，海格立斯便用力踢了那东西一脚。谁知那东西不但没被海格立斯踢破，反而更加膨胀起来，速度惊人。

海格立斯对此愤怒不已，他顺手抄起一根碗口粗的大木棒向那个怪东西砸去，可是让他更加意想不到的是，那东西竟然膨胀到把他的路也给堵死了。海格立斯无可奈何，正在叹气，这时一位老者走到海格立斯面前说道："朋友，你别再碰它了，远离它吧。它叫仇恨袋，你不惹它，它就会和原来一样大；你如果侵犯它，它就会越发膨胀，与你抗争。"说完老者不见了。海格立斯心情平静下来，那个袋子也在逐渐缩小，直至小如当初。

父母指责孩子就像海格立斯对待那个袋子。当孩子有了一些小过错或不当之处，父母只需要引导一下或点到为止，不要无休止地指责孩子，不然孩子的情绪就会像那个袋子一样无限地膨胀下去，使双方的矛盾更加激化。

方法二：即使批评孩子，也要让孩子感受到爱

不可否认，孩子犯了错误，父母批评孩子、指责孩子，出发点是为了孩子好，但是家长如果不能在与孩子沟通过程中表达出爱意和善意，那么就容易引起孩子的抵触情绪。

有一天，读初二的小青在该回家的时候还没有回家。妈妈想：这丫头，准是又和那些同学疯玩去了。眼看饭都已经做好了，还是不见小青的影子，妈妈有些着急：都什么时候了，还不回来！不等她了，先吃饭！回来我非得"好好教育"她一顿！

到晚上八点多了，小青还没有回来，一家人都很着急：这孩子不会出什么事吧？他们越想越害怕，开始打电话一个个询问小青的同学。正在此时，门铃响了，小青的妈妈迫不及待地去开门，看到小青后既高兴又气愤，然后劈头盖脸一阵责骂："你个死丫头到哪里去了？害得我们差一点去报案……"小青试图解释，但妈妈此刻哪里听得下解释？越说越气，竟然"啪"一个巴掌打得小青捂着脸哭着跑进了自己的房间。

小青的妈妈本意是出于对小青的爱和关心，但由于控制不住自己的情绪，这些爱和关心瞬间转化成了愤怒。小青得到的是一通劈头盖脸的训斥和几乎伤到心里去的那一巴掌。可以想象，尽管她知道父母是爱自己的，可是妈妈这种"爱"的方式她是难以接受的。所以，既然爱孩子就要让孩子感受到这种爱，让她在爱中接受批评，改正错误，而不是"愤"起抵抗。

方法三：学会倾听，留给孩子自己思考的空间

倾听是一种很重要的沟通技巧，尤其是在父母与青春期的孩子沟通时，这种技巧尤为重要。大多数父母在孩子出现问题时，不是先听孩子把话说完，给孩子一个解释的机会，而是劈头盖脸先批评一顿，结果孩子不解释了，马上变成反抗了。父母看到孩子有错不认错，火气更大，结果事情越来越恶化。反过来，如果父母先听听孩子的解释，然后再针对具体情况进行引导，那么事情就会是另一种结果。看了下面的这个例子就非常容易明白这个道理。

一位妈妈得了急性喉炎，嗓子哑了，说不出话。读初一的儿子放学回家后对她说："妈，今天我上课挨老师批评了。"接着他就开始诉说老师怎么怎么不对。当时，这位母亲特别想批评儿子：老师批评你是对的，是你做得不够好。可是因为嗓子哑了，说不出话来，只好瞪着眼睛听儿子说。过了一会儿，儿子说完了，突然又补充了一句："谢谢你，妈妈。"这位妈妈当时一愣，不明白儿子是什么意思。儿子接着解释说："谢谢你今天听我说了这么多，我心里舒服多了。"第二天，儿子又对妈妈提起这件事："妈妈，虽然昨天你什么都没说，但是我已经意识到自己错了，是我错怪了老师。"

从这个例子中可以看出，在与孩子沟通过程中倾听是多么重要。在妈妈的倾听中，在孩子的倾诉中，他不仅释放了情绪，还比较容易意识到自己的错误，这种方法比指责孩子有效得多。

和孩子保持适当的距离

叛逆期案例

　　陈晖是一个阳光、帅气的初二男孩，他学习成绩不错，人缘也很好。可是有一件事情，他却比较困惑，那就是妈妈对他"看"得很紧。由于他的阳光、帅气、成绩好，班里的一些女生经常会向他表达出一些"爱"意。

　　有一次妈妈洗衣服时从他的口袋里找到一张纸，上面写着一首温情的小诗，看那字迹显然是女孩子写的，诗的后面居然还落了款"静儿"，这令妈妈满腹狐疑——莫非这孩子早恋了？当然，妈妈并没有马上指责陈晖，而是暗中观察，同时加强对孩子的监管。虽然此后的一段时间，妈妈并没有发现什么异常，但却丝毫不敢放松对儿子的监管。她经常翻查儿子的口袋，甚至偷听儿子的电话，孩子放学回家晚了，她也要盘问个没完没了。刚开始陈晖还会一五一十地跟妈妈解释，但时间长了，他就失去了耐心，觉察到妈妈有些异常，他渐渐有了一些抵触情绪。尤其是当妈妈周末拉他上街的时候，他更是不情愿。以前，他在周末也喜欢和妈妈上街，但自从妈妈加强对他的监管后，他总觉得自己像个被监视的犯人，心里非常不舒服。当然，有时候妈妈还会无休止地唠叨他，这更让他心烦。

陈晖和妈妈的关系在发生着微妙的变化，他为此十分苦恼，再也不像以前那样阳光、快乐了。妈妈也为此陷入了深深的懊恼之中。

妈妈要懂的心理学：孩子渴望有属于自己的生活空间，家长要充分尊重

青春期的孩子有自己独立的思想，有自己相对独立的生活圈子和朋友圈子，父母要充分尊重孩子的这一独立性，给他一个相对自由的空间。上面例子中的陈晖妈妈就没有做好这一点，或许他的确是为孩子好，怕孩子陷入早恋的陷阱，而加强对孩子的监管和盘问，但是她所采取的方式却有些过分。在发现儿子口袋里的小纸条后的几天里，她并没有发现儿子有什么异常举动，这说明关于这件事情儿子已经作出了妥当处理，或者根本就没什么问题，只是她自己多虑了。可惜的是，陈晖妈妈并没有就此放手，而是变本加厉，对儿子的束缚越来越紧，这让陈晖有些喘不过气来，也最终导致了母子关系的恶化。

有这样一个寓言故事，说的是在一个寒冷的冬天里，两只刺猬正挤在一起取暖。当它们相互靠得很近时，自身的刺就会把对方刺得鲜血淋漓，可是当它们相互远离时，却又感觉不到彼此的体温，难以抵御寒冷的袭击。于是它们俩不断地调整着彼此的距离，直至最后找到一个既不会刺破对方，也能保证彼此取暖的距离。这就是刺猬法则的来源。它说明了一个基本的道理：距离产生美。也就是说人际交往过程中彼此要保持一定的距离，太远或太近都不好。具体到教育方面，家长教育孩子也要与孩子保持适度的距离，这样才能产生最好的教育效果。

叛逆期方法指导

方法一：培养孩子的独立性

如果一个孩子事事依赖父母，离不开父母，那么是很难与他拉开距离的，否则孩子就会遭受重大挫折。因此与孩子拉开适当距离，首先要培养孩子的独立性。

刘珂是一个健康、阳光、充满青春活力的初三女孩，她不仅长得漂亮，而且学习成绩很好，多才多艺，深受老师和同学们喜爱。当然，这一切都与妈妈良好的教育方式有关。

小时候，爸爸妈妈对她视若掌上明珠，事事都替她想得很周到，她的童年在幸福、快乐中度过。当然这种爱的方式也让她形成了依赖和黏人的性格，在读初中以前她似乎做什么事情都离不开爸爸妈妈。自从她升入初中后，妈妈认为她已经长大了，自己不能再像从前那样照顾她了。于是很多事情都有意地安排让她自己去做，生活的事情自不必说，学习上的事情也让她自己去解决。

比如，初一刚入学的时候，尽管爸爸妈妈都陪她来到了学校，但是报到、入学的手续全都是让她自己去办的。她从来没有做过这类事情，尽管爸爸妈妈跟她讲得很细致，但是在办理手续的过程中她也遇到了不少困难和问题，有几次还差点儿急哭了。爸爸妈妈并没有及时救场，而是指导她向接待老师咨询，最后在她的努力下终于办完了这些手续。

不仅如此，在此后的一些事情上，比如参加学校文学社、报考舞蹈才艺班等，父母也都是让她自己做主和办理的。现在的刘珂在独立性和生活能力上比其他同学强出很多，这让父母感到很欣慰。

刘珂小时候非常依赖父母，但父母并没有一直让她依赖下去，而是适时培养她的独立性，与她拉开适当的距离。父母的这种教育方式最终也让刘珂增强了独立性，并且变得十分优秀。

方法二：给孩子相对独立的空间和时间

青春期的孩子生理上和心理上都比较成熟了，他们希望有一个相对独立的生活空间和属于自己的时间，而不希望父母像对待小孩子一样对待他们，更不希望父母过多地干涉或插手自己的事情。父母如果能够在这些方面与孩子保持合适距离，那么孩子就一定能够与父母和谐相处。

13岁的颖颖今年刚刚读初一，成绩不错，与老师、同学以及父母的关系都很好。尤其是她和妈妈的关系最好，两个人像是无话不说的朋友，她和妈妈也从来没有因为什么事情争执过，因为妈妈足够尊重她的想法和生活。

比如，虽然妈妈是一位家长，而她是个孩子，但是妈妈进她的房间也会敲门，而且妈妈从不偷看她的日记，即便是有一次发现她的日记本忘在了客厅里也没有打开，因为妈妈足够信任她和尊重她。另外，妈妈很少占用她的学习时间和玩耍时间让她做家务，周末也会很大方地让她出去和伙伴们玩儿，从来不约束她。

当然，颖颖也感觉到了妈妈对她的尊重和爱护，她认为有这样的妈妈真是很幸运。

事实往往就是这样，当家长对孩子处处看不顺眼而横加指责或挑剔时，是否想过自己是怎样对待孩子的？如果你充分地尊重了孩子的自由和权利，那么孩子也一定乐于和你在一起。

方法三：尊重孩子的人格和各种隐私权

孩子进入青春期之后有了自己完全独立的人格，当然也会有一些属于自己的隐私或小秘密。这些隐私或小秘密直接关系着孩子的人格尊严和心理健康，父母不要轻易窥探或过问，否则会让孩子的身心健康受到伤害。

14岁的赵琳正读初中二年级，她学习成绩不错，性格有些内向，不过父母对她很放心。可是，最近一段时间妈妈发现她经常在家上网聊天，妈妈开始警觉起来。以前，她只是偶尔和同学聊聊天、聊聊有关作业的问题，可是最近她不仅上网频繁，而且有时候会聊天到深夜。

有一次，妈妈趁她上厕所的机会偷偷地看了她的聊天记录，原来她正在和外地的一位男孩子"谈恋爱"，更让妈妈吃惊的是双方竟然以"老公""老婆"相称。这令妈妈大为恼火，等赵琳上完厕所一回来，妈妈就劈头盖脸吼道："你个小丫头片子，几天不管你就开始学坏了，老实说，网上的那个'老公'是谁？"赵琳一听，就明白了妈妈刚才可能是看了自己的聊天记录，她的脸一下子红到了耳根，窘得说不出话来。妈妈接着又是一番急风暴雨式的怒吼，此时赵琳脑子一片混乱，什么都没听清，只是眼泪刷刷地流了下来。等妈妈骂累了，她推开自己的房门，趴在床上痛哭起来。

从那以后，赵琳像变了一个人似的，更加不爱和人说话了，当然也很少和父母言语。后来，妈妈了解到赵琳那次的聊天似乎是在和对方玩一种网络游戏，并不像自己想象得那么严重，只是孩子青春年少感觉好玩而已。

从例子中可以看出，尽管赵琳在网上和网友玩那种游戏不利于身心健康，但是事情并不像妈妈想得那么坏，毕竟女儿不是在与对方谈恋爱，可是由于妈妈教育方式盲目而粗暴，使赵琳的自尊心受到了极大的伤害。妈妈们对此要引以为戒。

不要干涉孩子正常交朋友

叛逆期案例

曾在网上看到过这样的一个例子。小薇是一个漂亮的初三女孩，她性格温和，学习成绩优异，又是班里的文娱委员，所以同学们都很喜欢和她交往。

可是她也有自己的烦心事儿，那就是父母总是干涉她和同学们来往，尤其是和男同学。有一次放学后，她和班上两位男同学同路回家被妈妈看到了。晚饭的时候妈妈问她："小薇，今天放学路上和你在一起的那两个男孩子是谁？"小薇解释说是自己班上的同学，他们在讨论考试的问题。可是妈妈穷追不舍："你们讨论考试的问题，用得着在放学后吗？"小薇有口难辩，也有些生气，只好默不做声了。

还有一次，小薇在放学回家的路上碰见了另外两个男生，他们同级不同班，但大家都是校学生会成员。那天，这两位男同学说想到她家去聊聊学校组织活动的事儿，顺便认一下她的门。小薇虽然知道父母可能会不高兴，但她不好意思拒绝，只得硬着头皮带他们去家里，路上再三嘱咐两位同学说他们三人都是学生会的，要谈些事情。

三个人来到了小薇家，两位同学向小薇的父母问好，作自我介绍，小薇的父母还算给他们面子，当时没有把他们赶走。但是，小薇的妈妈却像监视他们一样，不时地到小薇的房间里来看看，搞得他们都很别扭，两位同学坐了一会儿就走了。

小薇把两位同学送出门，刚回到家，爸爸就铁青着脸问她："他们两个是干什么的？"小薇回答："刚才他们不是作过自我介绍了吗？"爸爸又问："你们是一个班的吗？"小薇说不是。爸爸又说："那你怎么把他们招引到家里来了？"听到爸爸用"招引"二字，小薇气得眼泪流了下来。

妈妈要懂的心理学：不尊重孩子的朋友就等于不尊重孩子，会让孩子反感

应当说，上面的这种例子在现实生活中很常见。孩子进入了青春期，父母的担心也多了起来，生怕孩子出了什么差错。这种心情可以理解，也相信父母都是为了孩子好，但是总感觉有的父母有些杞人忧天，孩子与普通的朋友正常交往至于那么多疑、多虑吗？例子中小薇的父母的确有些草木皆兵。

青春期的孩子有自己的想法和自己的朋友圈子很正常，他们希望听到不同的声音，希望了解不同的心声，当然这里也不排除异性交往是出自异性相吸的渴望，但无论如何这种交往是正常的，是符合人性的。只要孩子没有做出过分的举动或出格的事情，父母就不应当干涉，只在必要时给予理解和提醒就可以了。

例子中小薇的父母做得确实有些过分了，尽管他们担心小薇早恋或在与异性同学交往中受到伤害，但是他们的方式确实不够尊重小薇以及她的同学，这种情况名义上是在爱孩子，实则是伤害了孩子，我们在例子中也可以看到这种结果。

生活中，确实有很多父母对孩子的交友把关十分严格。孩子交友必须要经过他们的"资格审查"，学习差的同学不能交，穿着太时尚的不能交，异性同学也不能交……想想看，附加上这些条件孩子还有多少朋友可交？

现代社会，大多数孩子是独生子女，他们需要自己的朋友，而且他们需要有和自己谈得来的朋友，而能否谈得来取决于孩子自己，父母是无法为他们设定的。所以，孩了交什么样的朋友要由他自己来选择，父母只要给予合理的建议就可以了。

叛逆期方法指导

方法一：不要苛刻地约束孩子交朋友

很多父母出于对孩子安全方面或健康成长的考虑，对孩子交朋友作了很多限制。正如上面所提到的诸多限制条件，如果真是那样，那么孩子几乎就没有什么朋友可交了。这对孩子的身心健康成长反而更加不利，容易让孩子陷入一个孤独的境地。

小玫今年正读高二，她学习成绩不错，妈妈对她各方面都很放心。但是小玫有一点与别人不同，那就是她几乎不和男生说话，更不会与男生交往，相反她倒和班里的一位漂亮女孩子关系非常密切，几乎到了形影不离的地步。

她之所以这样，是有原因的。

她3岁那年，父母就离婚了，在她很小的时候妈妈就告诉她'男人都不是好东西'。当时她不懂妈妈在说什么，可是后来经历的事情，一次次地验证了她妈妈说的话。从那以后，她在班上就有意地远离男同学，尤其是升入高中之后，她几乎就不再和男孩子说话了。而老师和同学们以为她性格内向，不善于和异性交往，也没有感觉到有什么特别的。直到她和她喜欢的那位漂亮女孩子发生了矛盾，老师和同学们才似乎明白了些什么。

原来她喜欢的那位女生和班里另一位男生"好"上了，这令小玫十分失落和恼火，她竟然向老师揭发了他们，导致她和那位女生在班里大打出手，影响很坏。不得已，学校通知了小玫的妈妈，小玫妈妈得知了详情只得带小玫去看心理医生。

在这个例子中，小玫的妈妈由于自身的不幸经历，而在教育观念上发生了扭曲，以至于这种扭曲的观念影射在了小玫身上，使小玫陷入了"同性恋"的境地，最终导致事件的发生。希望这个例子能让我们家长引以为戒，要让孩子大方地与异性交往，而不是限制。

方法二，帮助孩子选择各类朋友

帮助孩子选择有益的朋友，什么叫有益的朋友？或许很多家长并不明白"有益"这两个字的含义，这里的有益是有利于孩子成长和发展的，而不是仅仅指有利于孩子学习的。大部分家长认为学习好的同学才是孩子交往的对象，这样的孩子称得上孩子有益的朋友，其实这是一种误解。学习好不等于什么都好，成绩差也不等于什么都差，每个人都有自己的特长和优势，也有自己的弱点和不足。所以，孩子需要和各类人做朋友，这样才能博采众长，广泛吸收众人的长处，才能成为一个高素质的人才。

有的家长总以"近朱者赤，近墨者黑"的理论为由，拒绝自己的孩子和学习成绩差的孩子来往，其实这是相当片面和狭隘的。成绩差的孩子并非各方面都差，他们身上也有我们平常不太注意的优点，他们也能给孩子的成长带来好处。比如，成绩差的孩子可能抗挫折能力比较强，因为他们在学习成绩上可能经常受打击，但是他们依然生活得很快乐，这就说明他们的抗挫折能力比较强，这种素质同样在孩子成长的过程中不可或缺。又如，成绩差的孩子或许很讲义气，为人仗义，敢为朋友"两肋插刀"，尽管他们可能是学校里的"小混混"，但他们身上的这种义气也是值得孩子学习的优良品质。

方法三：善待孩子的朋友就是善待孩子

孩子的交友取向反映了他自身的价值取向。自己的孩子与别的孩子成为朋友是有原因的，他们或者有共同的兴趣爱好，或者是性格脾气相近，或者有共同的情感需要，或者有共同的语言等等。所以，如果家长不能善待孩子的朋友，就等于不能善待孩子。当然，善待不能停留在表面上，而是要诚心诚意，用言行来向孩子证明，这样才能获得孩子的认可。

晓东读初中二年级，成绩中上等，他性格有些内向，朋友比较少。在班里和他玩得最好的同学就是小乐，可是小乐学习成绩不好，但人很忠厚。妈妈对于两个孩子的交往并没有什么意见，妈妈认为尽管小东学习成绩不好，但他的品行还算不错，不会把晓东带坏。

一次，晚饭后晓东一脸愁眉不展的样子，还有些欲言又止，妈妈便问他发生了什么事。晓东说小乐的妈妈病了，需要动手术，但手术费昂贵，他们家交不起，小乐和爸爸最近一直在家照顾妈妈，等待筹集手术费。晓东还说，学校领导听说了这件事，动员学生为小乐捐款……没等晓东说完，妈妈就明白了一切，她还纳闷这段时间怎么没见到小乐呢，于是她二话没说就取出了一千元钱，交到了晓东手里，并让晓东亲手交给小乐。

一个月过去了，小乐的妈妈手术很成功，不久出了院。小乐又重新回到了学校上学，当他再次来到晓东家时，深深地向晓东妈妈鞠了一躬，并说将来一定会报答他们的帮助。晓东妈妈劝慰两个孩子好好学习，将来要考上大学报答家长和社会。

在这个例子中，晓东的妈妈并没有把支持孩子交朋友停留在想法或语言上，而是以实际行动善待了孩子的朋友。可想而知，这件事感动的不仅仅是小乐及家人，还有他的儿子小东。有了这样理解自己的妈妈，晓东的成长能不健康快乐吗？

正确处理孩子与同学、朋友间的矛盾

叛逆期案例

小成是初二年级的学生，学习成绩非常好，但是他的人缘却不怎么样，原因主要是他平常在同学们面前表现得很高傲，同学们都有些看不惯他。

有一次上体育课，他和其他同学一起打篮球，一个高个子男生不小心踩到了他的脚，他十分生气，尽管那个同学马上向他说了一句"对不起"，他还是骂了那个同学一句，那个同学也十分恼火，于是打了他一拳，两个人就这样扭打了起来。幸好同学们当时马上把他们拉开了，而老师事后也批评了那个高个子男生。

原本事情这样就算解决了，可是小成认为自己在这场"较量"中受到了委屈，于是回到家后将此事告诉了爸爸。爸爸以为自己的儿子在学校被人欺负了，决心帮儿子出这一口恶气。这天下午小成的爸爸来到了学校门口，等待着放学回家的那个高个子男生。在小成的指引下，小成爸爸找出了那个高个子男生，然后一把揪住他，二话不说挥拳打了过去，高个子男生的鼻子顿时鲜血直流。高个子男生刚想争辩，小成爸爸又是一拳挥过去……这时学校保卫部门工作人员看到了此事，马上过来阻止，并询问事情原委。之后，被打的同学报了警，小成的爸爸最后被带去派出所调查。

后来，公安机关决定对小成爸爸采取拘留和罚款措施。由于受此事件的影响，同学们越来越疏远小成了，小成不仅感到很孤独，而且成绩有了明显下降。

妈妈要懂的心理学：父母帮助孩子"出气"，会让孩子更觉得自己有理

青春期的孩子比较容易冲动，也比较喜欢争强好胜，因此孩子之间出现问题和纠纷也是很正常的事情。当然，每位家长都不希望自家孩子在矛盾或纠纷中吃亏、受伤害，这是情理之中的事情，但是一定要正确处理此类事情，否则会给孩子带来更多的麻烦。例子中小成的爸爸在处理此类事情的过程中就犯了严重错误，他不该插手孩子之间的事情，更不应该对孩子的同学施暴。

在第一次事件中，高个子男生并不是故意踩到小成的脚，而且在打篮球过程中队员的相互磕碰是很难避免的，小成对此类事情本不应该计较，而且高个子男生也向小成说了"对不起"，但是小成以为自己学习成绩好，容不得别人侵犯他丝毫，于是不讲道理地骂了高个子男生，而高个子男生冲动地打了他。对于这个事件，老师已经作出了相应处理，事情到此应当算是了结了。可是小成却把此事告诉了自己的爸爸，显然小成的爸爸在处理这件事上不够理智和慎重，从而导致了第二次事件的发生，使事情更加恶化。

其实，小成的爸爸在听到儿子受了"委屈"之后，应当理性地帮他分析双方的对错，然后安慰他，并提醒他在同学交往中要注意的事项，这样做才是一个负责

任的父亲，不然就会助长孩子的气焰，更让他觉得自己有理。例子中，小成的父亲实在是比较冲动，结果导致了第二次事件的发生，这不仅不利于问题解决，反而使小成和高个子男生之间的矛盾加剧，也使小成失去了更多的人缘，得不偿失。

通过这个例子，家长一定要明白，当孩子之间出现问题或纠纷时，自己一定要冷静对待和处理，避免事情更加恶化，影响孩子的正常学习生活和健康成长。

叛逆期方法指导

方法一：不要随便插手孩子之间的矛盾

孩子之间发生了矛盾最好让他们自己去处理，他们毕竟长大了，不同于两三岁的小孩子，完全有能力处理自己的事情。大多数情况下事情没那么严重，但是家长一插手反而让事情变得更复杂了。有些家长，在孩子之间发生矛盾后总怕自己的孩子吃亏或者感觉脸上没面子，所以决心替孩子出这口恶气，但是抱着这样的心态去处理事情，事情怎么会得到解决呢？如果顺其自然地让孩子自己去解决，那么效果反而能更好一些。

陈瑞和刘强就读于同一所中学，他们两个也是很要好的朋友，两个人经常在一块儿打篮球，复习功课。双方的家长对这两个孩子也都很喜欢，并希望他们能同时考入一所重点中学。

可是再好的伙伴也有闹别扭的时候，这天在课间休息时，陈瑞和刘强因为一句玩笑话而吵了起来，而且两个人越吵越凶，最后竟然动起手来。陈瑞责怪刘强开他的玩笑，并且知错不改，于是打了刘强一巴掌，刘强当然也不甘示弱，回了陈瑞一拳，二人就这样打了起来，幸好同学们把他们拉开了。但是，从此二人由形影不离的好朋友，变成了素不相识的路人，二人也不再来往了。

时间长了，陈瑞的妈妈感觉很纳闷，于是问陈瑞："儿子，刘强怎么不上咱们家来玩了？我好多天没见到这孩子了。"陈瑞支支吾吾搪塞妈妈，妈妈也没再多问。又过了几天，妈妈似乎知道了什么事情，于是暗示陈瑞："儿子，朋友之间发生矛盾是很正常的，不要因为一点小事儿而全面否定一个人，每个人都有缺点和不足。"陈瑞听后若有所思，妈妈也没有再多说什么。

过了一周，陈瑞又带刘强来家里玩儿了，妈妈热情地招呼刘强，就像什么事情都没有发生过一样，两个孩子又和好如初了。

陈瑞的妈妈是智慧的，她明知自己的儿子与他的好朋友闹了矛盾，却没有直接问儿子缘由，而是用意味深长的语言暗示儿子，从而解开了儿子隐藏的心结。反之，如果陈瑞的妈妈直接问儿子，或者直接插手此事，那么恐怕让陈瑞的面子挂不住，受自尊心的影响，可能陈瑞与刘强的矛盾会迟迟得不到解决。

方法二：冷静对待和处理孩子之间的矛盾

孩子之间发生矛盾，大多数情况下不会只怪一方，双方都有责任。所以，对家长而言，一定要冷静、客观地看待孩子之间发生的矛盾，并且要采取恰当的措施去处理。孩子与其同学或朋友发生矛盾后，他们向长家反映的情况容易带有个人的情绪，因此会比较偏激、不客观，家长听到孩子反映的情况后不应据此作出决定，而应当全面了解情况后再作决定。

小纭和小建同是一所学校的初一学生，他们俩个是前后桌。小纭学习成绩不错，深受老师和同学们喜欢，而小建不仅学习成绩差，还是一个捣蛋鬼，经常在班上搞恶作剧。

这天小建不知从哪儿搞来一支红色白板笔，在上自习课的时候他偷偷地在小纭的白色衬衣上画了一颗"大红心"。下课后，小纭一离开座位就引起了不少同学的窃笑，小建为此扬扬得意。当小纭的同桌告诉她背后有一颗"红心"时，小纭才明白了怎么回事儿，并为此窘红了脸，她有些恼羞成怒，于是大声嚷道："哪个混蛋在我背后乱画了？"正在为此"杰作"而得意的小建，听到小纭骂自己是混蛋马上回了一句："你才是混蛋呢。"听到回应，小纭才明白是小建搞的恶作剧，她顿时气不打一处来。两个人为此争吵不休，小纭毕竟是女孩子，争吵不过小建，一会儿就被气哭了，而小建也不再理论了。

小纭放学回到家，闷闷不乐，妈妈问她时，她才告诉了妈妈事情的原委。妈妈认为尽管小建有错在先，但小纭也不该暗里指骂小建是"混蛋"，男孩子也是有自尊心的。妈妈先是劝慰了小纭一番，为了避免类似事情的发生，又特意给小纭的老师汇报了情况。事后老师找小建谈话，认真地处理了此事，并让小建给小纭道了歉。二人的矛盾就此化解了，此后再没有出现过类似的事情。

例子中小纭的妈妈对事情的处理还是比较理智和客观的，她没有把错误全归在小建身上，偏袒自己的女儿，而是客观地指出了小纭的不足，这有利于孩子的心理平衡。另外，小纭的妈妈在处理事情时没有直接插手，而是通过孩子们的老师来解决了问题。

方法三：教会孩子处理问题的方式

孩子之间发生矛盾是再正常不过的事情，尤其是青春期的孩子，他们身心都处在快速成长的阶段，本身做事又比较容易冲动，所以相互之间出现矛盾是在所难免的。出现问题或矛盾就需要解决，然而家长不可能时时刻刻跟着孩子，也不可能事事都替孩子处理，所以最好的方式是教会孩子处理问题。

尽管青春期的孩子有了一定的处理问题的能力，但由于受思维方式和社会阅历等的影响，他们考虑问题还不够全面，处理问题也不够理智和客观，这种情况下就需要家长的教育和指导。比如，家长要教会孩子换位思考，遇到问题设身处地地站在对方的角度想一想；分析问题要客观全面，不能只看到一方的优点或缺点；遇事要冷静，"冲动是魔鬼"，青春期的孩子遇事比较容易冲动，家长一定要教会孩子冷静、理智地看待问题和处理问题。

总之，"授之以鱼不如授之以渔"，孩子学会了处理问题的方法，无论对家长还是对孩子都非常有好处。

多与孩子沟通，多给孩子关爱

叛逆期案例

萍萍今年刚刚升入初一，全家人都为她成为了一名初中生而感到高兴，萍萍自己也很高兴，对新的学习生活充满了希望。

可是，半个学期过去了，妈妈渐渐感觉到萍萍似乎发生了一些微妙变化。原来萍萍一直是一个快乐的小女孩，每天放学都围在妈妈身边叽叽喳喳，告诉妈妈学校里发生的一些事情，可是最近她似乎变得少言寡语了。最近一段时间，每天放学后萍萍都把自己关在屋里写作业，很少和妈妈交流。妈妈认为这可能是孩子的作业负担重了，加上自己工作比较忙，因此也没有主动过问萍萍的事情，她认为过段时间孩子的情绪自然会恢复过来。

又过了两周，萍萍的情绪不仅没有好转，反而变得更加忧郁起来，她与妈妈的交流更少了，吃完饭就写作业，写完作业就睡觉，有时候一天都不和妈妈说一句话。这种情况令妈妈既焦虑又担心，她忍不住询问了萍萍。原来，升入初中后学习的竞争压力加大，萍萍原来的成绩优势不再明显了，慢慢地成绩出现了下滑趋势，她为此感到特别压抑。因为担心妈妈不再看好自己，萍萍一直不敢将此事告诉妈妈，只是每天拼命地复习功课，希望成绩能赶上去，可是事与愿违，越着急压力越大，导致她上课听课效率低下，陷入了恶性循环。

妈妈了解了事情的原委，耐心地安慰她、开导她，告诉她升入初中后因竞争对手增加，成绩有所下降是正常现象，不必紧张和焦虑，只要保持乐观的心态，成绩一定能赶上去。在妈妈的开导下，萍萍的心理压力有所缓解，她也相信自己的成绩能赶上去。

妈妈要懂的心理学：青春期的孩子遇事有自我封闭趋向，妈妈应主动关心

孩子从小学升入初中，不仅仅是年龄段和学习阶段的跨越，更是从孩童时期向青春期的跨越。在这两个时期的过渡过程中，孩子的心理会发生微妙的变化，比如孩子会变得敏感、多疑、忧郁、自闭等，然而这种变化对家长而言是不易察觉的。所以，为了有效地保持与孩子沟通，保证孩子身心健康成长，家长一定要主动关心孩子，经常与孩子谈心等，从而随时了解孩子的心理动态。

上面例子中萍萍的事情就是这一时期的典型例子，她在小学阶段学习成绩不错，而且有什么话也经常和妈妈说，母女二人之间保持着一种正常的沟通机制，但是升入初中后，由于步入青春期的原因，萍萍的心理发生了微妙变化，她不再像个小孩子那样和妈妈有什么说什么。孩子的变化并没有引起妈妈相应的教育方式的变化，妈妈仍然习惯性地认为孩子只是暂时遇到了什么困难，她会像以前一样主动告诉自己的，可是让妈妈没想到的是萍萍的精神状态非但没有好转，反而更加恶化。

事情发展到这种地步主要的责任在于妈妈，因为妈妈没有及时了解到孩子的心理变化，没有及时与孩子作有效的心灵沟通。对大部分家长而言，由于工作比较忙，平时只关心孩子的衣食住行和学习情况，很少有家长愿意坐下来耐心地与孩子交流思想，了解孩子的心理动态，这导致了孩子产生各种各样的心理问题。因此，家长一定要做个有心人，要时刻关注孩子的心理状况和情绪变化，以保证孩子健康、快乐成长。

叛逆期方法指导

方法一：做个有心人，及时与孩子沟通

前面提到了，青春期的孩子比较容易敏感、多疑、自闭、自恋等，尤其是女孩子，有时候会小题大做，甚至钻牛角尖等。这种情况下就需要父母，尤其是妈妈要做个有心人，多关注孩子，与孩子进行心灵沟通，及时了解孩子的心理动向。

小蓓考入了一所理想的中学，非常高兴，可是不久她发现班上比她成绩好的大有人在，于是她觉得不自在了，甚至有时候怀疑老师也有些轻视她，心中的郁闷无处发泄，她只好在日记中写道：路漫漫其艰难兮，吾将如何去求索……妈妈偶然看到了她的日记，感觉非常意外，在小学里活泼、开朗的女儿，进了中学怎会变得如此压抑呢？经过反复思考，她才意识到可能是因为孩子进入了青春期的缘故。

该如何做好女儿的工作呢？妈妈是个有心人，她发现女儿有情绪上的纠结后，便及时与女儿沟通。小蓓的妈妈没有刻意和她去谈相关的话题，而是在做饭时，一边让女儿帮忙择菜，一边听女儿说一些班上的事情，还有她对老师的看法等。妈妈大多数情况下总是耐心地听，有时候也会说一说自己的意见，比如小蓓讲到老师偏心，没让她当文娱委员的事，妈妈不失时机地开导她：可能刚开学，老师还不太了解你呢，慢慢地就会发现你的才华。妈妈的话春风化雨般滋润着女儿的心田，小蓓在潜移默化中懂得了很多道理，也变得更加阳光、自信了。

孩子从小学升入初中，生活上、生理上、心理上都会发一定的变化，如果父母能够及时捕捉到这种变化，并给予孩子正确的指导，那么孩子在成长的道路上就会少走弯路，生活得更加健康和阳光。

方法二：主动询问孩子的烦心事

青春期的孩子与少年儿童时期的孩子相比，似乎多了一些烦心事儿，他们不再像孩提时期一样，无论有了什么事都毫不犹豫地向父母倾诉，急切地想从父母那里得到满意的答案。进入了青春期，孩子仿佛一夜之间变得谨慎、矜持了起来，尤其是在对待青春期的生理变化方面更是三缄其口。针对这种情况，妈妈要及时观察孩子的变化，并为孩子答疑解惑。

燕子是一个活泼开朗的初一女孩，她学习成绩优异，还有一副好嗓子，每次班里举办文娱活动都少不了她的身影。在家里，她也经常哼哼着流行歌曲帮助妈妈做家务活，妈妈既感到快乐又感到轻松，把她当成了一个小活宝。

可是最近几天，家里听不到燕子的歌声了，反而多了一副愁眉苦脸的面孔。燕子这是怎么了？妈妈十分纳闷。这天晚饭后，妈妈小心翼翼地问燕子："燕儿，你最近几天怎么了？妈妈怎么听不到你的歌声了？"燕子欲言又止，妈妈鼓励她："有什么事儿告诉妈妈，妈妈来帮你解决。""妈妈，最近几天我发现内裤上有血迹，我也没碰它，怎么会这样啊？肚子也有些疼，我很害怕，不知道怎么办才好。"妈妈仔细检查了燕子的内裤，然后又问了问具体的情况，略带欣喜地说："宝贝闺女，你长大了，那是身上来的月经，女孩每个月都要来一次，它说明你的身体是健康的，不必担心。"之后，妈妈又给燕子介绍了另外一些相关的生理知识，燕子这才恍然大悟，脸上的阴云也一扫而光。

青春期的孩子会有自己的心事，有些心事他们并不愿意直接开口向父母说，除非父母"逼"着问他们。因此，父母要注意观察孩子的情绪变化，当意识到孩子有可能有烦心事时，不妨主动向孩子询问，避免让孩子闷在心里自己消化。就像上面的例子那样，如果燕子的妈妈不及时询问燕子，可能那件烦心事会一直"折磨"着燕子，但经过妈妈的讲解和开导，一切原来都是"浮云"。

方法三：及时检查，避免孩子患上抑郁症

"青春期本来就是一个容易烦恼的阶段，而女孩比男孩更容易陷入抑郁。"广东省精神卫生研究所的许教授指出，青少年抑郁症的成因主要有三种：一是生物学因素，如遗传、内分泌以及心理社会学等综合因素；二是与早期母爱剥夺有关，比如婴儿缺少母亲的照顾，长大后更容易患抑郁症；三是青春期孩子在寻找自我、形成个性的过程中，因价值观冲突而陷入负面情绪，如突然遭遇各种打击，比如学习上的挫折、情感上失恋等，都容易发展成为抑郁症。

青春期的孩子身心都在发生着明显的变化，这些变化有积极的也有消极的，家长一定要特别注意。有些孩子性恪会变得孤僻，社会适应性差，表现为不愿出门上学、不愿和朋友来往，当然也有的会伴随与家庭成员之间的关系恶化等。还有的孩子有明显的消极情绪，比如对什么都提不起兴趣，觉得"自己无能""活着没意思"，并伴随有成绩下滑、食欲下降等表现。如果出现这些症状，家长应及时带孩子去看心理医生，避免孩子患上抑郁症。

当然，对于有抑郁倾向的孩子来说，最好的"解药"是父母的关爱。父母的倾听和关爱可以有效缓解孩子的烦恼和其他不良情绪。

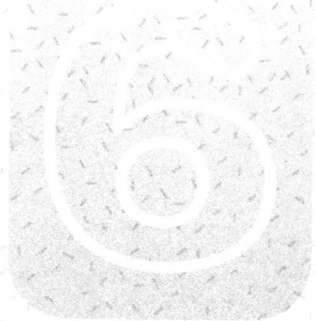

6

第六章

疏通为主，为孩子的"初恋"保驾护航

别让孩子为"爱"离家出走

叛逆期案例

一个15岁的男孩在读初三那年，疯狂地爱上了同班的一个女生。他白天黑夜、梦里梦外都是女孩飘动的身影和甜甜的笑容。

男孩的父亲知道了这件事，狠狠地打了他。

女孩也遭到了父母的暴打，她的父母不再允许她走出家门一步。

男孩设法找到了女孩，他们决定"远走高飞"，于是拿着从家里偷来的一点点钱，去了火车站。

坐在昏暗的候车室里，他们才发现不知道该去何方。候车室的广播里正在播放着一首哀伤的流行歌曲，正如他们的心声……

他们从来没有尝到过这么凄凉的滋味，此刻两人都像迷途的羔羊，在不知不觉中泪已成行……两个人抱头痛哭，而在此之前，他们的早恋世界里连拥抱都没有发生过。

两天后，他们来到了南方的一座城市。这片梦想中的热土却在他们的现实世界里变得十分陌生！为了生存，他们四处打工。

女孩很快就找到了一份工作，可是男孩就没这么容易了，不久就流落街头……

男孩每天晚上都睡在公园的长椅上，女孩时不时地来看他，给他一点钱。

有一天，女孩忽然浓妆艳抹地出现在男孩面前，给了男孩很多钱，然后流着泪说，希望男孩忘掉她！女孩说完头也不回地钻进了身旁的一辆高级轿车。在车门关上的那一瞬间，男孩一切都明白了：他苦苦建造的，曾经给他信心、勇气、梦想和希望的爱情大厦在那一刻轰然倒塌，留给他的只是一片痛苦、绝望、伤心的废墟……

妈妈要懂的心理学：罗密欧与朱丽叶效应——孩子早恋，宜疏不宜堵

这是一个真实的案例，也是一场凄美的早恋悲剧。从例子中可以看出男孩和女孩最初的恋爱只是停留在相互的好感上，并没有发生严重的行为，可是双方家长却运用暴力手段来制止，结果让两个孩子滑向了更危险的深渊。

在莎士比亚的经典名剧《罗密欧与朱丽叶》中罗密欧与朱丽叶相爱，但由于双方是世仇，他们的爱情遭到了家族的极力反对和阻碍。但压迫并没有使他们分手，反而使他们爱得更深，直到殉情。这种现象被人们称做"罗密欧与朱丽叶效应"。也就是说在一定范围内，父母或长辈越干涉儿女的感情，他们之间的爱情反而会越深，恋爱关系也会变得更加牢固，但最终往往以悲剧收场。这种效应在早恋的青少年身上表现得尤为明显。

前面的例子正是这种心理作用使然。当家长们发现孩子早恋后，便视如洪水猛兽，严加禁止，甚至不惜拳脚相加。然而这样的做法不仅没有达到教育的目的，反而使"两颗心"义无反顾地走到一块儿，"你越禁止，我越要做""你越打

我，我越觉得对方可爱"。结果"逼迫"着两个人"爱"得更深，同时也让他们滑向了不可挽救的深渊。害了孩子，也间接地害了自己。谁之过？

早恋是少男少女青春期的正常生理现象和心理现象，对此家长要抱有一种科学的态度，通过疏导和沟通的方式来解决，多和孩子谈心，多理解、关心孩子。即便真的无法把孩子从早恋的情感旋涡中拉出来，也不能暴力相向，把孩子推向更危险的边缘。

叛逆期方法指导：

方法一：以朋友的姿态倾听孩子的心声，慢慢开导孩子

早恋中的孩子都希望能得到别人的理解和支持，尽管他们也明白早恋会遭受异样的目光，尤其是家长对此的看法。如果这个时候，家长主动去倾听孩子的心声，而不是一味地压制，那么就有可能化解他们的心结，让他们走出困境。

一位16岁的高一男孩和同班一位女孩相恋了，男孩的父亲知道了这件事，并没有责怪他，而是决定与儿子好好谈谈。于是两个男人之间开始了以下的对话。

父亲：儿子，你是不是觉得她是最好的女孩？

儿子：当然了，要不然我怎么会喜欢她呢？

父亲：爸爸相信你的眼光。可是，你才上高一，以后你会认识更多好女孩。

儿子：可是我心里只有她。

父亲：你说你要考名牌大学，将来做一名出色的企业家。爸爸并不反对你现在谈女朋友，但是，你以后遇到更好的女孩见异思迁怎么办？你将来会有更多的机会，到时候你会不会后悔？

儿子：可是，现在让我离开她，我很痛苦。

父亲：你初三时买的那块手表呢？

儿子：我把它送给同学了，考上高中后，您不是送了我这块全自动的吗？

父亲：知道这叫什么吗？这就叫一山更比一山高。你如果把握好每一个属于你的机会，就会比现在更优秀，就会有更好的女孩选择你。如果你真与现在的这位女孩有那份情缘，等你们大学毕业后再让它开花结果多好。儿子，人生有几个重要的岔路口，走错了，就会遗憾终生。

儿子：爸爸，我懂了……

从此以后，男孩把对女孩的这份感情深深地埋在心底，把这份爱慕化为学习的动力。他明白，没有辛勤的耕耘，即使爱的种子发芽了，也不能长成参天大树，更不可能结出甜美的果实。

这个男孩的父亲是智慧的，而这个男孩无疑也是幸运的。因为他有一个朋友般的爸爸，有一个值得信任的爸爸，正因为如此他才敢把深藏内心的秘密告诉爸爸。而爸爸在知道他早恋的事情后，并没有训斥他，也没有居高临下地"教育"他，而是对儿子的恋情娓娓道来，给予了儿子理解，又给了儿子启发，并用生活中的一个小例子暗暗规劝儿子，最后使儿子把"爱情"化为了学习的动力。

每个情窦初开的孩子都无可避免地要遭遇感情问题，面对此类问题，父母朋友式的交流和沟通更有效。

方法二：通过一些事例，让孩子明白早恋的苦果

早恋之果味道一定是苦涩的！而在父母棍棒下和唾骂声中结出的早恋之果，味道会更苦更涩！为了避免让孩子品尝这种苦果，或者不让陷入早恋困境的孩子苦上加苦，父母不妨用一些事例让孩子明白"早恋结苦果"的道理。

曾在网上看到过下面的这个小故事。

一个农村的孩子早恋了。

淳朴的父亲知道后，一声不吭，他将院子里那棵苹果树上所有未熟的苹果摘了下来。

儿子放学回到家，看见桌子上放着一筐还没熟的青苹果，非常纳闷：这些苹果还没熟，摘下来做什么呢？

父亲没有说话，而是快步走到院子里，拿起竹棍，"噼里啪啦"地又打起了枣树上未熟的枣……

父亲今天是怎么了？

"它们还没有成熟，你把它们打下来做什么呀？"男孩终于忍不住问出口来。

"可是，这跟早恋又有什么区别呢？"父亲扭过头来对儿子说。

儿子恍然大悟，脸上火辣辣的，一下子红到了耳根。

他决定不能辜负老父亲的苦心，果断地走出了早恋，全身心地投入到了学习中。

虽然那年秋天，他家树上无法收获到成熟的苹果和枣子。但老父亲的苦心，却让他拥有了一个充满希望的人生。

这个故事或许在现实生活中并不存在，然而它却又是那样的亲切和熟悉，就像曾经发生在我们每个人的身边一样。故事中的老父亲是淳朴的，又是睿智的。他的举动让我们的心灵为之震撼，他的苦心让我们为之感动，而结果又让我们感到庆幸。面对孩子的早恋，我们又何曾静下心来，用心灵与孩子沟通过？有时候，一个朴实的例子，或许就能让孩子"回头是岸"。

方法三：你不能比孩子更着急，告诉孩子，守住爱情，你要更优秀

有些父母一得知孩子早恋的消息便心急如焚，马上想尽一切办法来制止孩子的早恋，尤其是在发现孩子的"爱情萌芽"无法消灭时更是如此。然而，这种急躁的做法往往会使事情变得更糟。当发现孩子深陷情网、无法自拔时，正确的做法是静下心来，告诉孩子：守住爱情，你要更优秀。

马女士无意中发现正在读高二的女儿恋爱了，她对热恋中的女儿没有横加指责，而是写了一封信，悄悄地压在了女儿的枕头底下，内容如下："小雯，妈妈已经知道，你找到了心中的白马王子，妈妈相信他是一个非常优秀的男孩，妈妈也为你们祝福，但爱情不是童话，既然你选择了，就要好好去爱，要让自己有爱的能力。更重要的是要学习好，做个才貌双全的女孩子，这样你的爱情才能幸福长久。可是，孩子，你现在真的还不够优秀。与其花费大量的时间去思念他，还不如珍惜今天的大好时光，好好学习。只有让自己变得更出色、更优秀，你才能守住爱情。女儿，如果你真的珍惜这段感情的话，就从现在起让自己变得更优秀吧！"

例子中的这位妈妈在发现女儿爱得不可救药时，并没有对孩子大发脾气，而是通过写信的方式"肯定"了孩子的爱情，然后情真意切地告诉孩子守住爱情，就要更优秀的道理。相信孩子在看到这封信时，一定会理解其中的道理和妈妈的苦衷。

理性对待孩子结交异性朋友

叛逆期案例

嫣红是一位初二女孩，学习成绩好，人长得漂亮，说话声音也甜美，深得同学们喜欢，更有几个小男生整日围绕着她转。

嫣红的父母都是传统的知识分子，可以说嫣红从小接受的也都是传统教育。父母希望嫣红长大后能成为一个知书达理的淑女，可是嫣红骨子里似乎有些叛逆，总与父母的教育方向背道而驰。为了避免女儿受到来自异性的情感伤害或其他伤害，父母对她交异性朋友要求十分严格，但嫣红似乎更喜欢我行我素。

嫣红是一个不折不扣的现代女孩，她在学校里不仅和女孩子关系处理得比较好，也经常和一些男生说说笑笑、打打闹闹，无拘无束，并且还有几个好"哥们儿"作为自己的死党。嫣红从男同学身上学到了很多优点，比如坚强、勇敢、豁达等，当然，在交往过程中也了解到了男孩子的性格和心理，收获了快乐和知识。

一个周末，嫣红的爸妈外出有事，嫣红便带了几个同学在家里玩，其中有两个是男孩子。他们几个在一块儿尽情地谈天说地，还一起做了一顿丰盛的午餐。正当他们吃完饭兴高采烈地对着电视唱歌时，她的爸爸妈妈回来了。父母看到家里被搞得一团糟，又看到有两个男生在场，顿时变了脸色，但毕竟他们都是有教养的人，没有当场发作。几位同学一看这阵势，一个个知趣地离开了。嫣红的同学一走，她的爸妈就劈头盖脸地数落起她来。爸爸妈妈责怪嫣红不经过自己的同意，随便把同学带回家，而且还有两个男同学，真是反了天了。嫣红极力辩解着，但父母哪听得进去？最终数落演变成了争吵。

就这样，一个快乐的周末在争吵中度过了，这令嫣红特别伤心。

妈妈要懂的心理学：异性交往是孩子身心发展的内在需求，妈妈不应阻止

青春期的孩子与异性交往是很正常、很自然的事情，父母不必大惊小怪。青春期的孩子身心都处在关键的发育阶段，受体内激素的影响，大多数处于青春期的孩子都有了对异性了解的渴望，这种渴望是他们身心发展的内在需求，不可阻止。在人际关系中，异性之间的接触会产生一种特殊的相互吸引力和激发力，并能让双方从中体验到难以言传的感情追求，对人的活动和学习通常起积极的影响，这种现象称为"异性效应"。对于青春期的孩子而言，这种异性效应同样起作用。

具体而言，让孩子保持正常的异性交往具有以下几点好处：

第一，通过异性交往，孩子可以增进对异性的了解和认识，有利于他们以后的感情和婚姻生活。第二，在自然、宽松的环境中与异性进行集体交往，可以有效排解心中的"性积郁"，比如集体活动、各种聚会等。第三，通过与异性交往可以让孩子发现和认识自身的价值，有利于他们正确评价自己。第四，通过异性交往可以让孩子在同龄人中找到交流的伙伴，避免由家庭和社会原因带来的孤独感。

当然，孩子与异性交往并不是随心所欲的，父母应当指导孩子注意以下几点。第一，在孩子异性交往的过程中，要防止孩子早恋。异性交往是出于异性之间的吸引，但一定要防止孩子在情感上依赖对方，防止孩子陷入早恋的境地。第二，孩子异性交往要注意人身安全。异性之间的相吸还有可能让孩子有不当的行为举动，尤其是从女孩子与男孩子交往的角度而言，一定要提醒孩子在安全的前提下正常地与异性交往。第三，要建议孩子多向异性学习优点和长处，避免沾染上恶习。有些孩子，特别是男孩子身上容易有抽烟、酗酒、打架等恶习，一定要提醒孩子注意避免染上此类恶习。

叛逆期方法指导

方法一：给孩子必要的点拨和指导

异性交往是孩子成长的需要，父母不可能阻止孩子的这种行为，可行的方法是给孩子必要的指导。很多家长面对孩子与异性的交往，总是不够坦然，不是提心吊胆惧怕孩子早恋，就是装聋作哑对其视而不见。但是对青春期的孩子而言，他们并不了解这个阶段的异性交往是属于友情、爱情、心理需要、生理需求还是外表的相互吸引，也不能准确地分辨出自己对对方究竟属于好感、喜欢、欣赏、同情还是依赖等等。在这种情况下，父母对孩子的异性交往进行点拨和指导就显得十分重要。

　　小冉是一位刚刚升入初中的女孩子，告别了小学生活，一切对她而言都是那么的新鲜：宽敞的校园、陌生的面孔、不一样的课本……
　　小冉的家住在一个小镇上，而学校在市里，她住校的前两周感觉非常不适应，经常会想爸爸妈妈。她长这么大还是第一次远离家乡，感觉一个人很孤独，似乎是无依无靠地在外漂泊。这时，一位男生走进了她的视野，这位男生比她年长一岁，是他们班的班长，碰巧的是他们都来自同一个镇上，这令小冉欣喜若狂，而这位男生在得知他们是老乡后，对她也格外照顾。

有了这位男同学的照顾，小冉很快走出了远离家乡的那种孤独和忧郁，心情变得阳光起来，学习生活也走上了正轨。但是，过了一段时间，新的问题又出现了，她发现自己渐渐地喜欢上了那位男同学，对他也有了一丝依赖感，如果看不到那位男同学的时候，她心里就会有一丝失落，这种感觉怪怪的，经常困扰着她。

第一个月过大周末，她回到了家，告诉了父母在学校里的一些情况，并且小心翼翼地向父母透露了那位班长"照顾"她的事情。妈妈从小冉的话语中能感觉到女儿"喜欢"上了那个男孩子，也意识到女儿为此困惑不已，于是她耐心地开导小冉："小冉，妈妈知道这位男同学帮助了你不少，妈妈也能感觉到你喜欢他，这是因为你第一次离开我们心里没有着落，你以后仍然可以把他当成你的大哥哥，但愿你们能成为真正的朋友。"小冉听完妈妈的话，若有所思，心中的困惑已经减去了大半。回到学校后，小冉投入到了正常的学习生活中，和班长也成了要好的朋友。

小冉的妈妈在小冉遇到"感情"困惑时，耐心地指导了她，并把这种感情引上了正常的轨道。这种方式既正确定性了孩子的情感，也保护了孩子脆弱的心理，有利于孩子身心健康成长。

方法二：告诉孩子异性交往的分寸

前面提到了，青春期的孩子有与异性交往的渴望，这种渴望源自人类的本性，不可扼制，但是也不能放纵，因为异性交往毕竟不同于同性交往，其中存在一些不安全的因素，家长必须要对此引起足够重视。不可否认，大多数的异性交往都是正当的、安全的，但对一些存在潜在危险的情况，家长一定要提醒孩子注意与异性交往的分寸，免得在这个过程中受到伤害。

　　小米是一位性格活泼、开朗的女孩子，她似乎与每个同学都能谈得来，无论是男同学还是女同学。当然，她的人缘也很好，男女同学都喜欢和她交往。

　　可是小米似乎有一点不足，性格过于大大咧咧，不仅说话口无遮拦，连行为举止都不太注意，甚至会和男孩子在一起拉拉扯扯。有一次一位男孩子搞恶作剧，试图用手机拍摄她的裙子，被她发现了，她不仅骂了对方，还把对方的T恤强行给脱下来拍照，此举引来同学们的围观和哄笑。后来，这件事情不知怎么传到了小米的妈妈耳中，妈妈批评了小米，并告诉她男女之间不要开过分的玩笑，以免形成不良习惯或身心受到伤害。

　　还有一次，小米在网上认识了一位异性网友，两个人聊得火热，最后竟然相约要见面，幸好妈妈及时发现了这件事，并阻止了小米。妈妈告诉小米，网络是一个虚拟的世界，每个人都无法通过网络清楚地了解对方，所以不能轻易相信网上的陌生人，如实在有必要可以让自己陪同见面。小米听从了妈妈的建议，言行举止各方面都有了很大改变。

孩子结交异性朋友不像结交同性朋友那样随便，言行举止都要留有余地，不能毫无顾忌。比如聊天过程中涉及两性的敏感话题要回避，不要开和性有关的玩笑，交往时身体接触要有分寸等等。例子中小米的妈妈发现了女儿与异性交往中的一些不足之处，并及时引导了她，这对小米而言是一种必要的保护。

方法三：通过多种途径多与孩子进行心灵沟通

有些家长对于青春期孩子的教育不知采取何种有效方式，很多家长不好意思当面教导孩子，尤其是涉及一些与性或异性有关的问题。这样做其实会害了孩子，孩子不会因为家长的难为情而克制自己的行为。

其实，父母完全可以选择合适的时机来与孩子沟通，比如在周末与孩子外出游玩时、和孩子一起散步时、与孩子在商场购物时等等。当然，尽量不要在用餐时或者孩子做作业时，与孩子聊这些事情，以免引起孩子的逆反情绪。

另外，也可以通过其他方式与孩子进行沟通，比如用纸和笔，或者送孩子青春期的书籍等等，这些间接的沟通方式不仅避免了双方的尴尬，还能潜移默化深入孩子的心灵。

孩子单相思，你该怎么办

叛逆期案例

几年前的一天，一位高二年级的男生小立从教学楼上跳下，结束了自己年轻的生命，而他跳楼的原因竟然是忍受不了单相思的痛苦。

16岁的小立学习成绩中等，性格有些内向，不善与人交往，去食堂吃饭也喜欢独来独往，平时也很少和同学们交谈或开玩笑，当然他也很少违反校规校纪。在高二文理分班时小立遇到了一位漂亮的女孩，从此他便"爱"上了这位女孩，日夜思念她，上课偷看她，但是他却没有勇气向她表明，就这样苦苦地忍受着单相思的折磨。

他遇到的这位女孩叫莉，她温柔、漂亮，笑容迷人，一肩长发如黑色瀑布柔顺、光亮……小立特别为她着迷，他觉得她是他心中的彩虹，他喜欢她纯洁无瑕的微笑，他看到她的样子就会无比地激动，但这一切都只停留在幻想当中，或者停留在他午夜的梦中……他常常夜不能寐，泪满衣襟，他甚至曾在日记中写道：今生如不能相聚，来生也要在一起，那样一定很幸福。

他的这些情绪变化和异常举动，没有引起任何人的注意，他也没有向任何人提起过，只是独自沉醉于自己酿造的苦酒之中，直到有一天下午从教学楼上飞跃而下……一个青春年少的孩子就这样离开了他曾经热爱的世界。

小立的离去，给学校师生们留下了太多的惋惜，也给自己年迈的母亲留下了无尽的痛苦。

妈妈要懂的心理学：每个孩子都可能有"相思梦"，妈妈要加强引导和帮助

进入青春期后，随着性生理和性心理的成熟，少男少女们有了性意识的萌动，加上影视网络媒体的刺激，在中学生中便会演绎出许多单相思的故事。这些故事有的美好甜蜜，有的凄美动人，还有的令人扼腕叹息。无论如何，大多数的单相思之"梦"会随着青春期脚步的前进而幻化为身后的一缕轻烟，淡然逝去，只在记忆深处留下或苦或甜的一丝印记。对大多数孩子来讲，它有时也会来去匆匆，甚至不留踪影。

然而有少数性格内向、不善交往的孩子，不知该如何排遣自己内心的单相思之苦，就有可能变得孤僻、抑郁，甚至陷入心理失衡的状态，轻者影响自己的健康和学业，重者可能会导致精神失常，引发悲剧。上面例子中的小立就属于这种情况，他性格内向、不善交往，可又偏偏喜欢上了一位漂亮女孩，或许缺乏表白的勇气，或许害怕遭遇挫折，他只能将这种情感压抑在心底，独自品尝着自己酿造的这杯苦酒，以至于迷失了自己。如果这种情况下，他能够向自己的知心朋友倾诉，或者向家长和老师求助，那么他有可能慢慢走出"单相思"的泥潭；如果老师和家长能够及时发现他的心理动向，然后劝慰和引导他，那么也不会酿成悲剧；如果他自身的心理不那么脆弱，那么悲剧也不会发生。可惜的是，这一切都只能当做一种假

设了。

类似的事件留给学校和家长很多值得思考的问题，我们平常不仅仅要注重孩子的文化教育，更应当加强对孩子的心理辅导，让孩子保持一种健康的心态和正确的人生价值观。

男欢女爱本是人之常情，而每个人也都有爱的权利，但是对青春期的孩子而言他们更多地需要"爱"的指导"爱"的教育，避免他们被这种"剪不断，理还乱"的情思终日困扰，使自己沉溺于"单相思"的极度烦恼之中。

为了孩子的身心健康，我们家长应该如何做呢？下面我们来看具体的方法指导。

叛逆期方法指导

方法一：理性对待孩子的单相思

对部分青春期的少男少女而言，单相思是一种不可避免的青春期情感，当家长发现孩子有了这种情感之后一定要理性对待和处理，切勿盲目批评或粗暴对待孩子，以免孩子受到更大的打击或伤害。

小峥是一个16岁的初中男孩，他性格内向，但乖巧听话，妈妈对他也很放心。

有一次妈妈偶然发现儿子在看一张纸条，上面写着"我爱你""你好帅啊"等字眼，这令妈妈感到非常震惊。经过细问，妈妈得知字条是儿子班上一位叫丽丽的女孩写给他的。小峥说丽丽想做他的女朋友，并且说要永远跟他在一起。妈妈意识到问题有些严重，第二天便找到了小峥的班主任老师。班主任老师把两个孩子叫到一起对质。丽丽却说，是小峥先追她，但是她并没有同意，是小峥在胡乱讲话。当着班主任老师的面，小峥只得承认是自己在撒谎。小峥的妈妈当时非常气愤，扬手给了儿子一耳光，还揪着他的耳朵，让他跪着向老师认错，但被老师劝住了。

当晚，小峥的妈妈再次追问到底是怎么回事，小峥又说自己没有撒谎，他真的喜欢丽丽，当时怕给丽丽带来麻烦才那样说的。他还拿出很多纸条，说那是他与丽丽以及其他同学上课时"笔谈"的内容。小峥妈妈看完后，觉得事情另有原因，似乎那些同学在有意捉弄自己的儿子，她感到更加气愤。

第三天，小峥妈妈再次找到班主任老师，老师把和这些纸条有关的同学都叫来，展开调查，可是那些同学一边交头接耳一边嬉皮笑脸，一口咬定是小峥先写纸条向他们求助，他们才帮忙的。小峥有口难辩，只得再次点头称是。妈妈实在失望极了，一把拉起儿子走出办公室……

几天以后，小峥变得精神恍惚起来，嘴里经常念叨丽丽的名字，还经常在家乱发脾气，乱砸东西。再之后，小峥出现了明显的精神异常现象，妈妈只好带他去了医院。

一个健康正常的孩子，因为一次事件精神出了问题，这其中的原因除了那几个同学搞恶作剧之外，恐怕主要原因还是小峥的妈妈处理问题的方式不当。为了自己的儿子，也是为了自己的面子，她当着老师和同学的面打了儿子，这种处理方式显然有些粗暴和仓促。妈妈的处理方式不仅冤枉了儿子，而且深深地伤害了儿子的自尊心，从而把他推向了深渊，对此各位父母应当引以为戒。

方法二：耐心对孩子进行心理疏导

当发现孩子有了"单相思"的倾向后，不仅不能粗暴地指责或打骂，反而要耐心地对孩子进行心理疏导，把孩子从情感的困惑中拉出来，帮助孩子摆脱单相思的困扰。

　　露露是初二年级的一位女孩，她在初一时朝气蓬勃，学习勤奋刻苦，成绩经常排在年级前10名。可是自从升入初二后，她慢慢地变了：上课没精打采，注意力也不集中；下课后很少说话，魂不守舍，似乎有满腹心事；在这种状态下她的学习成绩也渐渐下降。

　　露露的这种情况引起了老师的注意，老师把此事反映给了露露的妈妈。妈妈意识到可能女儿出现了什么问题，于是决定和她好好谈一谈。晚饭过后，妈妈来到了露露的卧室，从拉家常开始慢慢地引到了她的学习上。妈妈问露露为什么最近成绩下滑得那么厉害，露露支支吾吾了半天也没说出个所以然来。于是，妈妈单刀直入，问露露最近是不是有什么事情隐瞒着自己。这时，露露才吞吞吐吐地说出自己喜欢上了班里的一位男生，而那位男生却不知道此事，她经常为此困惑不已。

　　妈妈听到这件事，并没有感到惊讶，更没有嘲笑和指责露露，而是以一种亲切的语气告诉她："你们男女同学在这个阶段彼此有好感是正常的，也是符合你们身心发展特点的，妈妈在年轻时心里也有自己喜欢的人，不必愧疚，更不必自责，只要能够正确地对待和处理就好了。"露露见妈妈并没有批评自己的意思，反而像一个大朋友那样开导自己，于是渐渐对妈妈打开了心扉。

　　妈妈还告诉露露要尽量克制自己，实在克制不住就把它化做学习的动力，要通过自己优异的学习成绩，向对方展示自己。露露听后似乎明白了不少道理，使劲地点了点头。此后，妈妈也经常和露露谈心，并鼓励她多参加一些有意义的活动。

渐渐地，露露的精神状态有了很大的改变，学习成绩也慢慢地追了上来。

在这个例子中，露露的妈妈就做得非常好，她没有指责女儿，也没有贬低、嘲笑女儿，而是郑重地告诉女儿"单相思"是一种正常的情感，这让露露不再愧疚和自责。然后，露露的妈妈又给予女儿正确的处理方法，使露露的情感走上了正常的轨道。

方法三：引导孩子追求积极向上的生活

现代科技的发展，使得互联网和广播电视传媒渗透到各个角落，一些不良的影视资料也在潜移默化地侵蚀着孩子的心灵。青少年心智还不完全成熟，容易受一些不健康思想的影响，即便是一些正常的情爱作品也会刺激孩子对异性的渴望。针对这种情况，父母一定要及时引导孩子少接触一些情爱作品，多读一些健康的书籍，多看一些积极向上的影视作品。要把自己远大的理想和现实的学习生活结合起来，多参加一些积极的、有意义的活动，从而抵御对异性情感的渴望。

如何帮助孩子走出失恋的痛苦

叛逆期案例

报纸上曾有过这样一篇报导，说的是一个阴雨连绵的下午，一位十六七岁的女孩站在一幢楼的楼顶似乎要跳楼轻生。女孩一边哭喊着，一边做出跳楼的姿势。这幢楼大约有20米高，女孩已经翻过了楼顶的护栏，情况非常危急，女孩随时都有生命危险。

此时，楼下已经聚集了很多围观的居民，大家都在七嘴八舌地劝慰女孩，但是女孩始终在大声哭喊着，根本不理会大家的劝说。这时候，已经有居民报警，也有人正在联系女孩的家人。不久，民警和消防人员赶到了现场，他们展开了劝说和救援工作。经过民警和消防人员耐心细致的劝说，女孩慢慢放弃了轻生的想法，在消防人员的帮助下脱离了危险。之后，她看到随之而来的父母，与父母抱在一起痛哭不止。

经过调查得知，女孩名叫小艳，是一位初三学生，前段时间她喜欢上了班里的一位男孩子，两个人开始了热恋。可是过了不到半年时间，那位男孩子突然移情别恋，又喜欢上了外班的一位女孩，于是提出和小艳分手。小艳痛不欲生，趁父母上班之机，跑上了楼顶，想要结束自己的生命。

后来，据小艳的父母说，小艳比较文静、内秀，学习成绩很好，他们一直对小艳很放心，没想到小艳会做出这种事情来。他们由于工作忙，除了孩子的学习成绩，对于其他事情很少过问，现在他们对此非常后悔。

妈妈要懂的心理学：失恋是极端痛苦的，孩子最需要的就是安慰

失恋对于少男少女而言实在是再普通不过的事情了，因为失恋而轻生的事情在生活中也时有发生。恋爱是甜蜜的，但失恋却是痛苦的，而不同的失恋原因给当事人造成的痛苦也是不同的。有的失恋是双方和平分手，有的失恋是一方移情别恋，还有的是被家长老师发现而被迫分开，但无论哪一种原因都会给双方带来一定的痛苦，或者使一方受到不同程度的伤害。上面例子中，小艳的失恋就是属于对方的移情别恋，这种情况对小艳造成的痛苦和打击是可想而知的。

面对孩子失恋，家长首先要做的就是安慰孩子，谅解孩子，逐渐让孩子接受和面对现实。失恋是痛苦不堪的，失恋时孩子不仅会感到痛苦，而且会感到绝望、沮丧、颜面尽失，甚至还会有轻生和报复的想法等，所以这种情况下父母首先要做好安慰工作，以减轻孩子的痛苦。

心理学和医学上有一种 "安慰剂效应"，指的是在不让病人知情的情况下服用完全没有药效的 "假药"，但实际上病人却得到了和真药一样甚至更好的效果。这种似是而非的现象在心理和学医学上经常被应用。对孩子失恋而言，尽管有时候安慰孩子的话在本质上并不起什么作用，但孩子听到这些话后心理上会产生一些反应，感觉会舒服一些。比如，父母可以这样劝慰孩子，"离开对方，你会更快乐"，"失去你，是他的损失" 等，尽管这些话并非一定属实，但孩子听到这些话

后，痛苦的确会减轻一些。

另外，失恋时的痛苦对一个人的打击非常大，一个人很难承受，尤其是女孩子。这种情况下父母除了极力劝慰孩子之外，还要做好安全工作，避免孩子出现自杀、自残、报复等倾向。

最后，特别需要提醒各位家长的是，孩子失恋后，情绪会特别低落和不稳定，也会感觉到很没面子。这种情况下，父母一定不要歧视孩子、冷落孩子或嘲笑孩子，如果这样做无异于往孩子的伤口上撒盐，会把孩子推向深渊。

叛逆期方法指导

方法一：及时开导孩子，避免危险行为发生

失恋是痛苦的，由于处于青春期的孩子感情比较脆弱，而且大多是初次失恋，所以这种痛苦对他们而言更加难以承受。失恋的痛苦，加上周围环境的压力，有可能让他们不堪承受，从而产生一些极端想法和行为。所以，孩子失恋后，除了对他们进行安慰之外，一定要注意避免危险行为的发生。

下面，我们以网上流传甚广的苏格拉底与失恋者的对话来阐述一些道理，希望家长能从中领悟到解决问题的办法。

苏格拉底：孩子，你为什么这么悲伤？

失恋者：因为我失恋了。

苏格拉底：哦，这很正常，孩子。如果失恋了却不悲伤，那么说明你不爱对方。可是，孩子，我怎么发现你对失恋的投入甚至比对恋爱的投入还要多呢？

失恋者：到手的葡萄又丢了，这份遗憾，这份失落，您是无法体会到的。

苏格拉底：丢了就丢了，何不继续往前走，鲜美的葡萄还有很多。

失恋者：我就要这颗葡萄，等到海枯石烂，我也要等到他回心转意。

苏格拉底：可是，这一天也许永远不会到来，你等到的将会是他和别人在一起。

失恋者：那我，那我就用自杀来表示我的诚心。

苏格拉底：但如果是这样，你不但失去了你的恋人，同时还会失去你自己，你会蒙受双倍的损失。

……

失恋者：您真会安慰人，可惜您还是不能把我从失恋的痛苦中拉出来。

苏格拉底：是的，我很遗憾自己没有这个能力。但我可以向你推荐一位有能力的朋友。

失恋者：谁？

苏格拉底：时间，时间是人类最伟大的导师，我见过无数被失恋折磨得死去活来的人都被时间抚平了心灵的创伤，并重新为他们选择了梦中情人，让他们找到了真正属于自己的那份人间快乐。

失恋者：但愿我也有这一天，可我该从何做起呢？

苏格拉底：去感谢那个抛弃你的人，为他祝福。

失恋者：可是……为什么？

苏格拉底：因为他给了你一份忠诚，给了你寻找幸福的新机会。

说完，苏格拉底走了。

可想而知，与苏格拉底做完这番对话，失恋者会是另外一种怎样的心态？失恋是一种情感上的纠结，是一种心病，"心病还需心药医"，只有给孩子提供真正对他有用的心药，才能把孩子从危险的边缘拉开。

方法二：转移孩子的视线，减轻孩子的痛苦

孩子失恋后，对自己曾经热恋的人以及有关的景、物会有一种特别的感觉，触景生情可能会引发他的痛苦。因此，暂时地远离有关的人、物、景，换一种环境，可能对恢复情绪有好处。比如，可以为孩子申请调一下班级，或者带孩子外出旅游等，借以转移孩子的注意力。

　　小林在读高二那年爱上了班里的一位漂亮女孩，可是后来女孩的家长发现了此事，强制性地让女孩转学了，而且不允许他们之间再来往。这件事对小林打击很大，他常常为此茶饭不思，意志也很消沉，还经常为此旷课泡网吧……

　　小林的班主任老师将此事通知了小林的爸爸，爸爸感到很意外，但却没有批评儿子，因为他知道儿子此时的心情有多么痛苦。爸爸耐心地开导小林，希望他能尽快从失恋的阴影中走出来，但爸爸的劝说效果似乎不明显，看着儿子一天一天地消瘦下去，作为父亲他很心疼。

　　后来，爸爸决定带儿子出去散散心，他选了儿子一直想去的地方——泰山。儿子在读初中时就曾梦想着能去爬爬泰山，可是因为自己工作忙，一直抽不出时间，现在他决定带儿子去一趟。他们各自向单位、学校请了几天假，父子二人一起来到了泰山。

　　父子二人先在泰山脚下的旅馆休整了一下，半夜时分开始出发。刚开始小林异常兴奋、精神头十足，可是爬到半路时他就有些体力不支了，爸爸一直在激励他、开导他，希望他能够振作起精神来。虽然他们中间略有小憩，但依然在预定的时间内到达了山顶。当小林看到冉冉升起的那轮红日时，他激动地大声呼喊了起来，声音在山谷中久久回荡着，多天来的抑郁情绪似乎也一扫而光……

从泰山回来后，小林的精神状态有了明显的改善，他又重新投入到学习中去了。半年时间过去了，尽管偶尔还会想起曾经的恋人，但小林的一切生活都恢复了正常。

孩子失恋后，作为家长带他去旅旅游、散散心是非常不错的。让孩子换一种环境，换一种心情，释放一下心中的郁闷情绪，有利于他投入新的学习生活。

方法三：让孩子从失恋中学会成长，变得成熟

恋爱和失恋都是人生非常重要的一种情感经历，对于中学生而言90%以上的恋爱都会失败，也就是说大多数早恋的中学生早晚都要经历失恋这一阶段。当然，失恋的经历并非一无是处，它完全可以转化为人生的一笔精神财富，它可以使一个人变得更加成熟和理智，关键是家长要正确引导孩子，让孩子从中学会成长。

比如，孩子失恋后，家长可以帮助孩子分析失恋的原因，分析双方的优缺点；让孩子明确学习目标和人生目标；让孩子学会勇敢、坚强和责任等等。

7

第七章

传递健康的性观念，让孩子"性"福一生

孩子的性别意识培养很重要

叛逆期案例

小文是一位15岁的初二男孩，个子比较高，身体长得也比较结实，但是他说起话来总是一副"娘娘腔"，动作扭扭捏捏，走路来也喜欢扭着屁股，很像一个女孩儿。

从小妈妈就把小文当女孩养，因为他上面有一个哥哥，妈妈本来希望二胎是个女孩，但却生了个男孩。为了满足自己抚养女孩的愿望，妈妈就把小文当女孩养了。小文儿时妈妈总喜欢给他穿女孩的衣服，给他留长发，用鲜艳的蝴蝶结给他扎头发，还带他上女厕所，以至于小时候小文一直认为自己是个女孩。

现在长大了，尤其是进入青春期后，小文才发现自己太女性化了，他也曾想让自己变得男性化一些，但他看到现在娱乐节目中有的主持人和选手本来是男的，但他们的言行举止也像女孩，而且他们的生活同样很快乐，所以他就放弃了改变自己的打算。但是父母却不这么认为了，他们以前是希望满足自己抚养女孩的愿望，才把他当女孩养，可是现在儿子长大了，言行举止依然像个女孩，这让他们感觉难以接受。妈妈曾试图改变小文，但发现儿子似乎已经适应了这种生活方式，而且从现实中找到了自己的"偶像"，所以也感觉无能为力了。

尽管儿子在生理上没有什么异常，但这种性别的错位却让他们感觉有些尴尬，他们担心这会影响儿子未来的生活，为此对自己当初的教养方式十分后悔。

妈妈要懂的心理学：孩子的性别意识取决于家长的教养方式，要科学施教

孩子的性别意识错位，男孩女性化和女孩男性化的现象在现代社会越来越严重，似乎还有一种成为时尚的趋势，这源于家庭和社会的共同原因。

心理学上有一个角色效应，是指不同的角色定位会引起不同的心理或行为变化。男孩女性化或女孩男性化的现象就是这种角色定位的不同造成的，无论这种角色定位是家庭还是社会造成的。

从家庭方面来讲，有些妈妈从小把男孩当女孩养或者把女孩当男孩养，这会让孩子从小就形成一种错误的性别意识，这种人为的性别定位会让孩子形成习惯性的思维和心理认识，这是造成性别错位的主观原因。如前面例子中的小文，妈妈为了满足自己抚养女孩的愿望，从小把小文当女孩养，结果让小文变得女性化。还有客观方面的原因是家庭父亲教育的缺失，比如有不少男孩从小是由妈妈、奶奶或者姥姥等女性带大的，这种情况下女性的性格特征就比较容易影响到孩子，从而让男孩女性化。当然，也有的情况是父母离异，妈妈有意识地把女孩当男孩来养，希望女儿长大不被人欺负，能独自撑起一片天。这是女孩男性化的主要原因之一。

对青春期的孩子而言，性别意识错位还有社会的原因。当今社会人们的思想和娱乐方式出现了明显的多元化趋势，人们趋向于追求不同的价值体验和自我感

受，因此"春哥""伪娘"不仅应运而生，而且受到部分人的热捧。前面例子中的小文，儿时妈妈把他当女孩养，进入青春期后他本来可以有一次"改正"的机会，但却被新时代的娱乐潮流给淹没了，所以他只好在性别错位的道路上越走越远……

然而，性别的错位毕竟不符合教育的主导方向，也绝不是教育的目的，"春哥""伪娘"也不可能成为社会娱乐的主流，所以在孩子的教育问题上必须要充分考虑性别的因素，区别对待，科学施教，把男孩培养成男子汉，把女孩培养成小淑女。

叛逆期方法指导

方法一：给孩子正确的性别定位

男孩女性化或女孩男性化，主要的原因在于家长对孩子的性别定位错误，或者说角色定位错误。这种错误的性别定位是导致孩子心理朝异性化方向发展的主因。当然，现实生活中，父母可能会出于各种各样的考虑，而有意地把孩子往异性化方向培养。这里要特别提醒父母的是，无论基于何种原因，一定不要把孩子往异性化方向培养，这对孩子的未来生活和发展十分不利。

菲菲是一位初二女孩，她学习成绩很好，而且还是班干部，但是很多同学却不喜欢她，她的朋友很少，连邻居家的孩子都不愿意和她玩，这让她很郁闷。

一个偶然的机会，她从同学口中得到了答案，原来是因为她"太厉害""太霸道"了，连男孩子都惧她三分，在同学们眼中，她就是一个"男人婆"。听到这些，她很伤心，她知道这都是妈妈不当的教育方式造成的。

在她们家，大事小事一般都是她妈妈说了算，爸爸只知道工作，其他的很多事都不管。因为她是家里的独生女，妈妈总怕她吃亏或受欺负，于是一直把她当男孩子养。从她记事起，妈妈就告诉她，女孩子不要逆来顺受，该厉害点就厉害点，这样才不会被欺负。爸爸虽然不同意妈妈的教育方式，但也不敢多说什么。

上小学时有一次，她被同班的一个男孩打哭了。妈妈知道后，狠狠地批评了她一顿，并告诉她，下次再碰到有人欺负她时，一定不要害怕，一定要奋力还手，这样就没人敢欺负她了。菲菲听了妈妈的话，以后再有人欺负她时，她就使劲打对方。时间长了，班里同学都知道菲菲的厉害了，并且背地里叫她"假小子"，她感觉有一种成就感。

另外，在其他方面妈妈也像要求男孩子一样来要求菲菲，时间长了，她也就慢慢地习惯了妈妈的教育方式。可能是她组织能力强，学习成绩好，也可能是她具备连男孩子身上都不具备的那种魄力和威慑力，所以上初中后老师一直让她担任班干部。

可是菲菲并不快乐，因为她失去了很多朋友。

菲菲的遭遇不知道该值得骄傲还是该值得同情，站在不同的立场或许会有不同的看法。妈妈的教育方式确实让菲菲免受了不少欺负，而且也让她获得了班干部的荣誉和成就感，但是她却生活得并不快乐，因为她缺少了朋友。有一点是可以确定的，造成这一切的原因在于妈妈对她性别角色定位的错误。

方法二：避免角色效应，让孩子自由成长

前面提到了角色效应对孩子性别意识的影响。如果父母在孩子小时候把男孩当女孩养，那么他就会认为自己是个女孩，就会按照女孩的行为方式做事或要求自己；如果父母在孩子小时候把女孩当男孩养，那么她就会认为自己是个男孩，就会按照男孩的行为方式做事或要求自己。

一位心理学家通过观察发现：一对双胞胎姐弟，他们的长相非常相似，在同一个家庭中成长，从小学到中学，甚至到大学都是在同一个学校，同一个班级内读书。可以说他们的生活条件和教育条件几乎没什么大的差别，但是他们两个在性格上却大不一样：姐姐性格开朗，善于交际，待人主动热情，处理问题干脆果断，生活、工作独立性强，像一个男孩子；而弟弟性格内向，不善交际，遇事缺乏主见，做事喜欢依赖别人，像一位女孩子。

究竟是什么原因造成他们俩在性格上产生这么大的差异呢？心理学家经过调查研究发现，主要是父母对他们的角色定位不一样。在他们生下来后，父母在对待他们俩的态度上大不一样。尽管他们出生时间相差不了几分钟，但他们的父母还是准备让先出生的姐姐来照顾后出生的弟弟。姐姐必须要照顾弟弟，并对弟弟的行为负责，同时也要求弟弟听姐姐的话，遇事必须同姐姐商量。这样，姐姐不但要培养自己独立处理问题的能力，而且还扮演了弟弟的"保护人"的角色；而弟弟则充当了被保护的角色。因为角色定位不同，姐姐不仅要发挥女孩的优势，还要学习男孩的特长，所以她长大后性格有些像男孩子；而弟弟因为处在被保护的地位，他不仅没有机会展现男孩的本色，而且还有些女性化的倾向。

从例子中可以明显看出，不同的角色定位会对孩子性格形成和性别取向产生不同的影响。因此，家长在教育孩子的过程中，一定要把男孩当男孩养，女孩当女孩养，让孩子健康、自由地成长。

方法三：父母要扮演好各自的角色，承担起各自的责任

　　父母双方在家庭中都担负着共同的教育责任，对于孩子的教育都应当充分地尽自己的义务，任何一方教育责任的缺失都有可能造成孩子性别的错位或其他问题。对于女孩，父母双方应当按照女孩的教养方式来培养她，母亲应当把自己温柔、贤淑的一面传承给孩子；对于男孩，父母双方应当按照男孩的教养方式来培养他，父亲应当把自己刚毅、果敢的一面传承给孩子。

　　总之，在家庭教育中需要父母双方共同参与，无论是男孩、女孩，父母双方都要尽到自己的教育责任，共同培养出优秀的男孩和女孩。

如何处理孩子的性焦虑问题

叛逆期案例

小山是一个高一男孩，他沉默寡言，朋友很少，学习成绩也一般。

小山从小聪明伶俐，小学时学习成绩还不错，可是后来一个难以启齿的隐私，让他的花季不再充满阳光。

那是初二的一天，他去一个同学家里玩儿，看到同学书架上有很多书，他很羡慕。同学去上厕所，让他自己随便翻看。他看到其中有一本人体摄影画册，便好奇地拿起来翻看，突然几张裸体女人的照片跃入他的眼帘，他心跳加快，脸也红到了耳根。听到同学从卫生间里出来的声音，他赶忙把画册塞回书架，假装在翻看其他书，但他的心头却难以平静。

从那时起，他就开始了手淫。每当独处一室或者晚上躺在被窝里时，他都会不由自主地想到那几幅裸体像，而冲动和欲望随之暗流涌动，令他无法自持。每次手淫过后，他都会感觉异常空虚，禁不住后悔自责，发誓下次不再这样做。可是不知是那种冲动难以抑制，还是他意志薄弱，每当再有冲动时，他仍然克制不了自己。

尽管他不太清楚手淫会给他带来什么样的危害，但是他知道这是一件很肮脏的事情，像他这样品学兼优的学生不该做这种事。他常常会陷入恐慌和焦虑之中，这渐渐地影响到了他的学习，初三那年他的学习成绩不但没有提高，反而下降了。老师和父母多次找他谈话询问原因，他都一直支支吾吾，或者找其他借口搪塞过去。他不能把这件事告诉老师和父母，因为在他们眼中他一直是个好孩子。

学习上的压力和心理上的自责并没有让他停止手淫，反而更加频繁了。同时，他经常感到头晕，整夜失眠，为此苦恼至极，沮丧、自卑到了极点，甚至走路都不敢抬头，更不敢和同学们多说话。他觉得周围的任何一个同学都比他强，与他们相比，他是一个可耻的人！

虽然后来勉强升入了高中，但小山却对生活渐渐失去了信心，他非常厌恶自己，甚至曾想到过自杀。

妈妈要懂的心理学：青春期性焦虑是孩子最大的心灵杀手，家长要及时开导

孩子进入青春期，随着第二性征的出现，他们会对自己生理和心理等方面的变化，产生一种神秘感，甚至有时候不知所措。比如男孩出现性冲动、遗精、手淫后，会对此追悔自责等；女孩由于乳房发育而不敢挺胸抬头，月经初潮时会感到紧张不安等。这些都将对孩子的心理、情绪以及行为等带来很大的负面影响。伴随着这种好奇和不理解，他们往往会出现恐惧、紧张、羞涩、自卑和烦恼等不良情绪反应，严重时还可能伴随出现头晕头痛、失眠多梦、神经过敏、情绪不稳、体重下降和焦虑不安等症状。前面例子中的小山就是属于这种情况，由于他对青春期的一些生理和心理知识不了解，造成了他心理上的焦虑和身体上的一些不良反应。

进入青春期的孩子，对异性产生好奇、早恋、手淫等是无法回避的问题，也是正常的青春期现象，但是很多父母都假装不知道这回事，从来没有跟孩子沟通过这方面的事情，而是顺其自然，直至发生严重问题才追悔莫及，这对孩子的成长和家庭都损失巨大。

心理学上有一个霍桑效应，说的是美国西部电器公司的霍桑工厂为了提高工作效率，请来包括心理学家在内的各种专家，在不到两年的时间内找工人谈话两万余人次，心理学家和其他专家还耐心听取工人对管理的意见和抱怨，让他们尽情地把不良情绪宣泄出来。结果，霍桑工厂的工作效率大大提高。这种奇妙的现象就被称做"霍桑效应"。

其实，对于青春期孩子的性焦虑问题也是同样的道理，如果家长能够适时适当地与孩子进行沟通，就会从某种程度上帮助他们缓解这种心理压力，从而使他们的学习效率提高。如果家长忽略了对青春期孩子的生理及心理指导，会导致孩子心理方面极大的压力。有些孩子或许认为性冲动、遗精、手淫等是可耻的，就可能不断地自责或产生恐惧心理及罪恶感，这会严重影响到孩子生活、学习、交往的各个方面，也可能影响到他们今后的性心理。也有一些孩子或许会通过其他途径了解性知识或者尝试性行为，这会给他们的身心健康带来更多潜在危险。

叛逆期方法指导

方法一：发现孩子有性焦虑现象，要及时解决或求助于专家

青春期的孩子比较容易出现性焦虑方面的问题，当家长发现有类似苗头后应当及时帮助孩子解决，或者带孩子就医。如果孩子焦虑程度较轻或者因缺乏了解生理知识而焦虑，那么家长可以和孩子进行有效沟通，帮助孩子了解相关知识，缓解孩子的心理压力；如果焦虑程度较重，甚至身体产生了不良反应，那么家长最好带

孩子去看心理医生或精神科医生。

　　14岁的小新正在读初中二年级，他性格比较内向，但成绩很好。可是，最近放暑假了，他却总是不敢出门，有一次妈妈想带他去商场给他买件T恤衫，他死活不去，搞得妈妈非常纳闷。后来，经过妈妈耐心询问，他才道出实情，他说他总喜欢偷偷注视女性的胸部，尤其是夏天，女性大多衣着单薄，他更觉得无法控制自己的眼睛，只好躲在家里不出门，并且他时常有一种羞愧感和罪恶感。

　　妈妈听到这个原因，感觉有些好笑，但她并没有直接笑出来，而是耐心地给小新讲解了有关青春期的一些知识。小新听后将信将疑，仍然无法摆脱那种罪恶感。无奈，妈妈只好带小新去看心理医生，在心理医生的细心讲解和开导下，小新才如释重负。

　　例子中小新显然是患上了轻度的性焦虑症，而这主要是和他对性知识不了解有关，但是妈妈的讲解并没有解除他心中的疑虑，最后还是在心理医生的帮助下解决了问题。现实生活中的确存在这样的问题，当孩子遇到什么问题时，家长的解释他未必相信，如果求助于相关的专家，那么问题就会比较容易解决。

　　方法二：多给孩子讲一些生理卫生知识

　　孩子患性焦虑，最主要的原因就是他们对生理卫生知识一无所知。这种情况下，如果父母能够适时地给他们讲解一下相关的知识，孩子的性焦虑现象将会大大减少，尤其是母亲要多关注一下刚刚走入青春期的女孩。青春期的女孩因为其特有的生理和心理特征，很容易患上焦虑症。青春期的少女身体发育加快，不但身高、体重、内脏器官迅速发育，生殖器官也迅速发育，并出现月经初潮等生理现象。这一阶段，她们容易对自己体态、生理等方面的变化，产生一种紧张和神秘感，甚至感到不知所措。

　　　　小蕾今年12岁，刚刚升入初一，她是一个品学兼优的孩子。但是最近，她的成绩却直线下滑，这令老师和家长都很纳闷。

　　　　在后来的家长会上，老师反映小蕾最近一段时间在课堂上经常走神，总是心神不宁的，课堂发言也不像从前那样干脆利落了，每次都显得比较紧张、羞涩，热情也不高。而小蕾的妈妈也告诉老师说，小蕾最近食欲很差，白天总是坐立不安，还经常说自己头晕、身体不舒服，晚上也经常失眠、说梦话。

　　　　后来，妈妈通过和小蕾聊天得知，最近一段时间，她总是感觉乳房胀痛，后来下身还出血了，而且腰酸腿疼，身体很不舒服……她的好友告诉她，那是来月经了，她才稍稍放松了一些。但由于对这些了解不多，她仍然困惑不已。妈妈了解到这个情况，才意识到女儿长大了，而自己却忽略了孩子的成长，于是妈妈耐心、细致地为女儿补上了青春期的必修课。

　　　　小蕾听到了妈妈的讲解，才如释重负。此后，她的焦虑情绪慢慢地缓解了。

　　处于青春期的孩子，一定要学习和了解科学的生理卫生常识，要知道人体生长发育的过程，只有了解了这些知识和过程，才不会对青春期的生理现象感到好奇和神秘。当然，除了孩子自己主动去了解这些常识之外，家长的讲解和关怀是非常有必要的。如果孩子出现了严重的焦虑症状，影响了正常的生活和学习，那么就要带孩子咨询医生，及时诊疗。

　　方法三：多让孩子参加丰富多彩、健康有益的活动青春期的性冲动，让很多少男少女感到苦恼和焦虑，随着第二性征的出现，他们开始更加关注自身的性别角色和与之相关的形体特征，男孩希望自己英俊、高大，具有男子汉气质；女孩希望自己漂亮、苗条，温柔可人。如果不具备这些特征，他们就会自卑、苦恼，整日愁眉不展。还有的男孩子担扰自己的生殖器发育状况、性功能是否正常，有的女孩子担心自己的乳房大小等等。对自己这些内在的、外在的过分关注，往往会给孩子们带来心理压力或焦虑情绪，因此他们非常需要通过参加活动来转移注意力。

针对这种情况，家长可以鼓励孩子多参加一些校内活动，甚至可以亲自带孩子进行一些有益的活动，比如外出远足、野餐，参加各种有益的比赛等。总之，让孩子把精力集中在学习或其他一些有意义的活动上，就可以有效转移孩子的注意力，培养孩子的远大理想和高尚情操，减少孩子的焦虑情绪。

发现孩子手淫怎么办

叛逆期案例

小华是一位初一的男孩，他性格内向，不善交往，但喜欢看书，学习成绩也不错，父母对他很放心，也对他期望很大。

一个周末的下午小华从同学家借来了几本书，躺在床上津津有味地看了起来，当看到一本杂志时，其中有一个故事有少量的性爱描写，并附了一张美女半裸图，他越看越兴奋，大脑也开始胡思乱想起来。小华感觉到自己的阴茎慢慢地硬了起来，他情不自禁地把手伸向了内裤里抚摸起来，喉咙里还不时发出低吼声。

正当小华极度兴奋时，爸爸推门进来，看到眼前的一幕，顿时火冒三丈。小华赶紧把手从内裤里抽出来，迅速拉好衣裤。看着儿子窘迫的样子，爸爸顺手拿起床上的杂志一看，气不打一处来，扬手打了小华一巴掌。小华脸红到了耳根，低着头一声不响。

妈妈闻声而来，大声指责爸爸："你干吗打儿子，他究竟做什么了？""你问他自己吧，一个不争气的东西！"爸爸丢下这么硬邦邦的一句话，摔门而去。

妈妈轻声问道："到底怎么了儿子？你倒是说话呀！"

小华只是低着头一声不语，眼泪止不住地流了下来。无奈，妈妈安慰了小华几句，也关上房门离开了，留下小华一个人坐在床边忏悔。

从那以后，小华在父母面前总是小心翼翼的，似乎无颜面对他们；在学校，他也不敢和女同学说话了，性格似乎变得更内向。可是，他并没有因为这件事而停止手淫，他实在抵挡不住那种快感的诱惑，但同时他的心中充满了更强的罪恶感和耻辱感，每次偷偷手淫完后，伴随他的都是无尽的空虚和自责。

妈妈要懂的心理学：青春期手淫是正常现象，父母不必过分责怪孩子

青春期的孩子手淫是一种正常的现象，它是生理和心理发展的必然需求，无论对男孩还是女孩而言都是如此，只不过这种现象在青春期男孩身上更常见而已。青春期随着生殖器官的发育，性激素的分泌增加，使男孩子本能地开始对异性感兴趣。当性心理发展到一定的程度或外界的刺激引起性兴奋后，男孩的生殖器就会勃起，这种情况下很容易诱发男孩手淫，即用手或其他方法刺激生殖器。同理而言，女孩遇到类似的情况也会产生手淫行为，只不过这种现象与男孩相比较少。

青春期的手淫行为对于性冲动非常强烈的青少年来讲，可以使他们的性冲动得以顺利地宣泄，从某种程度上帮助他们满足性欲望，缓解性焦虑和性紧张。从现代医学的角度来讲，适度的手淫，对青少年的身心健康还是有益的。当然，这种行为一定要适度，如果放纵或沉溺就会给身心健康带来危害。

无论如何，这种行为是青春期孩子生理和心理发展的必然需求，不可遏制，也不可放纵。家长对此要保持一种科学、客观的态度，合理地引导孩子。受传统思想的影响，有的家长认为手淫是一种丢脸的、可耻的、见不得人的行为，属于社会

禁忌，而且传统观念认为手淫会导致神经衰弱、记忆力下降、失眠多梦等不良症状，所以家长是不能容忍孩子有这种行为的。前面例子中，小华的爸爸发现儿子手淫的行为后暴跳如雷，也就不难理解了。然而，事实上小华的爸爸是受了传统观念的影响，所以才不能客观地看待这件事情，但正是因为他的不理智、不客观、不科学才导致了小华在这件事之后的一些后遗症。

所以，当家长发现孩子有手淫行为后，应当理性地、含蓄地制止，并委婉地向孩子讲明利害关系，引导孩子把主要精力用在学习上，而不应当指责、嘲笑和辱骂，否则对孩子以后的婚恋会有不利影响。

叛逆期方法指导

方法一：发现孩子手淫，应当含蓄地制止

手淫是青春期孩子的正常现象，在青少年群体中比较普遍。所以，家长要以一种科学和包容的态度来看待此事，来对待孩子。当发现孩子有手淫的行为后，一定要理性地、含蓄地制止，千万不要指责、嘲笑、打骂等，这会加重孩子的心理负担，甚至会给孩子今后的婚恋生活留下阴影。

小涛今年14岁，是一位活泼开朗的初二男孩，他平常喜欢体育运动，也很喜欢交朋友。在他的周围经常可以看到一群"狐朋狗友"，但是他很少在外惹是生非，也没有明显的不良习惯，所以爸爸平常也不怎么管他。

可是，最近几天爸爸发现小涛总是把自己一个人关在房间里玩他的MP4，直到吃饭时妈妈喊他，他才慢吞吞地开门出来吃饭。爸爸对此一直很纳闷，但也没有直接问儿子，而是在暗中观察。

有一次小涛吃完晚饭回自己的房间去了，妈妈去厨房里洗碗，爸爸坐在客厅里看电视。这时，爸爸隐隐约约听到小涛的房间里似乎在播放什么节目，似乎还有女人的呻吟声……爸爸意识到有些不妙，于是轻轻地来到小涛的房间推开了门。儿子房间里关着灯，他看到儿子桌上的MP4里正播放着黄色视频，画面不堪入目，在黑暗中显得更加刺眼。儿子看到有人推门进来，下意识地把手从身上拿开，拉了拉衣裤，又赶紧把MP4反扣在桌子上。虽然房间里光线比较暗，但爸爸似乎已经明白刚才发生了什么，他没有直接开灯，也没有查看儿子的MP4，而是淡淡地问了一句："儿子，你没有睡觉啊？"小涛怯怯地"嗯"了一声。爸爸又接着说："儿子，别老看一些没用的视频，学习要紧。另外，别学那些坏习惯，多养成好习惯。"说完这些，小涛的爸爸带上房门出去了。

尽管爸爸没有直接点明什么，但是小涛明白爸爸所说的意思，他既感到羞愧，也从心底里感激爸爸为他留了面子。接下来的几天里，爸爸就当什么事情都没发生过一样和小涛讲话，倒是小涛有些不自在，但他已经明白以后该怎么做了。

小涛的爸爸在处理这件事情上的确算是一位明智的家长，他没有盲目地依据猜测定儿子的"罪"，而是在"人证、物证"俱在的情况下，含蓄地对儿子进行了提醒和教育，这不仅利于保护孩子的自尊心，也利于孩子改掉这种习惯。

方法二：借机和孩子讲讲相关的卫生和健康知识

孩子手淫是出于生理和心理的需要，然而孩子对这种行为本身并不十分了解，对相关的一些生理知识也不一定了解。在没有正确认识的前提下进行这种行为，容易给孩子心理上造成一定的负担，不利于孩子的身心健康。所以，当家长发现孩子有手淫的行为后，不妨借机给孩子讲一下有关的生理卫生知识。

233

　　小晴正读初一，是一个特别爱干净的女孩子，这要归功于她的妈妈。在小晴很小的时候，妈妈就让她养成了每天洗"屁股"的习惯，刚开始妈妈帮她洗，后来长大一些就让她自己洗。

　　这天吃过晚饭，爸爸妈妈坐在沙发上看电视节目，小晴便去卫生间洗漱。洗完脸、刷完牙，她便关上卫生间的门准备洗屁股。她在盆子里兑好了温水，蹲下了身子，在地下身接触温水的一刹那，她突然感觉到身上一阵发麻，她缓缓地闭上眼睛。最近一段时间以来，每当她洗屁股的时候，总有这种感觉，让她欲罢不能。此刻，那种感觉又涌遍全身，随着手的不停搓动，她情不自禁地发出满足的声音。然而正当她陶醉于这种妙不可言的快感时，突然听到妈妈的声音："小晴，你在做什么？"

　　原来，妈妈或许感觉她洗漱的时间太长了，于是走过来看看，当听到女儿发出那种欢快的声音时，便推开了卫生间的门。小晴这才意识到刚才自己忘反锁卫生间的门了，她脑袋嗡的一声，低头坐在那儿说不出话来。

　　妈妈没有接着问下去，而是告诉小晴洗完后回自己房间。小晴很快穿好衣服，来到自己房间，妈妈已经在那里等她了。妈妈跟小晴讲了一些性生理和性心理的相关知识，并告诉她应当注意的一些卫生常识，还叮嘱她要注意保护自己的身体健康。

　　小晴从妈妈这里学到了很多生理卫生方面的常识，也意识到了过度手淫的危害，她非常庆幸有这么一个通情达理的妈妈。

　　小晴的妈妈是智慧的，当她发现女儿有手淫的倾向后，没有直接点明，而是借机给孩子讲了一些生理卫生知识，让孩子对自己的身体和行为有了初步的了解，这对孩子的成长是非常有利的。

方法三：引导孩子追求积极向上的生活

尽管手淫可以缓解青少年的性焦虑，但是频繁手淫对身心健康成长还是有害的。所以，对家长而言，无论是否发现孩子有手淫行为，都要教导孩子追求积极向上的生活。

当孩子进入青春期后，如果暂时没有发现孩子有手淫行为，也要提醒孩子把主要精力用在学习上，要看一些积极向上的文学作品或影视剧，当然也可以适时地给孩子讲一些有关青春期的生理知识，提醒孩子注意青春期生理卫生。

另外，从环境条件来讲，尽量给孩子盖轻薄一点的被子，不要太过暖和；也不要让孩子穿太紧身的衣服，避免受不良刺激；让孩子早睡、早起、多运动，养成良好的作息习惯；晚餐尽量让孩子少吃有刺激性的食物，如蒜、酒、辣椒、咖啡、浓茶等。

警惕孩子之间的性行为

叛逆期案例

小菡是一个高二女孩，她学习成绩不错，但长相普通。与很多女孩子一样，进入青春期后她也渴望了解男生，看到自己的好朋友都有人爱了，她禁不住开始胡思乱想，希望自己也能得到喜欢的男生的宠爱。于是她开始刻意地打扮自己，并极力在自己喜欢的男生面前表现自己，可是她的表现事与愿违，非但没有迎得自己喜欢的男生青睐，反而遭到对方的讨厌。这令她心灰意冷了一阵子。正当她为此而烦恼不已的时候，班里的另一位男孩子主动向她示爱，她想都没想就答应了，而且很快和这个男孩陷入"热恋"。

两个月过后，男孩向小菡提出了过分的要求，她坚决不同意。之后，男孩有些疏远小菡，这令小菡感到很失落。几天过后，当男孩再次提出类似要求时，小菡未置可否。周末，男孩邀请小菡到他家去玩儿，她犹豫了一下，还是答应了。男孩的父母有事外出了，家里就剩下她和男孩两个人，他们就开始上网听歌。听完几首歌曲，男孩打开了黄色视频让小菡看，那些画面让小菡心惊肉跳，男孩却说那种事情十分美妙，边说还边脱小菡的衣服。小菡经不住男孩的花言巧语，在半推半就中默许了。

小菡说她很痛，男孩告诉她过一会儿就不痛了，可是小菡却感觉越来越痛，她实在忍受不了了，于是大哭起来。男孩只好停止了，他发现小菡的下身在不停地流血，怎么也止不住，男孩慌乱之中只好拨打了120急救电话，然后又给小菡的家里打了一个电话。小菡的妈妈赶紧来到了医院，但是男孩却没有再露面。

经医生诊断发现，小菡的外阴撕裂、阴道裂伤，医生给她做了缝合手术。

妈妈要懂的心理学：性行为对青春期的孩子有特别的吸引力，家长要高度警惕

青春期性行为，无论是对于男孩还是女孩都有着莫大的吸引力。尽管家庭教育还是学校教育对此都是严厉禁止，一些少男少女还是禁不住诱惑偷吃禁果。

在古希腊神话故事中，有一个叫潘多拉的姑娘从众神之王宙斯那里，得到了一个神秘的小盒子，宙斯严禁她打开这个盒子，但这却更加激发了潘多拉的猎奇和冒险心理，这种心理最终促使她打开了魔盒，结果灾祸由此飞出，充满人间。这种心理正应了一句俄罗斯谚语——"禁果格外甜"，这被人们称为"禁果效应"。

有很多青春期的孩子偷偷尝试性行为也是出于这种心理，这主要在于家长或老师在教育孩子的过程中一再禁止这种行为，但并没有向孩子讲明禁止的原因，或者过早进行这种行为对身心健康带来的伤害。如果向孩子讲明了这种事情或者由此带来的不良后果，那么大多数孩子或许就不会再尝试了。如果宙斯不仅仅是禁止潘多拉打开魔盒，而且还告诉她不能打开的原因，还有打开之后的后果，那么或许潘多拉就不会打开魔盒了。对于孩子青春期的性行为而言也是同样的道理。

前面例子中的小菡显然不知道性行为是怎么回事，在男孩甜言蜜语的诱惑下，在自己猎奇心理的刺激下，她才做了错事，使自己身心均受到了伤害。反之，如果她的妈妈能提前给她讲一些相关的知识，并提出一些防范措施或保护措施，想必她就不会受到这样的伤害。所以，这不仅是小菡对自己不负责任，更是家长的失职。

为了孩子的健康和幸福，对于青春期的性教育，家长一定要大大方方地进行，要让孩子从小就能以非常坦诚的态度去面对性，在性心理发育过程中少走弯路，免受伤害。那种遮遮掩掩的教育方法，只会让孩子对性产生曲解，甚至会加重他们的好奇心。

叛逆期方法指导

方法一：理性对待孩子的性行为

青春期孩子的性行为是令家长难以启齿的事情，也是令家长最为恼火的事情，无论自家的孩子是男孩还是女孩。对家长这一代人而言，骨子里的思想还是比较传统的，所以没有人愿意接受自己的孩子在青春期有性行为，而一旦发现孩子有这类的行为，一定会严厉惩罚孩子，无论采取什么样的惩罚方式，效果都不好，弄不好还会给孩子造成二次伤害。

昊然是一位初三男孩，他成绩不错，人也长得高大、帅气，还是班长，所以总有一些女孩围绕着他转。

有一次，一位女孩向他表明了爱慕之情，他也喜欢这位女孩，于是两人恋爱了。两人迅速地陷入了热恋之中，甚至到了如胶似漆的地步。后来昊然的妈妈发现了这件事，于是强令儿子与那位女孩断绝关系，但是昊然阳奉阴违，暗地里依然和那个女孩来往。妈妈并不知情，以为儿子听了自己的话，于是放松了警惕，直到有一天为儿子洗衣服时，从儿子上衣口袋里发现了半盒避孕套，她才恍然大悟。在妈妈的逼问下，昊然最终向妈妈说出了实情，他说那位女孩自愿以身相许。妈妈听到这里，担心儿子的前途会被毁掉，也恨儿子不争气，怒不可遏，于是伸手打了儿子一耳光，并且大声骂道："你给我滚出去，我没你这个儿子！"

昊然捂着脸走出了家门，他觉得妈妈太不近人情了，很长时间他也不和妈妈说话。但与此同时，他并没有因为这事与那位女孩断绝关系，反而把那位女孩当成了知心人。

昊然的妈妈虽然是为了儿子好，但是她处理此事的方式未免有些过激。出现了这种事情，应当用心与孩子进行交流，而不能动辄打骂，毕竟现在的孩子在青春期时就越来越成人化了，而且他们在这一阶段具有强烈的逆反心理。所以，遇到这种情况，及时告知孩子性行为本身的后果以及过早性行为带来的创伤，才是积极的做法。

方法二：及早对孩子进行性教育

在一个家庭中，如果父母不主动与孩子进行性教育方面的沟通，那么孩子是很少主动向家长提起这个话题的，而且孩子年龄越大沟通就越难进行，他们更不愿向家长敞开心扉。

美华是一位初二女孩，她长相甜美，性格开朗，颇受同学们的喜欢。

有一次班里一位男生给她写纸条示爱，她不为所动。可是后来禁不住那位男生的软磨硬泡，她答应了试着和他交往。后来，她发现自己渐渐喜欢上了那位男生，于是她更加注重打扮自己了，而且经常一个人待在自己房间里发呆。

妈妈似乎觉察到了女儿的异常表现，于是问女儿是不是有什么心事。美华有什么事一直都喜欢和妈妈商量，唯独这件事没有告诉妈妈，但在妈妈的诱导下，最终还是把这件事告诉了妈妈。妈妈听后并没有感觉到惊讶，更没有责备美华，而是耐心给她讲解有关性的知识。妈妈还告诉美华：从性成熟到建立婚姻家庭，需要经过相当长的过程。在这期间，要正确对待异性和性行为，要把对异性的向往升华为纯洁的友情，千万不要去尝试性行为，这会给身心健康带来损害，而且还会影响未来发展。在妈妈耐心细致的讲解下，美华明白了好多道理。

后来，当那位男生向她表明性行为的意愿时，她断然拒绝了，并且坚决地与那位男生断绝了关系。

例子中，美华的妈妈做得非常好，当她得知女儿有了早恋倾向后，及早地对女儿进行了性教育，让女儿认识到了过早进行性行为的危害，使女儿在遇到不合理的要求时断然拒绝了对方，而有效地保护了自己。现实生活中，家长一定不要对性教育讳莫如深，那样做可能会避免一时的尴尬，但也有可能会搭上孩子一辈子的幸福。

方法三：教孩子懂得性保护

教孩子有效保护自己，一定要让孩子坚决地拒绝任何性行为。然而，青春期孩子的性行为有时候也是防不胜防的，尽管家长一再强调不要进行这种行为，但是有些孩子还是禁不住"以身试法"，有些女孩甚至会因此怀孕、人工流产等，给自己的身心健康造成极大的伤害。

因此，在性行为防不胜防的情况下，家长还要告诉孩子最后的一道防护措施，那就是避孕措施，这不仅可以防止孩子怀孕，还能有效防止因此而带来的性病风险，保护双方的健康。当然，为了避免这种教育有纵容孩子的嫌疑，家长一定要运用一些谈话技巧，委婉地告诉孩子。

第八章

珍爱生命与健康，让孩子远离不良倾向

抽烟背后的心理学

叛逆期案例

小宾今年14岁，读初中二年级，长得比较高，比较强壮，性格也比较开朗、活泼，用妈妈的话来形容，"活脱脱的一个小男子汉"。

小宾学习成绩不错，人缘也很好，在爸爸妈妈眼中这孩子几乎没什么缺点，他们不仅对孩子很放心，而且对孩子的未来也充满了希望。然而，有一天一件意想不到的事情让妈妈感到非常失望。那天上午，妈妈正在洗衣服，当为小宾洗上衣的时候她习惯性地掏了掏儿子的上衣口袋，却发现了一包没有抽完的香烟。

妈妈将此事告诉了爸爸，爸爸听后也非常生气，当晚他们就质问儿子到底怎么回事。小宾回答说，他周围的几个好朋友都抽烟，说他连抽烟都不会，哪像个男子汉？就这样，小宾开始了第一次抽烟，尽管当时感觉滋味并不怎么好受，但时间长了他就渐渐习惯了，而且还真的从抽烟中找到了"大男人"的感觉，他为此甚至有些得意。这次被妈妈抓到，实属偶然。以前一放学他就把烟放进书桌抽屉里，用书本盖好，然后才回家。这回放学回家匆忙，竟忘了藏烟的事儿了，结果被妈妈发现了。

爸爸妈妈听后，气不打一处来，爸爸甚至走上前去打了小宾一耳光。小宾感觉脸上火辣辣的，脸一下子红到了耳根，眼泪也随之掉下来。但是，小宾并没有因此而停止抽烟，只是他抽烟时更慎重了。

妈妈要懂的心理学：青春期孩子用抽烟来宣示成年，家长要用心开导和制止

青春期的孩子抽烟的事，在现代社会似乎不算什么新鲜事儿。最近，一项相关调查显示：目前我国中学生初次吸烟的平均年龄是10.5岁，吸烟的年龄已呈现明显的低龄化趋势。

为什么越来越多的孩子加入了烟民的行列呢？对于青春期的孩子而言，心理上的成人感使他们迫切地需要展示自己的成人特征，他们认为"吸烟是成熟的标志""吸烟才显得有个性、与众不同"，尤其是男孩子认为吸烟就是"男子汉"的象征。这种认识固然与周围的环境和成人的影响有关，但是还有更深层次的心理原因。

比如，现在的孩子大多是独生子女，而父母工作比较忙，平时无暇顾及他们，造成了他们性格比较孤僻，受"吸烟能解闷"的误导，很多孩子染上了烟瘾。另外，青春期的叛逆也是造成孩子染上抽烟恶习的一个重要原因，比如他们认为"反正父母也没空管我，我想怎么做就怎么做"。总之，用网络上流行的一句话来说："我们抽的不是烟，是寂寞！"

那么，当发现孩子抽烟的问题后，应当怎么做呢？首先，遇到这种问题，家长一定不要暴跳如雷、恶语相加！因为这样只能加重孩子的逆反心理，使问题更加复杂和棘手。青春期的孩子毕竟接近成人了，他们有了自己独立的人格和权利，家

长的粗暴言行会伤及他们的自尊，使他们产生更强的抵触情绪，反而不利于改掉坏习惯。前面例子中的小宾就属于这种情况——他已经是个小大人了，爸爸却因为一盒烟而当着妈妈的面打他，让他情何以堪？再说了，因为一包烟至于动这么大的肝火吗？小宾对此非常不理解。因此，尊重孩子的人格是第一位的，即便发现了孩子吸烟也不能打骂。其次，要找到孩子抽烟的根本原因，从根源上解决问题。有的孩子抽烟是出于好奇，有的孩子抽烟是为了证明自己长大了，还有的孩子抽烟是因为孤独、寂寞……无论何种原因，找到根源，从根源上解决问题才更有效、更彻底。

叛逆期方法指导

方法一：开诚布公，让孩子作出选择

发现孩子抽烟后，可以开诚布公地与孩子交谈，让孩子自己选择应该怎么做，这是基于尊重基础上的一种直接有效的沟通，一般不会引起孩子的逆反情绪，尤其是对于男孩子而言。当然，家长的态度一定要诚恳，出发点应当是为孩子着想。

贝利是世界著名球王，1958年在瑞典举行的第六届足球世界杯大赛上，为巴西第一次赢得世界杯冠军，当时他仅有17岁。

贝利出生在巴西一个贫困的家庭，父亲是一位收入低廉的职业球员，靠微薄的收入养活一家四口人。因此，贝利的母亲并不希望他重复父亲的老路，但她却发现无法阻止儿子对足球的渴望。

贝利学习并不怎么样，可是非常喜欢踢球，爸爸觉得贝利踢球有一定的天分，因此决定支持他踢足球。于是，爸爸就成了贝利的"教练"，经常教贝利怎么带球、传球等。有了父亲的指导，贝利练球就更加刻苦了。

有一次贝利和小伙伴偷偷地吸烟，恰好被父亲看到了。父亲感到很惊讶，但是并没有责骂他，而是像老朋友那样对他说："孩子，你踢球有些天分，如果勤奋练习以后可能会有所作为。可是你要是吸烟，踢球的事只能到此为止。因为吸烟会损害身体健康，到时候你不可能有足够的体力和精力在赛场上踢出理想的水平。这事情你自己决定吧。"

贝利想：足球是我的生命，我一定要努力练球，进国家队为国争光，为家庭争光。我应该对自己负责，我一定要戒烟。从此，贝利真的再也没有吸过烟。

贝利父亲的忠告，并不复杂，更不严厉，但却如春风化雨滋润着贝利的心。简单的话语中透露着对孩子的尊重、认可和鼓励，并且暗含着对孩子的期望，这种方式让贝利发自内心地放弃了吸烟，最终成为一代球王。

方法二：心灵沟通，让孩子自觉改正

不同的孩子有不同的性格，在戒烟这个问题上，有的孩子需要开诚布公、直截了当；有的孩子需要委婉指出、感化心灵。心灵沟通有利于在维护孩子自尊心的基础上感化孩子，当然也有利于孩子戒除抽烟的坏习惯。

陈峻是一位高一男孩，他学习成绩不错，但性格内向，不善言谈和交往。他平时不仅和同学说话比较少，在家里和爸爸说话也不多，只有要钱时才主动和爸爸讲话，其余时间都是爸爸主动找他讲话。

有一次爸爸偶然发现他口袋里装有烟和打火机，爸爸便问他是怎么回事。他说那是别人的，班里好多同学抽烟，没什么稀奇的，他还说他没有抽。爸爸没有他抽烟的直接证据，于是就相信他了，只是叮嘱了几句"抽烟有害健康"之类的话。

可是不久，他在自己的房间里抽烟时刚好被爸爸撞见了，爸爸问他为什么要抽烟，他只是说自己这是第一次抽，以后不再抽了。爸爸对他的态度表示肯定，而且说了相信他的一些话。可是后来爸爸又发现了两次他抽烟的事情，这真令爸爸不知如何是好。

痛定思痛，爸爸决定给儿子写一份书面忠告，爸爸在忠告中写道："儿子，最近两年我已经很少批评你了，因为我觉得你已经长大了，有自己的思想了，平时你犯一些小错误，我也只是提醒你而已，从没有批评过你。但是你抽烟这件事有些令我失望，我总觉得不管是我的错，管又不知道如何奏效，爸爸在这件事上一直对你态度不错，你知道爸爸有多么为难吗？你已经长大了，希望对这件事情你能够好自为之……"

陈峻读着父亲的忠告，眼前闪现出了父亲日渐苍老的背影，眼中噙满了泪花。从此以后，他决定不再抽烟。

父辈人与子辈人之间存在着代沟，这种代沟在孩子的青春期更加明显。这种代沟从某种程度上阻隔了两代人之间的沟通，也使一些家庭教育问题变得更加困难。陈峻的爸爸对儿子的教育正是出现了这样的难题，但他通过书面忠告的方式将双方不愿当面讲的话讲了出来，赢得了儿子的理解，也解决了劝儿子戒烟的难题。

方法三：多给孩子关心和帮助，净化孩子周边的环境

青春期的孩子各方面压力比较大，身体、学习、生活等多方面的压力很容易导致他们心理不平衡，而吸烟则成为他们减压的一种方式。另外，父母工作繁忙，没有时间跟他们交流沟通，关心他们的生活，使得他们的内心十分孤独和寂

寞，尤其是对一些性格内向的男孩子而言，抽烟便成了他们排遣孤独和寂寞的最好方式之一。所以，家长无论工作再忙，也要抽出时间与孩子进行沟通，及时了解孩子的心理动态，给予更多的关心和帮助。

当然，家庭和社会环境的影响也是造成他们吸烟的主要因素。递烟有时候可以作为见面礼，拉近彼此的距离，这使得孩子欲拒不能。同寝室的人或几个要好的朋友在一起，如果有人抽烟，而自己不会，则好像自己很落伍，为了融入这个圈子，便染上了烟瘾。对于这种情况，家长一定要以身作则，尽量不要在孩子面前吸烟。对于孩子的同学或朋友抽烟的情况，要劝孩子坚持自己的原则，不要随波逐流。

如何避免孩子酗酒

叛逆期案例

据媒体报道，2009年12月某日晚，某中学高一年级学生小张为庆祝自己的生日，约了10余名同学在宿舍喝酒，他们从晚上7点多喝到了晚上的10点多，一共喝掉了近40瓶啤酒，后又买来5瓶白酒全部喝光。

为了大家高兴，也因为自己过生日，小张在与同学连喝了3瓶啤酒后，又独自将多半瓶白酒喝干，直到酩酊大醉。

同学看到小张不胜酒力，烂醉如泥，于是把他抬到床上休息。11点左右，几名同学突然发现小张嘴唇发青，四肢冰凉，大声喊他也没有反应，意识到问题严重，于是立即把他抬往附近医院抢救。医生检查后发现，小张在被抬往医院途中已经死亡，原因是酒后呕吐物被反吸进支气管导致了窒息，这种情况能使人在几十秒内死亡。

小张的妈妈得知此消息，悲痛欲绝。她说，我也不知道他什么时候开始喝酒了，只是有时候发现他偷偷地喝他爸爸的酒，后来发展到和同学在外面喝，有一次喝醉，被几个同学送了回来。为了不让他喝酒，我们打也打了，骂也骂了，可是他在外面还是会喝酒，我们为这事也是很苦恼，没想到孩子还是出事儿了。

妈妈要懂的心理学：青春期孩子喝酒有时不可避免，要让孩子学会拒绝、节制和自我保护

如同吸烟一样，喝酒对青春期的孩子也有着莫大的吸引力。对于这个年龄段的孩子来说，喝酒像吸烟一样是一种成熟的象征，对男孩来讲是一种男子汉的标志。受家庭和社会环境的影响，他们会认为：你们大人经常喝酒，为什么不让我们喝酒？我们已经是大人了，也要有自己的自由。当然，也有的孩子认为喝酒是一种娱乐方式，可以排解自己内心的孤独和学习上的压力等。有这两种心理的孩子是主动地去喝酒；还有一类孩子喝酒是出于被动，比如周围的同学、朋友都会喝酒，为了入群或者"给朋友面子"，自己慢慢地也沾上了酒。无论是出于主动还是被动，百分之百地避免孩子喝酒是家长很难做到的，除了孩子自己主动拒绝喝酒，而且无论何种情况下都能够坚持原则。

如果无法避免孩子喝酒，那么就应当让孩子学会拒绝、节制，甚至酒后懂得保护和自救。首先要让孩子学会拒绝喝酒，礼貌地说"谢谢"，如果是过生日或者亲朋好友来家里做客，在家人同意的情况下陪酒，也应当学会节制，尽量少喝；如果是因聚会与同学在外喝酒，酒后就应当学会相关的自我保护和自救措施，以免发生危险。如上例中的小张同学，如果他能够在喝酒时适当地节制自己，那么后果也不至于这么严重；如果他懂得酒后的自我保护和自救措施，比如酒后迅速催吐等措施，或许悲剧也不会发生。当然，他的家长对此负有一定的责任，发现孩子有饮酒行为后，不应当只是简单地打骂，而应采取一些补救性措施，让孩子学会节制和自我保护。

总之，对于孩子喝酒的问题，主要措施是预防和节制，而不是围堵。无论孩子喝不喝酒，父母都要教会他妥善处理交往中喝酒的问题。下面我们来看具体的方法和措施。

叛逆期方法指导

方法一：预防为主，给孩子讲清饮酒的危害

喝酒有害健康，连小学生都知道，对于青少年来讲，他们不会不知道这些。所以，单纯地给孩子讲"喝酒有害健康"是没有用的，一定要给孩子讲清楚喝酒的具体危害。

一般而言，少量饮酒对身体是无害的，它可以使人产生一种愉悦感，能够促进胃液分泌，有助于消化，但是大量饮酒（酗酒）对身体的危害极大，尤其是对青少年而言。酒精进入人体后，很快被肠胃吸收进入血液中，血液中的酒精（乙醇）只有5%~10%直接随呼气、汗液及尿液排出体外，而绝大部分都要经过肝脏解毒，把酒精转化为乙醛，然后再氧化成乙酸，乙酸进入组织被氧化成二氧化碳和水，同时放出一定的热量。少量饮酒时，酒精在体内就是这样被氧化分解处理的。然而，肝脏处理酒精的能力是有限的，当饮酒过量时，大量酒精就会在体内蓄积，并通过血液流动作用于各个组织器官。人体组织对酒精非常敏感，特别是大脑皮层，随着血液中酒精浓度的增加，大脑皮层由兴奋状态转为抑制状态，当大脑皮层的抑制过程加重时，便会产生急性酒精中毒症状，轻者头晕、呕吐、行动不便，重者失去知觉、昏迷不醒，甚至危及生命。

另外，对于青春期的孩子而言，他们的身体发育尚不完全，各器官功能也不完备，对酒精的耐受力比较低，肝脏解毒功能也比较差，因此更容易发生酒精中毒及其他脏器功能受损害的情况。比如脑功能受损，消化器官受损，或者导致肠胃疾病等。当然，饮酒还可能导致一些间接性伤害，比如因醉酒导致的打架、摔伤以及其他意外伤亡等。

相信如果家长认认真真地把这些细节性问题讲给孩子听，孩子一定不会无动于衷。现实生活中，对待孩子喝酒的问题家长只是简单地数落孩子几句，根本没有深入与孩子沟通，甚至有的家长还以打骂的方式来禁止孩子饮酒，那么对青春期逆反性极强的孩子来说是无济于事，甚至适得其反的。

方法二：让孩子学会拒绝和节制

前面讲到了，禁止孩子喝酒是不太现实的，尤其是对于男孩子来讲。所以，在无法严格禁止的情况下，至少要让孩子学会拒绝和节制。

出于交往的需要，有些孩子不得不面临酒场。比如同学过生日、同学或朋友间聚会、亲朋好友到家来做客等，针对这一类情况就应教会孩子学会拒绝。有的孩子不好意思拒绝或不敢拒绝，他们担心拒绝后会让自己丢面子或失去朋友。其实，真正的朋友是不会强迫孩子喝酒的，而且也决不会因为孩子不喝酒，而拒绝和他做朋友。所以，父母要给孩子足够的勇气让他们学会说"我不能喝，谢谢"。比如，一位父亲告诉自己的女儿："任何时候、任何地方都不要接受别人劝酒。喝不喝酒是你自己的事儿，不用太多考虑别人。即便一桌子人只有你不喝酒，你也只管拿好自己的饮料，高高兴兴地喝。"每个孩子都需要学会这样的拒绝方式，并且无须为此解释、道歉、争论或者找借口。

当然，还有些孩子为了融入圈子，或者"给朋友面子"，在确实拒绝不了的情况下就应当学会节制，只喝一点点表示友好而已。如果对方再劝酒，一定要让孩子严词拒绝。当然这里也是有技巧的，正如一位父亲对儿子所说的："喝酒是需要技巧的，你要学会好好地爱护一杯酒，慢慢地呡吸，而不要一口吞下去，一杯酒可以喝上一个小时……"

总之，我们可能无法做到让孩子滴酒不沾，但是我们可以教孩子如何更好地面对酒精，让孩子认识到酒精带来的一切后果。给孩子讲清楚道理之后，让他自己去选择，尊重他的判断力，相信他的自制力。

方法三：教孩子一些自我保护和自救措施

孩子了解到酒精对人体的危害，能够自觉拒绝喝酒自然是好事儿，有些情况下孩子难以拒绝，甚至有时候会多喝，这时就一定要教会孩子一些自我保护措施和自救措施。比如，喝酒前先吃些东西，避免空腹饮酒；喝酒时慢慢地、一小口一小口地喝，而且不离水杯，喝一口酒后马上喝一口水；喝完酒后，可以吃些梨、西瓜等解酒水果，如果身体不适，有呕吐反应，那么就应当自行催吐，或在别人的帮助下催吐等。如果因喝酒过量，而行走不便，就找几位状态好的同学或朋友帮忙送回家等。

小民是一位初三毕业生，经过考前一番艰苦的复习和三天的升学考试，他终于走出了考场，心里如释重负。

和小民要好的另外几个同学也有同样的感觉，为了庆祝考试的结束，他们骑车来到一家餐馆吃饭庆祝。大家正吃得高兴，其中一位同学喊了一声："老板，来瓶酒！"其他人听到后稍微一愣，还有的同学附和着："来瓶酒也好，正好祝祝兴！"就这样他们要了一瓶白酒开怀畅饮起来。席间，大家一致认为小民这次考试能进"重点"，所以大家都频频向他敬酒，他推辞不过，只好一小杯一小杯地喝了下去。不过，他听爸爸说过，喝酒时一定要跟上水，所以他就一直不离水杯子，当然也没少跑厕所。尽管爸爸不主张他喝酒，但盛情难却，他也有些把握不住自己。不一会儿，一瓶白酒被他们几个人喝光了。当有人还想继续要酒时，被小民制止了，小民这时候觉得有些不胜酒力了。同学们见他有些醉的样子，也不再坚持要酒，大家吃了些饭就结束了。但此时的小民已经感觉有些头晕，他以前很少喝酒，这次喝得确实有点多了。怕自己骑车出危险，他让另外一个没怎么喝酒的同学骑车把他带回了家。

尽管小民在不得已的情况下喝了酒，但是他却做了一些必要的保护措施，比如席间一直没有离开水，而且在同学继续要酒时阻止了同学，这说明小民还是有一定的自制力的。最后，当小民感觉自己头晕的情况下，让喝酒少的同学把自己送回家，也是很明智的行为。

孩子为什么要成立帮派

叛逆期案例

某媒体报道过一个帮派的成立和发展过程。某中学初二、初三的13名学生在餐厅为其中一名同学庆祝生日时，一名龙姓同学觉得经常受人欺负，于是提议成立一个帮派，得到其他人的支持和赞同。随后，13人举行了仪式，确立了以龙姓同学为首的帮会，号称"十三太保"，并且制定了三条帮规。

为了募集"帮费"，迅速扩大帮派"影响"，他们不久就开始了一次"打抢"行动。一天晚上，龙某带领帮派成员在一路口抢劫两名中学生。龙某冲上前去将两人拦住，另一名团伙成员刘某把刀架在其中一名学生的脖子上，龙某抢走了他们身上的200多元钱和一部手机，然后团伙成员到餐厅大吃了一顿。

事后被抢的同学因害怕遭到报复并没有报警，这使得这个团伙更加肆无忌惮。半个月后的一天，团伙成员十多人在歌厅唱歌时遇到了四名18岁左右的青年人，虽然对方的身高和年龄都比他们有优势，但他们依仗人多势众，冲上去抢劫。其中三名男青年见状吓得落荒而逃，而另一名女青年被这伙人抓住。龙某以轮奸威胁女青年，抢得了女青年身上仅有的50元钱。后来，他们在校外抢劫另外两名男生时，因遭到反抗，还将其中一人用刀捅伤。

不仅如此，他们还频频实施偷盗行为。有一次，他们其中一人的班主任老师将挎包放在办公室时，挎包被他们盗走。在获得800元钱和一部手机后，他们将挎包扔到了学校后面的一条小河中。后来，在老师报警后，将他们抓获。

事后，经过调查得知，这十几名孩子中，有多个孩子的父母离异。其中父母没有离异的孩子，平时也很少得到父母的管教，这或许成为他们堕落的主因。

妈妈要懂的心理学：孩子希望通过"帮派"获得保护和认同感，家长要注意预防和转化

近年来，中学生"帮派"呈增多趋势，而且范围不断扩大，这种现象对社会以及对孩子自身的成长危害巨大。"帮派"成员主要是一些思想消极落后的学生，在共同"志趣"的推动下，结成一个团伙，实施"打抢"等违法犯罪行为，危害社会，也危害了自己和家庭。

孩子为什么要结成这样的一个团伙，实施这样的行为呢？根本原因在于他们希望获得一种心理上的寄托，获得周围人的认可。心理学家认为12~16岁，是人生的"危险期"，这个年龄段的孩子不谙世事，自控能力差，感情丰富又敏感、脆弱，渴望独立又有很强的依赖心理，当受到来自家庭和学校的压力时就会产生自卑感、压抑感，为寻求解脱，实现自己的"价值"，他们就会自发结为"帮派"。当然，这其中也有一部分学生是因为自身力量弱小，自愿或被迫投靠"帮派"寻求保

护，以获得心理上的一种安全感。前面例子中的"十三太保"大多是属于这两种原因，他们既有保护自己的初衷，也有实现自身"价值"的渴望。

当然，还有社会环境的原因。当今社会，文化传播呈现多元化局面。影视、网络以及各种电子游戏产品中有不少不健康的内容，这些内容对青少年心理产生了很大的负面影响，使得他们产生了模仿的冲动。另外，家庭教育的疏忽也为他们形成"帮派"提供了可乘之机。

那么，对于孩子成立或加入"帮派"的问题如何进行预防和化解呢？

对家长而言，首先要多关心孩子，避免他们产生心理上的孤独感。其次要及时掌握他们的心理动向，加强监管。最后还要及时与学校老师交流沟通，了解孩子在学校的各方面情况。如果孩子已经加入了帮派组织，那么首先要用爱心来尊重他们、感化他们，然后再找机会改变他们。心理学上有一个"皮格马利翁效应"，它留给我们这样一个启示：赞美、信任和期待具有改变一个人行为的能量，当一个人获得别人的信任、赞美和期待时，他便感觉获得了支持、自信和自尊，从而获得一种积极向上的动力，并努力达到对方的期望。运用这种效应可以有效地让加入帮派的孩子转化为好孩子。

叛逆期方法指导

方法一：深入和孩子谈话，让他用正当途径证明自己的价值

很多孩子建立或加入帮派主要是为了实现和证明自己的"价值"，如果家长能够把孩子的目前状况和他的远大前途结合起来，让孩子通过学习等有意义的事情来证明和实现自己的价值，那么他的"工作"重心就有可能发生转移。

阿刚现在是一名高二学生，学习成绩不好。他是学校里有名的小混

混，并且还成立了自己的校园帮派，自任首领。由于该帮派经常替同学打抱不平，因此吸引了不少人加入，规模最大的时候有一百多人。但是因为他们经常打架斗殴，有时也欺负同校的学生，因此给学校的管理造成了很大的混乱，也带来了很大的负面影响。

学校负责人曾多次在大会上点名批评阿刚和他的帮派，并责成他们解散，但无济于事。无奈，校长只好找来阿刚的父亲，希望他能够协助解决这个问题，同时也希望他能够教育好阿刚。

阿刚的爸爸得到校长的通知才意识到问题的严重性。原来阿刚在上小学时经常受同学欺负，虽然问题得到了及时解决，但却在他心里留下了一些阴影。读初中后，随着他身体的日益健壮，自信的增强，没有人再敢欺负他了。升入高中后，他有了打抱不平的心理，开始尝试着保护被欺负的同学，由于他为人正直，比较讲义气，聚拢了不少人气，有了不少追随者，他为此颇有成就感。但与此同时，帮派的行为对学校和社会产生的负面影响也越来越大，并严重影响了阿刚的成绩。因此，校长建议阿刚的爸爸与阿刚进行深入沟通。

爸爸叫来阿刚，从他目前的学习状况入手，渐渐谈到了他的"帮派"，并适度地肯定了他的组织能力，又帮他分析了建立帮派给学校和社会带来的危害，以及对他学习成绩的影响。最后爸爸对他寄予了很高的期望，希望他能够通过高考来证明自己的价值和实力。经过了几次这样的深入谈话，阿刚终于解散了他的帮派组织。

从例子中可以看出，阿刚之所以组建帮派，可能主要出于两个目的：一个是弥补自己小学时被人欺负吃过的亏，获得一定的心理平衡感；另外一个就是打抱不平，实现自己的"价值"，这个原因占主导地位。爸爸通过沟通让他意识到实现自身价值的正当途径，从而让他解散并脱离了帮派。

当然，值得提醒各位家长的是，在"改造"孩子的过程中要家校结合，争取老师的帮助和教化，这更有利于实现教育的目的。

方法二：采用迂回战术，尊重、激励、引导孩子

青春期的孩子因为年少不懂事建立或加入帮派的现象比较常见，这部分孩子本质上并不坏，但由于种种原因加入了帮派。由于青春期的孩子具有很强的逆反心理，对于这部分孩子如果采取粗暴的措施，或许会让他们在这条路上越走越远；如果采取尊重、激励、引导的方式，就有可能让他们改邪归正。

有一次妈妈偶然间从小海的口袋里发现了一张纸条，上面写着："海子，后天下午放学后叫上老三、老五、老七咱们在校门外集合，教训教训二德子。"妈妈读完这张纸条，吃了一惊，莫非小海要和人打架？

妈妈问小海到底是怎么回事，小海支支吾吾说是写着玩儿的。妈妈认为事情没那么简单，决定先调查清楚。当天晚上，妈妈通过向小海的几个同学了解，终于弄清楚了怎么回事。原来，小海和本班以及外班的七个孩子组成了一个名为"七大金刚"的帮派，专门整治以前欺负过他们，或者欺负弱小的那些人。但是妈妈发现，这帮孩子并非都是坏孩子，有几个孩子学习成绩还不错呢！可能他们怕自己受欺负，先下手为强才成立的帮派吧。这样想着，妈妈认为这帮孩子本质上并不坏，不能轻易地向老师揭发他们的"罪行"，否则会引起他们强烈的逆反心理。

妈妈决定第二天晚上把这帮孩子请到家里来吃顿饭，借此机会来开导一下他们。第二天，孩子们如约来到了小海家赴"鸿门宴"。小海的妈妈先跟他们聊了一些比较轻松的话题，然后话锋一转："你们几

个也是'七大金刚'的成员吧？"孩子们听小海妈妈这么一问，全都愣住了，场面十分尴尬。小海的妈妈马上以一种平和的口气说："我调查过，你们'七大金刚'很讲义气，看不惯欺负弱小的行为，这说明你们很正直、善良，且有跟坏人作斗争的勇气。"几个孩子听了后，默不做声。小海妈妈又给他们讲了一些历史上的帮派，讲了那些不良帮派的危害，几个孩子这才意识到他们通过组织"帮派"来维护自身权益的行为并不妥当，决定解散帮派。

在这个例子中，小海的妈妈对于孩子组织参加"帮派"的行为并没有一棍子打死，而是从中发现了他们的优点，对他们优良的品性进行了肯定，但同时又通过讲述社会上"帮派"的故事让他们明白了危害性，从而让他们改邪归正。这个例子告诉我们，对于孩子参加"帮派"的行为，通过迂回的方式也可以达到教育的目的。

打架的孩子怎么教育

叛逆期案例

某报纸上曾刊载过这样的一个例子，小王和小张是某中学初中一年级的同班同学。平时两个人关系不错，后来可能是因为一些琐事产生了矛盾。小王感觉自己很受委屈，在另一些伙伴的鼓动下，他在放学路上踹了小张几脚，然后逃之夭夭，小张追赶不及，怀恨在心。两天后，小张瞄准机会如法炮制，在放学路上又踢了小王几脚。

后来，老师从其他同学那里了解到他们的矛盾，于是把他们都叫到了办公室，希望能化解他们之间的矛盾。两位学生当时也都意识到了自己的错误，并表示以后要和睦相处。为了保证不再出现类似情况，老师把双方的家长也同时找来，希望他们能够监督各自的孩子。可是让老师意想不到的是，两位孩子的妈妈见面后不反思自家孩子打架的行为，反而因为感觉自己的孩子在打架中吃了亏而发生口角，并且在老师劝解无果的情况下大打出手。

老师的本意是为了从根本上帮助两个孩子解决问题，没想到却发生了如此让人尴尬的事情。老师及时把她们拉开，并对她们进行了劝说和开导，这样两位家长的怒气才渐渐平息下来。

尽管两位妈妈为了各自的孩子大打出手，但让她们感到难堪的是，两个孩子却和好如初了，他们还和以前一样有说有笑地在一起玩耍。

妈妈要懂的心理学：孩子之间没什么深仇大恨，多因琐事打架，家长要正确处理

青春期的孩子正处于精力旺盛而性情冲动的年龄，相互之间打架闹矛盾也是很正常的事情。尤其是青春期的男孩子，更容易因为一些琐碎的事情而相互大打出手。因为他们与女孩子相比具有更强的攻击性，同样的一件事情发生在女孩子身上可能更多地通过语言来解决，而男孩子更多地会倾向于武力解决。

但无论男孩女孩，他们之间发生矛盾都不存在什么深仇大恨，甚至他们今天打架，明天就有可能和好。因此，家长一定不要介入孩子的矛盾之中，而要冷静、理智地处理，不要计较孩子之间的得失，否则不仅于事无补，还有可能节外生枝。就像例子中的小王和小张一样，他们本来是一对好朋友，但好朋友之间也有因琐事闹矛盾的时候，所以二人之间发生冲突是再正常不过的事情。正因为他们之间矛盾是因为琐事产生，并无深仇大恨，所以这种事情很容易解决，在孩子的心里事情过去就过去了，没什么大不了的。可是，家长的介入却导致了事情节外生枝，因为双方的家长没有把主要的精力放在解决孩子之间的问题上，而是着眼于谁家的孩子在打架过程中是吃了亏还是占了便宜，结果导致双方家长大打出手。而孩子们呢？他们事后却像什么事儿都没有发生过一样，照样在一块儿玩耍。所以，对于大多数孩子打架而言，家长要保持理智和冷静的态度，低调处理，这对孩子和家长更有好处。

当然，也有一少部分孩子因争强好胜、报复心理强、凡事以自我为中心等原

因，具有施暴的倾向，他们可能会欺负弱小，拉帮结伙，打架、斗殴等。对于这类孩子一定要采取正确的教育措施，把他们从不正常的轨道上拉回来，必要时可以请求心理医生的帮助。

叛逆期方法指导

方法一：处理孩子之间的矛盾"友情第一，公平第二"

有的家长在处理孩子之间打架的问题上，总是希望公平，或者说求得一种心理的平衡。事实上，家长处理孩子之间的问题不是法官审理案件，以公平为原则，以法律为准绳。孩子之间打架，很难说得清谁对谁错，也很难做到一碗水端平。因为每位家长都有自己心中的一个公平标准，这个标准很难达到统一。所以处理孩子之间的问题应当遵循"友情第一，公平第二"的原则，这样事情处理起来就容易得多。

小钊正在读初二，一天他同桌拿他的糗事开玩笑，闹着闹着同桌就说出了脏字。小钊一听急了，厉声问道："你骂谁？""你认为是骂谁就骂谁！"他的同桌也毫不示弱。小钊听到这话，挥拳打了过去，正好打在对方的眼镜上，把眼镜给打碎了。打碎的镜片划伤了同桌的眼角，但没伤到眼睛，只是划破了一点皮。事后，老师把双方的家长叫到了学校，小钊的爸爸建议去看医生，对方家长说没事儿，问题就这样解决了。

从学校回来后，小钊的爸爸把此事告诉了小钊的妈妈。小钊的妈妈明白了这件事情是因小钊的同桌和他开玩笑而引起，而且在这个过程中，他的同桌说了脏字。但是小钊的妈妈并没有提这些事情，而是直接对孩子说："无论怎样都不应该冲动地打同学的眼睛，幸亏划破的是眼角不是眼睛，如果把同学的眼睛划伤了，就是赔人家再多的钱，也换不回他健康的眼睛，人家这一辈子就完了。你们男同学之间说话放肆一点也没什么，干吗要动手呢？"小钊的爸爸在旁边接着说："以后要改掉冲动的毛病，做事要三思而后行。"

小钊的妈妈还叮嘱小钊，即便是和同学打架了，也不要记恨同学，同学之间发生一些小矛盾也是正常的，友情才是最重要的。事后，小钊还找到了他的同桌，向对方道了歉，对方也认为自己做得不妥当，两个孩子又和好如初了。

小钊的家长在处理孩子之间矛盾的问题上做得非常好，尤其是小钊的妈妈对此事的开明态度。从例子中可以看出，事情的起因主要在于小钊的同桌，但小钊的妈妈却没有提及这一点，而更多的是教育儿子不要冲动，无论怎样都不要伤害同学。这不仅是一种有效处理问题的方式，也是在给孩子传授一种正确的处世态度。

方法二：站在孩子的角度看待问题，处理问题

大部分家长在处理孩子打架的问题上总是站在自己的角度看待和处理，其实这样处理问题最容易引起孩子的逆反心理，反而不利于问题的解决。如果站在孩子的角度，对孩子的事情表示理解，然后再从有利于孩子的角度出发来给他提出合理的建议，那么他一定会接受。

小珊是一位初二女孩，她个子比较高，性格像个男孩子，很喜欢打抱不平。

有一次，她的好朋友被另一个女孩骂了，放学后她便叫了几个人把

那个骂人的女孩堵在校门口教训了一顿。事后，那位挨打的女生把此事报告给了老师，老师给了小珊处分，并通知了她的家长。

她的爸爸事后给小珊做了一番思想工作，下面是他们之间的对话。

"小珊，因为你和人打架，今天你们老师通知我去学校了，还说要给你处分。"

"我知道！"

"爸爸知道你也不想打架，只不过看到同学受欺负，实在忍不下去了。"

"是啊，爸，那女的一见小颖就骂脏话，小颖都忍她好多次了，昨天竟然又骂小颖了。所以我就找人教训了她一下。"

"呵呵，看来我女儿还是很有正义感的。"

"爸爸，其实我也不想打人，但我实在是忍无可忍了，看着小颖太可怜了。"

"有没有别的处理方式呢？比如交由老师处理，或由中间人协调一下？"

"这些小事老师应该不管，再说了哪有合适的中间人啊？"

"哦，这么说你没有尝试过其他的处理方式？"

"嗯，是的，没有。"

"处理这类问题，不能意气用事，要动脑子解决问题，这才是聪明的做法。"

小珊这次没有吱声，爸爸接着说道："你是不是没有想到学校会给处分？"

"当时脑子一热，就想着出口气了，哪想那么多啊！"

"受到处分，如果以后表现好，就会取消；如果表现不好，还有可能写进学籍，甚至放到档案里，这样处分就会跟你一辈子，你好好想想吧。"

"爸爸，我明白您的意思了，我知道以后该怎么做了。"

例子中的这位爸爸在处理孩子打架的事情上，没有以家长的姿态训斥孩子，也没有怕自己丢面子而埋怨孩子。所以，从一开始小珊爸爸的教育就没有使小珊反感，反而逐渐地被小珊接受。不仅如此，小珊爸爸还给女儿提出了处理类似事情的建议，也得到了小珊的默认。最后，小珊爸爸为小珊分析了此次冲动做事的危害，这从思想上避免了小珊再犯类似的错误。

这种处理方式避其锋芒，迂回出击，不埋怨、不责怪、不打骂，也没有讲大道理，而是用理解和尊重，化干戈为玉帛，如春风化雨浸入心田，既解决了问题，又融洽了双方的关系，非常值得各位家长借鉴。

偷抢不仅仅是一种习惯

叛逆期案例

小虎今年14岁，正读初二，他学习成绩不好，而且还有一个坏习惯——经常偷东西。

小虎从小就经常偷家里的东西，有时数额还很大，每次被抓后家长都会对其进行严厉的教育，甚至对他打骂或恐吓，但效果不佳。后来父母改变了一种方式，耐心地对他进行说服教育，每次他也都答应得非常好，而且保证不再偷窃了，可是过不了多久，他又"旧病复发"了。

现在，他的这种毛病愈发严重了。当然，刚升入初一时，小虎学习还是比较积极的，但是升入初二的暑假期间，他和一些不爱学习的孩子混在了一起，他的偷盗毛病越来越严重，学习成绩也急速下滑。家长要求他离开那些狐朋狗友，甚至曾想到了让他转学，但是他死活不从，认为他的那些"朋友"除了学习不好，啥都好。他软硬不吃，家长也是拿他没辙。可是他最近越来越变本加厉了，竟然偷了家里的2万多元钱，用于自己买摩托车、交女朋友等。当然，他几乎不从外面偷钱，主要是偷家里的。

尽管如此，父母对他的这种行为还是非常担忧。他偷家里的钱只能是一时的，如果家人加强财物监管，他将无钱可偷，这时候他就有可能去社会上偷抢，后果就更严重了。

妈妈要懂的心理学：孩子盗窃大多是为了满足自己的物质欲，家长要及早预防

青春期的孩子有盗窃行为也是一种常见的现象。青春期的孩子盗窃不同于儿时孩童的盗窃行为，孩童盗窃行为更多的是一种行为习惯，因为这时候的孩子没有明确的是非道德观念，他们偷盗财物主要是满足自己的一种好奇心，或者吃、玩的欲望，他们不清楚这样做的后果，更不知道这是违法或犯罪的行为；但对于青春期的孩子而言，他们的偷盗是有明确目的的，他们主要是满足自己的物质欲望，并没有太多好奇心的驱使，而且他们明知道这是一种违法或犯罪的行为，并且为道德所不齿，但是他们还是决意为之。所以相对而言，青春期的盗窃行为性质和后果更严重。

当然，这两种盗窃行为是有联系的。比如，孩童时期的盗窃行为如果没有及时得到纠正，进入青春期后孩子就有可能在盗窃方面变本加厉。上面例子中的小虎就属于这种情况，小虎小时候有盗窃行为，但并没有得到很好的纠正，致使他进入初中后"旧病复发"。

那么，青春期的孩子进行偷盗主要有哪些原因呢？主要原因还是受物质欲的刺激，中学阶段孩子的虚荣心和攀比心增强，物质要求提高，再加上周围不良消费刺激的影响，如果他们不能从父母那里通过正当要求得到钱物，就会产生偷盗的动机。还有一个原因就是有些孩子有贪图小便宜的心理，这样的心理会让孩子有小偷小摸的行为。还有一种情况属于次生的原因，比如孩子加入了某个"帮派"，为了

维持"帮派"的开支不得不偷抢，这种偷抢行为多带有暴力性质，而且后果比较严重。

发现孩子有了偷盗的行为之后，如何纠正和教育呢？当然，发现孩子有了这种行为之后同样不能打骂，打骂只能让他做得更隐蔽，或者更逆反，不利于教育成功，就像例子中的小虎一样。所以，对于习惯性的小偷小摸而言，在说服教育的基础上一定要增加他的自制力，因为这种行为可能像吸毒一样会成瘾，要想办法让其强制戒除，必要时可以带孩子看心理医生。例子中的小虎就属于偷盗成瘾，对父母的教育软硬不吃，如果强制其戒除或带其看心理医生可能效果会更好一些。

当然，孩子的偷盗行为比较严重，如果触犯了法律，将会承担相应的法律后果。下面我们来看具体的防治措施。

叛逆期方法指导

方法一：满足孩子的正常消费，避免孩子成为"梁上君子"

每个孩子都需要一些零花钱来满足自己的消费欲望，比如买生活必需品，买自己喜欢的东西，甚至去网吧等，当然每个孩子也或多或少都有一些虚荣心，当父母不能满足他们的愿望时，一些自制力差的孩子可能就会走上偷盗的道路。所以，为了避免孩子走上邪路，应当适当地给孩子一些零花钱，满足他的正常消费欲望。

14岁的小豪是某中学初二年级的学生，他学习成绩中等，性格内向，不善交往。10岁那年，爸爸和妈妈离了婚，他跟随妈妈一起生活。他平时很喜欢买一些小玩意儿，有时也会买一些吃的，但是由于家庭条件的原因，他几乎没什么零花钱。眼看着别的同学都吃好的、穿好的、玩好的，他的内心十分不平衡。

一个周末的下午小豪来到了附近小区的一片草坪上——他看上了这里的水井闸门铁盖板，由于树木遮掩，这里相对隐蔽，小豪悄悄地将井盖撬下来滚到了旁边的树丛里。晚上他又将井盖偷偷地卖给了附近的一家废品收购站，并用换来的赃款当做自己的零花钱，买了一些自己想要的东西。尝到甜头的小豪一发不可收拾，又接连几次偷盗了另外几个井盖，直到被小区巡逻队员发现。根据小豪交待的情况，巡逻队员从附近的废品收购站收缴了丢失的井盖，由于小豪年龄还小，巡逻队员对其进行批评教育后，就把他交给家长带走了。

妈妈获知儿子偷井盖的事情，非常伤心，也非常失望，但听到小豪说，同学们都有零花钱，而他自己几乎没什么零花钱时，妈妈落泪了。妈妈告诉小豪，以后会定期给他一些零花钱，但千万不要再做偷盗的事情了。妈妈还给他讲了一些做人的原则和道理。小豪听后使劲地点了点头，以后真的没有再偷盗过。

这个例子看起来有些让人心酸，小豪的家庭困难这是一个基本的事实，但几乎每个孩子都有消费的欲望，也都需要有零花钱，无论多少。所以，即便是经济困难的家庭也应当给孩子一些必要的零花钱，人穷不能让孩子志短。事实上，当偷盗事件发生后，小豪的妈妈答应了给他零花钱，并给他讲了做人的道理，而他从此以后没有再偷盗过。

方法二：培养孩子正确的消费观和价值观

前面提到了青春期的孩子虚荣心比较强，有些孩子还喜欢摆阔。如果家庭条件允许，他们自然不必偷盗；如果家庭条件不允许，有的孩子就会走上偷盗的道路。所以，避免孩子产生偷盗行为，还要培养他们正确的消费观和价值观。

　　小希是一位初一男生，他学习成绩不错，但自尊心很强，内心也很自卑，平时就爱虚荣、好面子，常在人前摆阔。父母由于工作原因两地分居，小希和爸爸一起生活。爸爸工作繁忙，平时对小希关心也不够，只是比较关注他的成绩。这更加重了小希的自卑感和虚荣心，他不希望别的同学超过自己。

　　有一次，班里一位同学买了一部电子词典，同学们都很羡慕。小希看到后也有些眼红，他也梦想着拥有一部那样的电子词典，但是他知道爸爸不会答应他的要求。于是，他在一次放学后，偷偷地把那位同学的电子词典偷到了手。他本来想过一段时间再拿出来使用，但是经过老师的调查，他成了重要的"嫌疑人"，最后在老师的耐心教育和说服下，他承认了自己偷拿同学电子词典的事实，并交出了"赃物"。老师并没有把此事对外公布，而是通知了他的家长，希望家长能够做好孩子的思想工作，避免类似的错误再发生。

　　小希的爸爸得知了此事，意识到了问题的严重性，也感觉到了自己的失职。爸爸和小希进行了两个多小时的谈心，首先向小希表示自己没有尽到父亲的职责，平时应该多关心他的生活。爸爸告诉小希，外在的"富有"并不能证明自己的价值，只有学习成绩好、品德好，才能赢得同学们的认可和尊重。爸爸还说，如果以后小希想要什么东西，可以通过和他商量来获得，合理的要求爸爸一定会满足他，不合理的要求也不要通过不正当的方法来获得。

　　小希认真思考了爸爸所说的话，并保证以后再也不会发生类似的事情。而爸爸也改变了以往的教育方式，由主要关心孩子的学习成绩转变为重点关心孩子的生活和想法，注重对他优良品质的培养。

　　小希之所以会有偷盗的想法和行为主要是因为他的虚荣心在作怪，而这种虚荣心和好面子，主要与家庭环境和家庭教育有关。小希的爸爸平常只关注儿子的学习成绩，不关注儿子的生活和思想，这使得小希的内心更加自卑，而这种内心的自卑只能通过物质上的满足来弥补。所以，避免孩子有偷盗行为，还要注重加强和孩子进行思想上的沟通，让孩子有一颗"富裕"的心。

让孩子珍爱生命，远离毒品

叛逆期案例

小阳是某中学初一年级的走读生，他学习成绩中等，性格活泼，喜欢追赶潮流，朋友很多，包括一些社会青年。当然，他朋友多，经历的事情也多，自然也养成了不少坏习惯，抽烟、喝酒、蹦迪……样样都会。然而，父母工作忙，平时主要关心他的学习成绩，对于他的其他情况一无所知。

一天下午他考完试后，有强烈的呕吐反应，老师以为他病了，但有的同学却反映说他吸食白色粉末。老师感到事情不妙，于是打电话通知了小阳的家长。小阳的妈妈赶紧把儿子接回了家，她发现儿子精神状态很差，而且吵着说很累。小阳的妈妈也意识到了儿子的异常表现，于是对小阳强行搜身，但没有发现什么异物。小阳又说自己很饿，妈妈便给他拿来了吃的，可是他吃着吃着就口吐白沫倒在了沙发上，并且浑身抽搐。家人赶紧把小阳送往医院，可是当晚小阳经抢救无效死亡。

医院的检验结果表明，小阳属于吸入K粉过量而中毒死亡。事后，公安机关经过法医学鉴定也证实了小阳尿液毒性检验结果呈阳性。事发前，小阳的父母说除了孩子比平时睡得晚以外，没有发现其他异常情况，但小阳的同学却说，小阳吸食K粉已经有半年多的时间了，他的好几个"朋友"都吸食毒品。

面对这突如其来的悲剧，小阳的父母悲痛万分，对于家庭的疏忽也感到追悔莫及。

妈妈要懂的心理学：孩子吸毒主要是追求新鲜和刺激体验，家长要提高警惕，主动预防

一个本来应该健康、阳光、快乐的孩子却因为吸食毒品而早早地失去了生命，带给家人和社会的是无尽的遗憾，这的确是一场不该发生的悲剧。吸毒在最近几年越来越呈现低龄化的趋势，而这种现象也早已经从社会渗入到了原本纯净的校园。

那么，中学生为什么会吸毒呢？有心理专家认为，一些青少年吸食毒品的内在原因主要是心智发育不成熟、容易盲目模仿和追随潮流，也有的孩子好奇心理比较强，总想尝试一些新鲜、刺激的体验。青少年吸毒的外在原因主要是受社会环境的影响。随着科技和经济的发展，现在的孩子接触社会或者涉足娱乐场所的机会大大增多，而他们少不更事，很容易被一些不良风气所诱惑。

拿例子中的小阳来讲，他是一个走读生，平时接触社会的机会比较多，因此交了一些损友，也沾染了一些不良习惯，但是父母只关心他的成绩，对于他的生活习惯和交友情况一无所知，这在客观上纵容了他的吸毒行为。吸毒这种行为是很难通过自己主动努力戒除的，一但沾染只能是越陷越深，除非采取一些强制性措施戒除，小阳显然不具备主动戒除的意志和能力，最终走向了死亡。

对于青少年吸毒的问题，家长一定要做好主动防范的教育工作，要未雨绸

缪，避免孩子接触毒品。平时一定要让孩子避免沾染吸烟、喝酒等不良习惯，除了过问孩子的学习情况外，更要关注孩子的生活，引导孩子交一些积极向上的益友，免交损友。同时，一定要做好家校沟通的工作，及时了解孩子在学校里的各方面情况，从家庭、学校、社会多方面杜绝孩子沾染不良习性。让孩子懂得远离毒品、珍爱生命。

叛逆期方法指导

方法一：重在预防，让孩子远离毒品

毒品一但沾染，便很难戒除，这几乎是人所共知的事情。但是一个人一旦沾染了毒品，离堕落就不太远了，吸毒不仅给自身带来了极端的痛苦，也给家庭和社会带来了巨大损失。所以，避免让孩子沾染毒品的最好办法就是给孩子讲明毒品的危害，让孩子远离毒品、拒绝毒品。

小庭是一位初二男孩，学习成绩优秀，爱好广泛，当然他的朋友也很多，但是他从没有沾染过恶习，这与爸爸平时注重对他进行这方面的教育有关。

爸爸是一名缉毒警察，因此深知毒品的危害，出于职业习惯，爸爸经常给他讲有关毒品的危害以及相关的预防知识，因此他对吸食毒品等不良恶习有很强的防范能力。

由于他的朋友很多，因此他也经常和朋友们参加一些聚会或其他活动，但他能在这些聚会上做到不吸烟、不喝酒，有不少朋友都知道他这个习惯，所以也很少有人勉强他。在一次聚会上，一位朋友醉醺醺地要求他："小庭，意思一下，喝杯酒，你要不喝就代表不承认我这个朋友。"但是小庭并没有妥协，而是很委婉地拒绝了，尽管那个朋友当时很生气，但是事后也意识到了自己不对，他们依然还是好朋友。

还有一次，小庭参加朋友的生日聚会，席间大家开怀畅饮，聚会结束后，大家意犹未尽，于是便去附近的一家迪厅蹦迪，小庭推辞不过，只好硬着头皮去了。其间，一个陌生男子和他搭讪，他礼貌地与对方攀谈，两人越谈越投机，陌生男子便去吧台要了两杯饮料，一杯给他，一杯留给自己喝。小庭依然找了个借口拒绝了，对方感觉"很没面子"，不过小庭并没有觉得自己对不住对方。

事后，小庭的爸爸在一次缉毒行动中抓获了一名毒犯，而这名毒犯正是曾经在迪厅为小庭买饮料的那个陌生男子。他供认，自己因同伴被小庭的爸爸抓获而怀恨在心，于是便想出了拉小庭吸毒的报复手段，当时给小庭的饮料里掺了毒品，幸亏小庭的防范意识很强，没有上当。

经过这件事情小庭的防范意识更强了，而爸爸也为自己的防范教育到位而感到庆幸。

生活中总是充满了诱惑和陷阱，这对正值青春年少的孩子来讲尤其危险。他们的防范意识弱，自制力差，很容易陷入其中。所以，对家长而言，平时一定要多给孩子讲一些防范常识，让孩子远离烟酒、毒品和其他诱惑。

方法二：强制戒毒，"软硬兼施"帮孩子戒除毒瘾

一旦发现孩子有吸毒行为，要马上制止，并带孩子去一些正规的戒毒机构进行戒毒。一定不要心慈手软，避免让孩子越陷越深。当然，孩子吸毒后心理上也会产生一些自责，这个时候父母一定要不抛弃、不放弃，用温情和关爱来感化孩子，帮助孩子走出困境。

　　小陈是一位初三女孩，她学习成绩优异，长相俊美，本来应该是一个阳光、美丽的花季少女，现在却成了一名骨瘦如柴的瘾君子。

　　初三上学期，一次偶然的机会，她结交了一名社会男青年，这名男青年长得魁梧英俊，对小陈疼爱有加，很快赢得了小陈的芳心。但是正当小陈沉浸于甜蜜"爱情"之中时，却忽然发现"男友"竟然吸毒，刚开始小陈坚决要求和"男友"断绝关系，但在"男友"的苦苦哀求下，她心软了。之后在"男友"的诱导下，她也学会吸食毒品，而且一发不可收拾。

　　不久，学校知道了小陈吸毒的事情，不得已开除了她的学籍。父母、兄长都为小陈的堕落感到无比痛心。但此时的小陈已经无法自拔，已被毒品控制了思维的她，一面信誓旦旦地说"我再也不吸毒了"，一面却又偷偷跑出去和"男友"买毒品。一天，小陈因注射毒品过量而昏倒在家中，下班回家的妈妈背着奄奄一息的她来到了医院。

　　后来，父母开始在家中强制她戒毒，但效果不是非常明显，小陈越发骨瘦如柴，但毒瘾一点也没有降低。当毒瘾袭来时，她都痛苦难当，歇斯底里地吵闹喊叫，拼命地抓扯自己的头发，在地上不停地翻滚，用指甲狠狠抓挠自己的胸口，以求用这些方式来减轻毒瘾发作时那难以名状的疼痛。而每当这时，无助的妈妈只有跪在地上，双手紧紧地将她搂在怀中。毒瘾过后，小陈发现妈妈的脸上早已被自己抓出了条条指痕，手上也被咬出了斑斑血印……她望着妈妈哭肿的双眼和爸爸斑白的头发，心如刀割，她抱着爸妈哭成了一团，也就在这一刻，她决定去戒毒所戒毒。

　　后来，在父母的关爱和医生们的精心治疗帮助下，小陈逐渐戒断了毒瘾，渐渐恢复了原有的朝气。

在这个例子中我们看到了一位女孩的堕落和一位母亲的伟大，正是母亲对女儿无微不至、不离不弃的关爱，才让她从吸毒的魔窟中爬了出来。孩子如果不慎沾染了毒品，自然是一件十分不幸的事情，但是父母一定不要用打骂手段或鄙视的目光来疏远他，而应当用温暖和关爱来感化他，用恰当的强制手段来拯救他。

9

第九章

合理引导，让网络伴随孩子健康成长

孩子沉迷于网络游戏怎么办

叛逆期案例

　　小昊今年读高一，从读初一时开始接触网络游戏，至今已有三年的网游经历，可谓资深的玩家。

　　小升初之前的半年时间，他发奋读书，几乎废寝忘食，终于考上了本市的一所重点中学。想起考试之前的一百多个日日夜夜，他现在如释重负，感觉终于可以放松一下了。在同学的介绍下，他了解到了一款游戏《传奇》，并试着玩了几次，谁知一发不可收拾，很快就上瘾了。他经常泡在网吧，一放学就先往网吧跑，有时他在网吧一熬就是一个通宵，不吃不喝，最多就是去趟厕所。父母发现了这种情况，每次都严厉批评他，爸爸还甚至为此打了他，但是他实在抵挡不住游戏的诱惑，总是千方百计地跑到网吧上网。

　　升入高中后，他玩的游戏种类增加了，而他的网瘾也更加严重，有时候在网吧待的时间长了，他的手指关节甚至会有僵硬的表现，而他白天在学校上课时总是一副无精打采、委靡不振的样子，每天下课后他都会不由自主地跑向学校附近的网吧。

后来老师发现小昊有些异常，便将他的情况通知了家长。小昊的爸爸也感觉到了事态严重，于是先带他咨询了心理医生，医生问他游戏对他有哪些吸引力，他回答说："我能从游戏中获得一种从现实生活中得不到的成就感，可以和上万玩家敞开心扉交流。在游戏世界中你可以指挥、扮演各种角色，把握角色的命运。还可以通过升级获得一种成就感，级别越高，装备越好，越能受到大家的拥戴，真有种众星捧月的感觉，不玩网游你是体会不到的。"

爸爸听了儿子的这番回答，一脸的愕然。又作了一番其他测试后，心理医生建议他带小昊去相关机构强制戒除网瘾。

妈妈要懂的心理学：网瘾如同毒瘾一样难以戒除，家长应以防范为主

青春期的孩子虽然没有工作的压力，但是学习上的压力也不小，他们需要通过一些娱乐方式来减压，前面例子中的小昊就属于这种情况。另外，现在独生子女比较多，家长工作也比较忙，没工夫顾及孩子，这使得孩子在心理上有一种孤独感，他们的这种孤独感也需要通过一种方式来进行排解。当然，青春期的孩子各方面能力在提高，他们也想通过某种方式来证明自己的价值，从而获得一种成就感，但由于条件的限制和现实经验的不足，他们很难通过社会实践来获得。

这种情况下，网络游戏这种娱乐方式就应运而生了。网络游戏开发商最终的目的是为了获得利润，他们会尽最大努力把游戏制作得更吸引人，更符合青少年的心理特点。他们会聘用顶尖设计团队来制作高品质的画面、精良的装备、让人震撼的背景音乐等，这足以给注重视听享受的青少年带来莫大的吸引力。

当然，让孩子成瘾的远不止这些，最主要的是游戏的娱乐方式，比如过关、升级、获得更高级的装备等。这些内容可以让孩子通过"奋斗"来获得价值感和成

就感，这是现实社会无法提供给他们的。前面例子中小昊说的那一番话，足以证明这一点。

网络游戏成瘾有什么危害呢？最常见的就是影响孩子的日常生活，导致孩子精神委靡不振，学习成绩下降，到了一定程度还会引起一些生理上的不良反应。有医学专家指出，长时间沉溺网络游戏会使人产生精神依赖，导致植物神经紊乱，体内激素水平失衡，免疫功能降低，引发心血管、肠胃神经功能疾病等，严重的甚至可能导致死亡。当然，有些网络游戏成瘾的孩子还会危害社会和家庭，做出一些极端的行为来。

网络游戏成瘾如同毒瘾一样很难戒除，所以家长重点应当做好防范工作。比如，要多关注孩子的日常生活，多和孩子交流沟通，适度减轻孩子的学习压力和心理压力，多带孩子参加一些积极的活动等。有专家表示："孩子上网成瘾，70%是由家庭造成的。如果说家庭是土地，那么孩子就是秧苗。"所以，家长采取正确的教育方式，孩子才能远离网瘾。

叛逆期方法指导

方法一：让他一次玩个够，释放他的欲望

孩子沉迷于玩网络游戏，那是因为他对网络游戏有很强的欲望。如果压制他的这种欲望，只能增强他的叛逆心理，促使他想尽一切办法来达到目的，有时甚至是不择手段。所以，对还没有形成强烈网瘾的孩子，不如适当地让他释放对网络游戏的这种欲望。一个人如果一直玩一个游戏，不管这个游戏有多好玩，也总有玩厌的一天。当然，在这个过程中，家长要以一种平和的心态让孩子开心地玩，而不是带有惩罚性的或者抱有鄙视的态度。

陈然自幼是一个乖巧听话的孩子，成绩一直不错，而且对父母特别孝顺，父母对他也很放心。但是自从初二迷上网络游戏后，成绩一落千丈，也不像以前那样乖巧听话了，他甚至连自己喜欢的篮球都不怎么打了，天天泡在家里上网玩游戏，这让父母很头疼。

后来，陈然的妈妈请教了一位做老师的朋友，这位老师朋友建议陈然的妈妈适当释放孩子玩游戏的欲望，让他一次玩个痛快、玩个够。陈然的妈妈抱着试一试的态度，开始实践朋友的建议。

每天他再玩游戏时，爸爸妈妈商量好不再管他，晚上也不再催促他早点上床睡觉，只是在适当的时候给他送一些吃的、喝的。刚开始，陈然感觉到父母不再像以前那样唠叨自己了，耳边总算清静了，他着实窃喜了一阵子。又过了一段时间，他还是没有听到父母唠叨或劝说过自己一句，爸爸妈妈每天只是忙忙碌碌地上班、下班，照样给他送吃的、喝的，他却有些不自在了。在这一段时间内，他喜欢的两款游戏也不知道玩了多少遍，该过的关过了，该升的级也升了，再试着玩其他游戏时，他发现大同小异，也没什么意思了。

又过了一段时间，爸爸妈妈发现陈然坐在电脑前玩游戏的时间越来越少，到后来干脆就不怎么玩儿了，他又和伙伴们像以前一样经常去打篮球了。

很多玩网络游戏上瘾的孩子就是这样，你越是不让他玩儿，他越是觉得过不了游戏瘾，因此会觉得玩游戏的欲望越来越强烈，凭你怎么说教都不管用。然而，当你放手对他不管不问，甚至"支持"他玩个痛快时，他过了这把瘾反而会对游戏失去兴趣。

方法二：陪孩子一起玩，一直让他玩到"吐"

网络游戏玩得越多就越容易玩厌，当孩子玩得厌得不能再厌，甚至"吐"了时，他或许再也不想玩了。这不是开玩笑，也不是危言耸听，而是某些孩子的真实体会。有的孩子反映说，玩游戏玩多了，确实会有不舒服的感觉，比如头晕、反胃。尽管过一段时间身体能恢复正常，但那种不舒服的感觉的确会让人对游戏生厌。下面我们来看网上的一个真实例子。

小全是一个初一男孩，父母工作忙没有时间管他，他放学后就和其他孩子一起去网吧，渐渐迷上了网络游戏。

他本来学习成绩不错，但自从迷恋上网络游戏后，成绩一路下滑。父母发现后，多次与他交谈，结果无济于事，后来爸爸甚至开始打他、骂他，但也没能让他戒除网瘾。有时候，小全会一整夜不回家，害得妈妈挨个网吧去找他；还有的时候，他趁大人们都睡着了，然后跳窗去网吧玩儿。

后来，妈妈在一位心理专家的建议下，开始尝试陪着小全玩游戏，直到他厌烦为止。刚开始听说妈妈要陪他玩游戏，小全还不相信这是真的，但看着妈妈诚恳的目光，他答应了。妈妈和小全在网吧玩了近两天两夜的游戏，中途小全怕妈妈受不了，还要求妈妈回家，但妈妈坚决不同意，理由是"还没有玩够"。可是后来小全实在坚持不住了，要求回家，但妈妈也没有答应。妈妈说她玩游戏也上瘾了，非要小全陪着她玩儿，可是小全已经困得睁不开眼了，妈妈却仍然把他叫醒，问他怎么闯关。其实，妈妈也早已经疲惫不堪了，但为了教育儿子，只能强忍着上网玩。

又过了一段时间，小全的脸色有些发白，好像很不舒服的样子，妈妈刚想问他怎么回事儿，就见他急忙跑出网吧，刚跑出门口就吐了。面对这种情况，妈妈并没有安慰小全，反而继续拉着小全进去玩游戏，可是这次小全死活不去了，甚至跪下来求妈妈，说自己实在太难受了，再也不想玩什么网络游戏了。

有了这次经历，小全再也没有玩过网络游戏。

尽管例子中的这种方法有些极端，但仍不失为帮助孩子戒除网瘾的有效措施之一。针对孩子的网瘾，在尝试完各种措施均无效后，家长不妨试试这种方法，它或许能够帮助家长将一个深陷网游泥潭的孩子拉出来。

方法三：强制性戒除网瘾

前面两种方法主要适用于孩子网瘾不是太严重的情况，如果孩子的网瘾到了不可救药的地步，比如身体出现了一些严重的不适反应，严重影响了日常生活，这种情况下就要带孩子强制戒除网瘾。比如，可以在医生的建议下让孩子服用一些戒除网瘾的药物，或做一些积极的、有意义的活动进行辅助性治疗等。

这里需要特别提醒家长的是，带孩子强制戒除网瘾要选择正规的医院或机构，避免让孩子在不良的教育措施中受到二次伤害。

孩子痴情于网络聊天怎么办

叛逆期案例

15岁的小云是一个漂亮的初二女孩，她学习成绩不错，但是性格内向，朋友不多。她家境不错，父母都是生意人，但由于父母生意忙，没工夫陪她，所以她感到很孤独。

有一次父母出差，她一个人闷在家里没意思，就去了离家不远的一家网吧。第一次去网吧，她也不知道怎么玩儿，于是就在网上随便浏览一些信息。后来，旁边的一位女孩可能看出了她是"新来的"，于是主动教她怎么上网，并且还教会她怎样使用QQ聊天，最后两人还加了QQ号，就这样小云有了自己的第一个网友。

有了这次的上网经历，小云渐渐迷恋上了上网，几乎每天都去附近的网吧。后来在玩小游戏的过程中她的QQ里又增加了几个网友，其中还有一个帅帅的同城男孩，这个男孩经常和她在网上聊天、玩游戏，时间长了两人之间竟然有了相互依恋的感觉，小云一天不和他聊天就会感到难受。

网络带给小云一个既新鲜又刺激的世界，她在网络世界里找到了现实生活中得不到的快乐和温情，这使得她越陷越深，她待在网吧里的时间也越来越长。父母发现了异常，多次劝说她不要再去网吧，可是她已经控制不住自己了，网上那个男孩的影子时刻浮现在她的脑海里，也时刻在召唤着她。

终于，有一次她经不住那个男孩的诱惑，与他见了面，并在他的要求下发生了性关系。可是，从此以后，那个男孩就消失得无影无踪了，QQ上再也没有出现他跳动的头像……

妈妈要懂的心理学：孩子上网聊天是为了排解心理压力和孤独感，家长要正确引导

网络聊天和网络游戏一样，对青春期的少男少女有着莫大的吸引力。根据某省对中学生上网进行的专题调查表明，在"上网活动内容"中，网络聊天排在首位，占85.3%；同时，使用QQ作为聊天工具的占其中的88.5%。可见，网络聊天对中学生的吸引力有多么大。

那么中学生为什么这么痴迷于网络聊天呢？经过调查得知，很多孩子上网主要是为宣泄情绪，排解孤独感。平时父母因为工作忙，与孩子沟通少，最多也就是过问一下孩子的学习成绩，很少关注孩子的心理感受。而网络世界就不一样了，在网络世界里没人过问孩子的成绩，更多的是"心与心"的交流，孩子的想法能够得到网友的认同和支持，甚至会引起相互之间的共鸣，这使得他们彼此都能获得一种价值感和成就感。

小云就是一个典型的例子，她家境不错，可能平时父母只关心她的学习成绩和物质生活，但却没有工夫陪她聊天，这种情况下她的内心就

会感到孤独，加上她性格内向、朋友较少，这种孤独感就会愈发强烈。当网络这个丰富多彩的世界向她招手时，她顺理成章地就深陷了进去，尤其是异性网友的"关爱"更让她不能自拔。然而，结局却是让她深受其害，追悔莫及……

尽管对于网络聊天不能一棒子打死，但它却是遍布诱惑和诈骗的陷阱，对涉世未深的青春期孩子来说危害很大，尤其是对青春期女孩来说危险系数更高。那么，对家长而言如何防范和处理这些问题呢？下面我们来看具体的方法指导。

叛逆期方法指导

方法一：多与孩子沟通，多关注孩子的生活

很多孩子沉溺于网络聊天主要是为了排遣生活中的空虚和孤独，尤其是女孩子。男孩子更多地通过网络游戏来获得成就感和满足感，而女孩子却喜欢通过网络聊天来获得满足感。因此，避免孩子沉溺于网络聊天或者将其从网络聊天的陷阱中拉出来，就必须要经常性地与孩子沟通，多关注一下孩子除了学习之外的生活。

小蕾是一个性格内向的女孩，她学习成绩一般，在班里是一个再普通不过的学生，很少受到老师和同学们的关注。生活中，她几乎没什么朋友，也没有勇气交朋友，回到家里就是看电视、吃东西、睡觉，父母工作忙，也不怎么管她。

一个偶然的机会，她学会了网上聊天，并且越来越迷恋。在网上她交了不少"朋友"，也听到了不少异性网友说给她的甜言蜜语，她有一种受宠若惊的感觉，要知道这是她在现实生活中可望而不可即的，她深深地陷入其中。

有一次，她竟然背着父母去见一个网友，很晚才回家，幸好没有发生什么意外，但父母却吓坏了。通过这件事，父母才发现她已经沉溺于网络聊天很长时间了，于是父母对她做了大量的思想工作，向她讲清楚了沉溺于网络聊天的危害，并表示以后会多给她一些关心和照顾。小蕾听了父母言辞恳切的劝说，明白了父母的苦心，也向父母表示以后不会再这样沉迷于聊天了。

此后，尽管小蕾偶尔还会聊天，但却不再沉溺其中了，更多的是与周围认识的同学、朋友聊一些学习或生活中的事情。当然，父母的确比以前更关心她了，而她此后也没再去见过陌生网友。

青春期的孩子也很怕孤独，尤其是那些性格内向、学习一般的孩子，他们更需要得到家长或老师的肯定，更需要得到家庭的关爱。如果他们的需要得不到满足，他们就会通过身边的网络或其他途径来获得满足，而网络处处布满了陷阱，涉世未深的孩子一不小心就会陷入其中。所以，各位家长，抽出一点点的时间多给孩子一些关爱吧。

方法二：提高防范意识，教授孩子正确的聊天方法

网络聊天并非一无是处，它毕竟是现代社会既经济又便捷的一种沟通方式。无论在生活中，还是在工作中，都被广泛地应用着。正如那句老话"网络是把双刃剑"，如果利用好了，它能够很好地为我们服务，如果利用不好，它就会让我们受到伤害。对孩子而言也一样，杜绝孩子上网聊天不是一种科学的方法，合理地利用网络聊天工具，充实孩子的生活，辅助孩子的学习和交友才是良策。

小露是一位初一女孩，她的爸爸是一位设计师，为了方便工作，他们家很早就配置了电脑，而且还联了网。

小露从小就跟爸爸学会了电脑操作，后来还学会了打小游戏、网络

聊天等。平时小露大多和爸爸一起玩些小游戏，即便自己一个人在家，她也不玩网络游戏，因为爸爸很早就告诉了她网络游戏的危害。对于网络聊天，爸爸没有一下子否定，而是分析利弊，耐心地教授小露网上聊天需要注意的事项。

爸爸告诉小露，网络是一个虚拟的世界，网上真、善、美、假、恶、丑共存，而且比现实世界更难分辨，所以一定要提高警惕。比如，要注意私人信息保密，不要轻易相信陌生人的言语，更不要和陌生网友见面，如实在有必要，要在爸爸妈妈陪同下见面等。

有了爸爸的提醒，小露明白了很多事情，她几乎不和陌生网友聊天，平时主要和自己认识的同学或好朋友聊，这样她的生活既丰富又充实，也没有受到过来自网络的不良影响。

小露的爸爸无疑是明智的，他既没有阻止小露上网聊天，也没有放任不管，而是清楚地告诉女儿网络聊天的利弊和需要注意的事项，这使得小露在丰富自己课余生活的同时，也提高了保护自我的能力。这种教育方式是值得提倡的，家长们不妨借鉴。

方法三：引导孩子多参加有意义的活动

现在的孩子课余活动内容比较贫乏，大部分时间都被安排在文化学习上。因此，上网聊天、玩游戏就成了孩子主要的业余生活，这种生活方式不耗费什么体力，又能满足孩子的精神需求，因此对他们有很强的吸引力。但是长期上网给孩子带来的更多是不良影响，因为网络上的内容跟孩子的生活关联性不大，更多地倾向于成人的工作、学习和娱乐。所以，为了孩子的健康成长，尽量少让孩子通过网络的方式来娱乐，家长应该更多地引导孩子参加其他积极、有意义的活动。

比如，可以培养孩子看书、下棋或踢球等方面的兴趣，鼓励孩子在学校多参加一些文体活动，让孩子通过现实的活动来多交一些朋友等等。孩子的课余生活丰富了，兴趣广泛了，朋友增多了，也就没有更多的时间去上网聊天了，这样既能让孩子获得广博的知识，又有益于孩子的身心健康。

孩子热衷于网络色情与品质无关

叛逆期案例

小庆是一个14岁的男孩，今年读初二，功课很好，用妈妈的话来说也比较听话，但就是性格有些内向，不善交往。

从小父母就对小庆管得比较严，大事小事都要求向他们汇报，每次上学前也都是千叮咛万嘱咐，生怕出什么事情。如果有什么地方对儿子不满意，性格暴躁的爸爸还会打骂他，直到小庆读初二了，这种情况还时有发生，这令小庆感到十分压抑。

虽然小庆的功课好，老师很欣赏他，但他总觉得同学之间似乎有些隔膜，这使他内心总有一种空虚感，后来他便学会了上网。虽然家里也有电脑，但出于安全考虑，爸爸对网络进行了加密，只在规定的时间才允许小庆上网。

有一天深夜，爸爸发现儿子的房间好像有光在闪动，再仔细从窗户缝里看，儿子似乎正在对着电脑手淫。为了弄清楚原因，他当时并没有吱声，而是第二天和妻子一起查看儿子的电脑，他们发现儿子早就破解了上网密码，打开孩子上网的历史记录，他们竟然发现很多黄色图片和黄色视频。

小庆的爸爸对此怒发冲冠，扬言要打"这个不争气的儿子"，但是在妈妈的劝阻下，他又忍住了。最后夫妻两人一致商量，带孩子去咨询心理医生。在心理医生的引导下，小庆道出了自己的心声，他说："我平时感觉心理压力很大，尽管学习成绩不错，可是除了学习我不知道课余生活怎么过。爸爸妈妈生意忙，同学之间似乎又有隔膜，只有上网能帮助我忘却烦恼，尤其是那些黄色网站能帮我减轻不少心理压力……"

妈妈要懂的心理学：孩子迷恋网络色情源于生理和心理的双重因素，与品质无关

小庆显然是一个被网络色情毒害的青少年，他的那一番话道出了自己的心声，也道出了他沉溺于网络色情的根本原因。这个原因，我们在这里从两方面来详细剖析。

首先，从生理上来讲，这一时期孩子的性器官迅速发育，性激素分泌也加快，但是他们的性心理却不成熟，更没有性经验，而性的问题却时刻困扰并强烈地吸引着他们，网络无疑为他们解决这类问题打开了一扇窗。其次，从心理上来讲，很多孩子得不到友情或父母的关心，在心理上有很强的孤独感和空虚感，在条件具备的情况下他们就会以网络为精神寄托。以小庆为例，他如此沉溺于网络和他父母的教育方式有很大的关系，父母事无巨细处处管束着孩子，使得他的生活空间十分狭小，而同学之间的隔膜又增加了他的孤独感，因此他只好寄希望于网络。网络上处处布满了陷阱和诱惑，对于正处于青春期的他来说，网络色情自然具有莫大的诱惑力。

总之，孩子沉溺于网络色情，不是孩子道德败坏，而是家庭教育和青春期的

发育等多种因素造成的，家长一定不能给孩子扣上"道德败坏"或"不争气"的帽子，这会严重伤及孩子的自尊，甚至对孩子的性格成长造成不良影响。对于孩子沉溺于网络色情的问题，一定要在维护孩子自尊的基础上，耐心与孩子沟通，向孩子讲明网络色情的危害，让孩子主动改正，切忌态度粗暴，给孩子造成不应该的伤害。

叛逆期方法指导

方法一：维护孩子的自尊，向孩子讲明网络色情的危害

前面我们讲到了，孩子沉溺于网络色情，一般与他们的道德品质无关，所以家长在发现类似的事情后一定要注意维护孩子的自尊心，不要给孩子扣上道德的帽子，也不能对孩子嘲笑和鄙视，而要耐心地向孩子讲明网络色情的危害，促使他主动放弃。

13岁的小霄刚刚升入初中，为了方便他学习查阅资料，妈妈为他购买了一台电脑，并且办理了上网手续。可是几个月过后，妈妈发现儿子白天总是一副无精打采的样子，而且经常早上赖床不起，这种异常现象让妈妈心里直犯嘀咕。

又过了一周，老师打电话向小霄的妈妈反映：小霄上课时总是精力不集中，有时候还在课堂上埋头睡大觉，这引起了小霄父母的警觉，他们决定暗地里观察儿子。他们发现最近一段时间儿子房间的灯一直到深夜12点都还在亮着，而且儿子还把房门锁得死死的，他们还根据光线的强度判断出儿子可能是在玩电脑。

刚开始妈妈还以为儿子为了应对考试而熬夜学习，但有一次小霄

忘了锁房门，妈妈悄悄推开门一看，竟发现儿子正全神贯注地戴着耳机进行视频聊天，而视频窗口上一个裸体女人正在摆着各种姿势……见此情景，小霄的妈妈吓了一跳，但她怕当时制止教育孩子会伤孩子的自尊心，于是又悄悄地关上房门退了出来。这一切，小霄并没有发现，也不知情。

小霄的妈妈意识到问题的严重性，第二天便把这件事告诉了丈夫，他们认为这正是孩子最近一段时间以来一直精神不振，学习不能集中精力的原因。原因找到了，但是该怎么教育孩子呢？不向他指出问题肯定不行，这会让他越陷越深、迷失自己；但直接批评肯定会让他自尊心受损。爸爸妈妈商量了一下，决定通过谈心的方式来教育他。

第二天晚上，爸爸妈妈和小霄进行了长达两个小时的谈话，妈妈从他的学习和日常生活谈起，渐渐过渡到网络聊天和网络色情，并向他讲明了网络色情的危害和学习的重要性。小霄最后也理解了爸爸妈妈的苦心，表示以后不再浏览网上的色情内容，也不会再进行这样的视频聊天了。

孩子浏览网上的色情内容有的出于好奇，有的出于无聊空虚，但无论何种原因，家长发现后都要考虑维护孩子的自尊，青春期的孩子自尊心很强，人格成长正处于定型期，一定不要让孩子在这方面产生心理阴影。

方法二：理智沟通，让孩子通过正确的途径了解性知识

很多家长发现孩子在网上浏览色情内容时就会暴跳如雷，甚至动手打孩子，其实这种做法非常不应该。孩子浏览色情内容是正常的生理欲望使然，这既不能说明孩子品行下流，也不能证明孩子道德败坏，孩子何罪之有？火冒三丈、暴跳如雷，更多的是家长的传统观念在作怪。针对此类问题，正确的做法是对孩子的行为表示理解和尊重，但是要提醒孩子通过正确的途径来了解这些内容，把它当做一门

知识而不是娱乐形式。

　　经常在外面做生意的刘先生晚上一回到家，发现孩子正在房间里上网，于是便进屋问儿子为什么那么晚还没睡，儿子还没回答问题，便慌慌张张地要关电脑。

　　刘先生一看电脑屏幕不禁倒吸一口冷气，上面全是赤裸女人的电影海报，什么《欲女心经》《办公室的偷情》《美丽的少妇》等，刘先生看到这里暴跳如雷，一个巴掌照着儿子打了过去。儿子捂着脸，很尴尬地站在一边。

　　刘先生问儿子为什么看这些东西，儿子解释说自己本来是在找其他电影看，但是网页上却出现了一个色情电影的链接，于是他便好奇地点开看了看。听到这话，刘先生才明白了怎么回事，儿子是无意中浏览到了色情网站，只是出于好奇而已。刘先生为自己刚才的粗暴行为向儿子道了歉，然后静下心来给儿子讲了网络色情的危害，并告诉他通过一些正确的方式来了解性知识是可以的，但是类似的电影不能看，因为他还是个孩子，不能正确地把控自己，容易受到不良影响。

　　第二天，父亲就专门为儿子买来了一本介绍青春期性知识的图书，并嘱咐他认真看看，让他对自己好奇的事情有一个全面的了解。

　　例子中的这位爸爸刚发现孩子观看色情电影时的表现的确不妥，尽管他当时的心情可以理解。但是孩子也是有自尊心的，孩子对性方面的内容感兴趣也是没有对错之分的，家长不能因此而责骂孩子。当然，知识归知识，娱乐是娱乐，孩子如果把网络色情当做自己娱乐的方式，那么家长一定不能纵容。

　　方法三：加强网络监管，把上网变成家庭活动网络内容鱼龙混杂，一些商家为了牟取经济利益，想尽各种办法吸引网民的眼球，包括通过传播一些色情、淫秽内容来获利。青春期的孩子自制力是非常有限的，他们常常会被这些无孔不入的情色内容所吸引，甚至误入歧途。因此，为了孩子的身心健康和顺利成长，家长一定要加强对孩子所浏览网络内容的监管。比如通过安装一些过滤软件来滤掉不健康的内容，或者把电脑放在客厅置于公共监督之下，甚至可以和孩子一起上网等等。这些措施都能有效地监督孩子浏览网络的内容，从而避免孩子受到网络不良内容的影响。